U0926206

全国高等学校应用型人才培养 · 企业行政管理专业系列规划教材

编委会

全国高等学校应用型人才培养・企业行政管理专业系列规划教材

Enterprise Logistics Management Practice

企业后勤管理实务

黄安心 编著

華中科技大學出版社
http://www.hustp.com
中国・武汉

内容简介

本教材是企业行政管理专业核心必修课教材。它是根据企业行政管理专业学生和企业行政管理人员学习企业后勤管理实务知识，培养和提升后勤管理能力的实际需要编写的。教材的主要内容有：后勤管理概念、后勤管理制度、办公设备管理、办公用品管理、办公物业管理、文化生活设施管理、环境绿化与清洁卫生管理、场地与车辆管理、安全管理、饮食接待管理、服务公司管理、后勤员工管理。作为企业行政管理专业实务性课程的教材，本书主要给学习者提供企业后勤管理的基本知识、基本运作流程和事务处理方法与技巧。

本教材适合高职、高专、开放教育专科和普通高等学校应用型本科企业行政管理专业学生学习使用，也适合行政管理、工商管理、人力资源管理等相关专业学生学习和了解企业后勤管理知识时使用，还可作为政府机构及企业事业单位后勤管理岗位培训教材。

图书在版编目(CIP)数据

企业后勤管理实务/黄安心编著.—武汉：华中科技大学出版社，2011.5(2019.8重印)
ISBN 978-7-5609-6912-1

Ⅰ.①企… Ⅱ.①黄… Ⅲ.①企业管理-总务工作-高等学校-教材 Ⅳ.①F272.9

中国版本图书馆CIP数据核字(2011)第016999号

企业后勤管理实务 黄安心 编著

策划编辑：周晓方
责任编辑：刘 烨
封面设计：刘 卉
责任校对：何 欢
责任监印：周治超
出版发行：华中科技大学出版社(中国·武汉) 电话：(027)81321913
武汉市东湖新技术开发区华工科技园 邮编：430223
录 排：武汉市洪山区佳年华文印部
印 刷：武汉科源印刷设计有限公司
开 本：710mm×1000mm 1/16
印 张：17 插页：2
字 数：362千字
版 次：2019年8月第1版第3次印刷
定 价：48.00元

总　序

从字面上看，企业行政管理是企业管理与行政管理相结合而产生的一个概念，但实际上并非如此。企业行政管理既非一般的政府行政管理，也非人们通常所理解的企业管理。一般人认为，行政管理就是公共行政管理，它是指国家行政组织或公共行政组织在宪法和有关法律的规定范围之内对国家和社会公共事务进行的管理活动。但企业行政管理不同于公共行政管理，它是指为保障企业经营管理目标的实现，由企业行政组织及人员按照既定的行政渠道，采取一定的行政手段，实施的事务处理、统筹协调、服务保障管理等保证企业经营活动正常开展的带有内部公共性的企业管理活动。两者在管理主体、管理依据和管理内容上都不同，但有共通的管理特性，如指令性、公益性、服务性、保障性等。

企业的行政管理体系是企业的中枢神经系统。它是以总经理为最高领导，由行政副总分工负责，由专门行政部门组织实施、操作，其触角深入到企业的各个部门和分支机构的方方面面的一个完整的系统、网络。行政管理体系所担负的企业的管理工作，是企业中除生产经营业务之外的管理工作。行政管理体系推动和保证着企业的技术（设计）、生产（施工）、资金（财务）、经营（销售）、发展（开发）几大块生产经营业务的顺利、有效进行和相互之间的协调。

行政管理工作在其广度、深度、重要性及敏感性等方面都不同于企业其他方面，也不同于政府机关的行政管理，具有一定的特殊性。在一个企业中，行政管理工作的水平直接影响着企业的生产经营，决定着企业未来的发展前景。企业行政管理工作的广度涉及一个企业的全部运作过程，其深度又涉及许多局外人难以想象的细枝末节。可以说企业行政管理，是企业的中枢神经，是企业内外上下沟通协调的桥梁和纽带。建立高效的企业行政管理体系，提升企业的核心竞争力，是现代企业最为关注的问题之一，也是中国企业管理向高层次、高水平发展的瓶颈问题。因此，在现代企业中，行政部门是企业重要的管理部门。做好行政管理工作是企业有效运转的重要前提，也是经营者提高企业管理水平的一个切入点。正因为如此，企业行政管理工作越来越成为政府、企业、学界、社会等主体关注的热点问题。

在国外，企业（商业）行政管理早已为社会各界所重视，专业学历教育和职业教育已形成完整的体系。20 世纪 60 年代，西方发达国家和多数发展中国家开始重视教育培训的投入，但随着新技术的突飞猛进，产业结构的急剧变化，以及经济竞争的大大加剧，在教育与经济的关系上，世界各国都面临着一个共同的问题：如何促进教育培训与生产相结合、与产业相结合，为企业服务、为社会经济发展的需要服务的问题。于是，英国政府提出了“为了成功的未来而开发技能”的国家教育培训目标，NVQ(national vocation qualification)国家职业资格标准体系随之产生并开始在所有英联邦国家推行，这是20世纪英国教育培训与鉴定考试制度最重大的一次革命，并对世界范围内的教育培训模式产生了巨大影响。

NVQ体系已是全球100多个国家共同认可的国际标准。参加NVQ国家级企业行政管理职业资格认证成为现代企业行政管理人员追求的目标。获得行政管理资格认证的人员，成了当今企业竞相争夺的稀缺人才资源。

早在1997年，为了适应中国加入WTO后企业对高级行政管理人才的需求，满足国际职业对高级行政管理人才的需求，培养与国际职业标准相接轨的专业人才，国家劳动和社会保障部职业技能鉴定中心(OSTA)参照英国国家职业资格NVQ证书体系，推出了中英合作的NVQ企业行政管理职业资格证书。并先后在北京、天津、广东等地设立了16家考证中心，每年进行4次考试。主要知识内容有：设备、材料、服务和供应，工作环境的创建与管理，程序、信息与交流，组织效率和个人效率，商务会议、商务活动和商务旅行等。2001年7月，我国第一批考生通过考试拿到了NVQ证书。该证书由执行单位——国家劳动和社会保障部职业技能鉴定中心和英国伦敦工商会考试局(LCCIEB)联合签发，是在全国范围内通用的国家级职业资格证书，其国际职业标准为外企、三资企业所青睐，是总裁助理、行政总监、办公室主任、行政经理等行政管理人士专业能力提升的最佳选择，也是体现求职者能力的“就业通行证”。

20世纪80年代初，跨国企业集团进入中国这块神秘的土地。为了站住脚，他们花了上千万美元，请咨询公司和中国人一起搞了一套适合中国国情的管理模式，即A管理模式。这是企业内部的行政管理模式(包括预算计划系统、组织系统、企业文化系统、垂直指挥系统、横向联络系统、检查反馈系统、招聘任用系统、培训系统、激励系统等九大系统)，源于跨国集团与国际接轨，诞生在中国大地，具有显著的中国特色。1997年10月25日，中国企业管理协会召开论证会，与会的国家经贸委、体改委的官员和部分专家学者对A管理模式给予了充分肯定。A管理模式构建了一个企业行政管理平台，简称“经理ABC”：企业必须建立在利益分配系统和权力分配系统两大基础上，这是根本制度——企业的行政管理模式(administration)。A管理模式阐述的就是企业行政管理模式和经理人应具备的企业行政工作能力，也就是掌权的能力，这是经理的第一专业。掌权是为了什么？不是为了个人，而是用手中的权力经营(business)企业，使企业赢利；控制(control)企业，让企业安全。这就是“经理ABC”。为什么有的老板尽管很敬业，但企业仍然混乱不堪？为什么有的企业生意兴隆，合同一单又一单，但见不着利润？为什么有的老板不断给职工涨工资、发奖金，但还留不住人才？原因在于企业的根本制度不科学、不公正。企业的经理只懂业务，不擅行政。A 管理模式认为，企业发展必须伴随制度建设，建立自己的管理模式。有了科学的模式，就有了优秀的遗传基因(DNA)。有了一批善于"掌管行政权"的经理，就有了"传教士"。依托配套的电脑和网络，企业就有了执行能力和控制能力；依托统一的教材——"圣经"，企业就有了繁殖能力，就可能成为一代企业帝国。A 管理模式为我们描绘了一个企业行政管理工作的蓝图，虽然不一定能被大家完全接受，但它是建立有中国特色的企业行政管理模式的富有成效的一次探索，也提出了一个重要而紧迫的课题，期待专家、学者去破解。

在企业管理实践中，由于行政管理工作涉及面广、综合性强，行政管理人员要有较宽的知识面和较高的理论水平、政策水平、专业水平和专业技能。因此，企业行政管理人才培养与工商管理专业人才培养并驾齐驱，需要有从大专、本科到研究生各层次的人才培养学历教育体系作为支撑。目前，国内在学历教育方面，已有不少本、专科院校开设了企业行政管理专业或企业行政管理方向，一些高校如清华大学、北京大学还开设了行政管理专业(企业行政管理方向)研究生课程进修班，为企业培养高层经理人。不过开设的课程，受到工商管理和行政管理专业的影响，没有很好地进行课程模块设计，本专科教育基本上是工商管理专业课程，研究生教育又主要是行政管理专业课程，没有体现企业行政管理专业的特性和教育需求。

企业行政管理专业需要一定的行政管理和工商管理专业知识作支撑，但不能替代企业行政管理专业核心知识的功能。因此，需要考虑国外已有教育经验和中国国情，研究开发出有中国特色企业行政管理专业教育项目，特别是构建有中国特色的企业行政管理知识体系和学历教育专业课程体系。国内较早关注企业行政管理专业高等教育的黄安心教授积极推动该项建设工作，做了大量的前期准备。在华中科技大学出版社和有关专家的指导下，我们组织一批有相关学科、专业长期教学与实践经验的专家编写了这套"全国高等学校应用型人才培养·企业行政管理专业系列规划教材"，包括《企业行政管理概论》、《现代企业组织管理》、《企业公关与策划》、《企业文书与档案管理》、《企业法律实务》、《企业品牌与文化》、《企业员工管理》、《企业管理信息化》、《企业经济信息与运用》、《企业后勤管理实务》、《企业招标采购实务》、《企业班组现场管理》、《员工关系管理》等十本专业核心课程教材，以满足广大师生对相关教材的迫切需要。

随着我国社会发展和政治经济体制改革的深化，对公务员队伍素质的要求越来越高，行政管理专业本科毕业生在政府部门的就业机会有减少的趋向。行政管理专业专科毕业生由于公务员入门本科"门槛"的要求，基本上只有选择读专升本继续深造或选择非公务员职业。很显然，我们的行政管理专业教育只盯住公务员职业或只选择公共行政管理教育方向多少是有点不合时宜的。如果继续原有的以培养公务员为目标的行政管理专业教育模式，不但脱离实际，而且人为地造成大量行政管理专业学生就业困难。而另一方面，现代企业需要大量的受过专业教育的企业行政管理人才却得不到满足。事实上，从一般意义上讲，只有从事专业对口的工作，才更有可能找到职业感觉和实现职业发展目标，实现人生价值。企业行政管理专业又何尝不是如此呢？可以说编写这套教材是适应现代企业发展、企业行政管理实践和企业行政管理人才培养需要的创举。

考虑到应用型人才的培养需要，本套教材在编写体例上尽可能考虑职业素质和职业技能的人才培养目标需要和人才规格要求。在课程知识和内容组织上，强调以知识学习的项目管理为范式，以岗位工作任务为中心，以流程（过程）和方法为逻辑线索，以环境变化为权变因子，以恰当的知识呈现和教学方式方法，实现教学目标。

这套教材的突出特点如下。

第一，基础性。主要考虑国内目前此类教材稀少，成套性和基础性成为本套教材的重要编写方针，以使其成为企业行政管理系列教材的母版，起到抛砖引玉的作用，为此类教材建设做好基础性工作。

第二，创新性。本教材的科目设计及知识体系选择，既考虑国外的经验，又考虑中国国情，突出了中国企业行政管理体制、企业行政模式与企业文化特色的要求，引进、继承和发展并重，力求形成有中国特色的企业行政管理知识体系和专业教育特性。

第三，应用性。教材以解决现代企业行政管理人才培养的重点、难点问题为己任，突出对企业行政管理实践问题的回应，强调专业素养和专业技能的培养，实现知识体系模块化以及项目管理化、任务化。设计有案例引导、案例分析、技能训练、实践活动等栏目。

第四，现代性。教材吸收一些长期从事远程教育、成人教育的专家参与，不但更好地结合企业实际开展教学，而且能够运用现代远程教育技术、信息技术、网络技术，开发网络课程，实现在线支持服务，为本地求学者解决工学矛盾，实现终身学习、持续发展的人生目标。

丁　煌

2010 年 5 月

目 录

第一章　后勤管理概论

学习目标

通过本章的学习，了解后勤管理的概念和特点，掌握后勤管理的工作内容和要求，理解后勤管理的原理和方法。

案例引导

后勤管理的力量

美国零售商目睹了前所未见的十年变化。过去十年，新零售场所不断涌现，前五十大零售商扩大经营面积55%。不仅冒出了更多商店，而且许多商店还提供同类的产品。同一品牌的牙膏在便利店、杂货店、药店、超市、折扣店和货仓商场都可以买到。牛仔裤在折扣商、货仓商场，以及百货商店、批发商、专卖店和其他店铺都有售。如此多的消费选择给零售商以巨大压力，许多以前是行业龙头的商店今天却在严峻的环境中挣扎。

许多有名的低价零售商如沃尔玛在后勤技术上获得了财务方面的成功，因而声名鹊起。以沃尔玛为例，它与折扣商店 Kmart 出售类似的产品，有时是同一种产品。但沃尔玛产生约18%的非产品经营成本，与之相比 Kmart 是24%。是什么造成这种差距呢？很大程度上是沃尔玛具有利用其成熟的后勤信息系统给顾客想要产品的能力，以及使产品以最低成本从供应商抵达商店货架的产品流程。迅速补货，消灭滞销的商品，成功推广也为沃尔玛显著的销售优势作出贡献。沃尔玛折扣店每平方英尺(1英尺≈0.305米)的销售额是 Kmart 的两倍。

不仅折扣店用后勤作为竞争武器，有规模的高档时装零售商亦然。一些欧洲鞋店过去常常在季节开始前大批量低成本地生产展览的全部时装(大部分在远东生产)。可以预料，一些款式流行，迅速卖光，而另一些款式需要削价出售。为了避免这两种情况发生，零售商现在只将六成至七成产品大批量生产，然后跟踪初期的销售情况，起用快速反应的欧洲制造商，生产较小批量的畅销产品。尽管成本较高，但快速反应后勤增加了销售量，减少了降价处理，从而大大提高了整体利润。

各行各业的零售商领悟到了后勤的力量，认识到了后勤的含义不啻运输和配

货。如果没有良好的销售信息和对消费者需求的洞察力，最好的配货中心和运输能力都可能会在错误的时间将错误的商品送到错误的地方。因此，有效的后勤管理需要有效率的信息系统，以及良好的运输、配货中心和店铺管理能力。

【启示】

后勤管理的实力亦作为现代企业的竞争力，在企业中越来越重要。现代企业要想在市场上立足，必须重视后勤管理，努力提高企业的后勤管理水平。

第一节　后勤管理的性质与特点

一、后勤管理的定义

后勤管理是指管理者动用一定的原理、方法和手段，通过一系列特定的管理行为和领导活动，使全体成员努力工作，以达到后勤工作目标的过程。

后勤管理是管理的一种形式，是管理的一般本质在后勤管理中的一种表现，也是企业行政管理的重要组成部分。由于后勤工作部门是为一个企业的职能活动提供物资保障的机构，它的任务是为职能活动服务。因此，后勤管理的任务就在于动用各种管理手段，通过组织、指挥和协调后勤员工的活动，来创造一个远比每个个人活动力量总和要大的后勤保障力量，以便高效率和高质量地完成后勤工作任务，进而保证企业职能工作的顺利开展。

二、后勤管理的性质

（一）综合性

后勤管理部门不同于其他管理部门，它不是一个主管某一方面的业务部门。实际上它是多方面工作的组合。不仅如此，它同时又是多方面信息的组合。上级部门的方针、政策、指示，企业的规划、计划、决策，以及各部门和下级各单位贯彻实施的情况，都要由后勤管理来汇集、掌握、分析和处理。这种多方面工作和信息的组合，就清楚体现了后勤管理工作的综合性。

（二）从属性

后勤管理工作是企业管理工作的一部分，直接为企业管理工作服务，保证企业管理者的工作顺利进行，自身不能独立存在。

（三）服务性

后勤管理部门不同于企业的生产经营职能部门，职能部门都有明确而具体的业务工作目标和业务工作范围。后勤部门不像职能部门那样承担具体的业务工作，它是直接为本单位的管理者、各生产经营部门和下级机构服务的。

三、后勤管理的特点

（一）社会性

后勤管理社会性的特点可以从三个方面来理解。

（1）后勤管理的内容。由于目前社会可能提供的后勤服务还不能满足各单位的需要，一个时期内机关办后勤、企事业单位办后勤的状况还无法彻底改变。因此，企业的后勤服务门类也是无所不包。

（2）后勤管理与社会上的联系。企业的后勤离不开社会的供给，无论是物资、设备、能源、交通，还是人员、技术、空间、信息，都要由社会来提供，企业的后勤要受社会的制约和影响，社会是企业后勤工作的总后勤。

（3）后勤管理发展的方向。企业的后勤服务正在向社会化的方向发展。数量更多、范围更广的后勤服务将随着社会的进步逐步由社会来承担。社会性这一特点要求后勤管理人员充分注意和利用社会上的各种条件为企业服务，同时又要力所能及地创造条件为社会服务，改变封闭式的后勤管理。

（二）经济性

后勤工作既是行政工作，又是经济工作。后勤工作的实质是通过市场经济手段和生产、分配、交换、消费四个环节，对后勤资源进行高效的配置。而经济核算则是后勤工作的重要内容。

（三）时间性

企业的职能活动是一个有严密组织、严格程序的过程。每项服务工作都因职能活动的需要而有确定的时间要求，这就决定了后勤管理具有很强的时间性。而且，时间性还体现在“后勤先行”，后勤工作就是提供基础和前提的工作。而且很多后勤工作受到季节的影响和制约，违背了季节的要求，就会出现失误，造成损失。

（四）复杂性

后勤管理工作任务繁重，内容多，所以复杂性是其主要特性。诸如人事、财务、物资、设备、基建、房屋、伙食、交通、医疗、卫生、园林、环保、计划生育、幼儿教育及其他各项综合服务工作，都由后勤部门管理。政策性强是其复杂性的又一个体现，关于财经纪律、基建法规、车辆配置原则、工资调整及发放等，后勤管理部门都必须按照党和国家既定的方针、政策、法令、法规办事，决不能随意而行。涉及面广，内外关系多，是后勤管理复杂性的第三个体现。而为了完成如此多的服务内容，后勤部门既要与单位的每个员工打交道，又要与社会的有关部门保持经常性的密切联系，不仅有纵向联系，还有横向联系，不仅涉及人，而且涉及财、物、时间和空间。

（五）群众性

后勤管理的大量工作与群众有着密切的关系，是为广大群众服务的，与群众的切身利益有密切的关系。为了搞好后勤管理，还必须坚持群众路线，依靠群众，相信群众，这是做好后勤管理工作的重要方法。

（六）知识多科性

后勤管理需要有广泛的知识作为基础，仅在社会科学领域就涉及管理学、经济学、会计学、教育学、心理学、社会学、法学等，在自然科学领域涉及的学科则更为广泛。在后勤工作中知识多科性又表现在专业技术种类繁多，每个人都有可能涉及一种或几种专业。这就要求后勤管理人员必须有广泛的知识和多种专业的常识，进行科学管理，使各项工作逐步实现标准化、规范化、制度化，用现代化的管理手段和方法不断提高科学管理水平。

第二节　后勤管理的工作内容

一、办公设备管理

从经营的观点出发，对企业为开展经营活动所使用的设施，以及使用该设施的人及环境进行综合性的企划、管理、灵活运用的经营管理活动就是设备管理。

办公设备管理是一项综合性工作，其范围包括办公设备的取得、使用，以及维护、保养。设备管理为人力、物力、财力和信息的综合体系，包括从经营资产的运用到最终目的即生产率的提高，它必须加强企业内部各综合性管理部门的职能，以便企业做出经营决策。

二、办公用品管理

办公用品的管理工作内容主要有以下几个方面。

(1) 办公用品的购置。

(2) 办公用品的发放。

(3) 办公用品的保管。

(4) 办公用品的盘查。

三、办公物业管理

所谓企业办公物业管理是指对办公用房、生产用房、员工宿舍及其他附属建筑的总体管理。办公物业管理主要包括产权管理、租售管理、使用管理、维修管理、设备管理及日常管理等多方面的内容。具体的物业管理内容比较烦琐，细到收缴房租、水电费、采暖费，液化气的使用和管理等众多内容。

四、文化生活设施管理

企业员工的文化设施和生活设施管理也是企业后勤管理活动中一项不可忽视的

工作，其目的是给员工营造一个良好、健康、整洁的生活环境，以保证员工在工作之余得到充分的休息和娱乐。

五、环境与卫生管理

（一）办公环境管理

企业办公环境包括内部环境和外部环境，其好坏会直接影响企业员工办公的效率，而且会影响企业的形象。通常情况下，为保证办公环境管理工作能有效地开展，要遵循以下三条原则。

（1）因地制宜，区别对待。

（2）反映风貌，重视特色。

（3）分别布置，体现层次。

（二）卫生管理

企业要树立良好的形象，要保证员工有个健康舒适的工作环境，能高效率地从事工作，就有必要做好卫生管理工作，使企业办公室、食堂、卫生间、更衣室等都符合卫生标准。

创造和保持企业工作环境卫生，既是企业每个员工的义务，也是企业后勤管理部门的职责。因此，企业应加强卫生管理工作，建立适合企业需要的卫生管理制度等。

六、场地与车辆管理

企业的汽车运输在企业的生产、销售、管理、员工生活等各个方面发挥着重要作用，是企业各项工作的重要物质保证。企业车辆管理是企业后勤管理的一项艰巨任务，其特点在于作业分散、时间性强、技术性强、安全要求高。

因业务需要，企业往往会购置各种车辆，并加强对车辆的安全管理，有效地调度和使用车辆，尽可能地满足企业业务用车要求，促进企业经济效益的提高。

具体来说，企业车辆管理的主要任务，就是通过车辆的配备、调整、更新、使用调度、维修保养、行车安全措施等环节，确保汽车有效合理地被使用，确保人员和财产的安全，提高司机的工作效率和服务质量，提高车辆运输效益。

七、安全管理

在企业后勤管理中，安全是一个最基本的要求，只有生产经营活动是安全的，企业运作才能是高效率和高效益的。因此，企业后勤管理工作也不能忽视企业安全管理这一环节。在企业日常的安全管理工作中，企业后勤管理人员应遵循两个基本原则。

（一）加强教育，事前防范

企业的财产利益、员工的生命安全是企业发展中的大事，企业安全工作更是与此息息相关。因此,安全管理工作必须由企业和员工来协作完成。为“防患于未然”,企业不仅要做好安全检查、严密保卫等事先防范工作,更要在全企业范围内做好对员工的安全教育工作,使员工意识到安全生产的重要性和防范措施的必要性。

(二) 紧急抢险,尽力补救

灾害防不胜防。因此,在企业的生产运营过程中,即使有严密的防范措施,仍有一些意外事件可能会发生。一旦企业发生意外事件,应急的补救措施必不可少,这样,才能将灾害给企业造成的损失和对员工的损害降到最低程度。在处理完意外事件后,企业相关管理人员务必对该事件发生的原因和经验教训进行及时总结,并应用到事先防范和事先教育中去,只有如此,才能尽量避免同一类事件的再次发生或减少发生次数。

八、饮食接待管理

(一) 企业员工的饮食管理

企业员工在工作中的用餐是必不可少的,一般大型的企业由于员工数目庞大,企业后勤管理必须从解决员工后顾之忧着手,解决员工的饮食问题,使员工能全身心地投入工作。饮食管理主要包括食堂管理、外来就餐管理和伙食承包管理三个方面的内容。其中,食堂管理工作是最基础、最关键的。

(二) 接待管理

企业总免不了与外界有业务往来,因此也就免不了接待工作。企业后勤管理人员必定要承担众多的接待工作。做好接待工作是企业后勤管理的一项基本要求。接待来访客人是一门艺术,企业后勤人员应文明、礼貌、热情、恰当地接待每一位来访的客人,只有如此,才会赢得客人的尊重和信任;反之,如果不注意言谈举止,或欠缺礼貌,就有可能冒犯客人,失去其信任,甚至可能会丧失合作的机会。

接待管理工作应坚持以下几条原则。

(1) 热情诚恳。

(2) 注重礼仪。

(3) 细致周到。

(4) 遵守规章。

(5) 厉行节约。

(6) 注意保密。

九、服务公司管理

一般情况下,各企业都需要很多的公共服务,主要包括电话服务、饮食服务、医疗卫生服务、招待所、幼托服务等。

十、后勤员工管理

为了使后勤的管理工作规范化、制度化，造就一支思想好、作风硬、技术精的后勤管理队伍，必须健全岗位责任制，明确职责范围和奖惩标准。

第三节　后勤管理的机构与管理模式

一、后勤管理机构与管理

后勤管理机构是一种管理组织形式，具有组织的基本特征。作为综合管理机构，后勤管理机构除了必须要设立一个处理日常事务工作的机构外，更重要的还在于设立一个与决策中心相适应的参与政务的组织机构。但一般基层机关，以及企、事业单位的后勤管理机构，多是停留在事务的管理上，整天忙忙碌碌，很难发挥后勤管理机构参与政务的作用。这与单位领导对后勤部门的工作安排、人员使用有关，也与机构设置、人员素质有关。如果办公室人员太少、素质不高，而工作任务又繁重，甚至超负荷，后勤管理者不可能摆脱事务性工作，真正协助领导抓大事和出谋献策。当然，其他业务性职能部门也可以当领导的参谋，反映情况，参与职权范围内决策讨论，但业务部门往往局限于从本部门利益出发考虑问题，后勤管理机构的性质和地位决定必须从全局出发协助领导去解决问题。这是因为，后勤管理机构是直接为领导工作服务的一个部门，后勤管理工作的好坏直接影响领导决策的正确程度与贯彻执行决策的全部过程。后勤管理部门还具有由领导授予的对外处理问题的一定职权。因此，在机构设置时必须按“参与政务”的要求适当设置某些机构和配备相应的人员，并明确任务。应建立合理的组织机构，充分地调动后勤管理机构人员的积极性，发挥每个成员的聪明才智，使后勤管理机构有条不紊地、规范地进行工作，使工作更加高效率。

二、我国企业后勤管理模式的转变

长期以来，我国企业后勤管理模式总体还停留在传统经验、传统方式和传统做法的状态和水平上。实现后勤管理模式的转变已经成为全面推进现代后勤建设的内在的必然要求。

（一）实现从“人治”管理模式向“法治”管理模式转变

过去的计划经济模式是走行政主导路线，很多企业员工法制观念和法律意识淡薄，后勤法制的权威性未真正建立，无法可依、有法不依、执法随意、以情代法、以权压法的现象比较普遍，在后勤管理活动中，更是以行政命令为主，从而导致后勤管理秩序混乱。改革开放以后，企业后勤开始了由计划经济体制向市场经济体制的转型，从而对后勤法制建设提出了迫切的要求。依法管理是后勤管理的基本原则和根本要求，是企业后勤发展的共同方向，也是我国企业后勤适应新经济变革发展和实现跨越式发展的根本途径。

（二）实现从模糊粗放型向清晰精确型管理模式转变

在传统的后勤保障中，人们习惯于粗略的思维分析方式，靠模糊笼统的信息进行决策，用框架式的计划作为执行依据，用简单粗放的手段实施管控，结果导致管理成本较高、管理效益低下，使后勤管理处于低层次。经济的发展和全球化的进程，特别是编制体制的"扁平化"、办公设备的信息化，客观要求企业后勤管理必须实现由模糊粗放型向清晰精确型转变。

（三）实现从垂直式管理向矩阵式管理转变

我国企业传统的垂直式管理模式，从战略后勤到战术后勤，自上而下高度集中，纵长横窄的"树状"管理结构，存在着信息流程长和横向沟通少、关联性差等诸多弊端。矩阵式管理是一种以纵横结合的矩阵式组织结构为基础，将纵向职能管理和横向任务管理紧密结合的现代管理方式。在矩阵式管理中，管理工作的重点集中在纵横两条主线上，横向抓职能部门，纵向抓项目任务，从而形成纵横结合的管理机制。这种管理方式便于各个管理部门横向之间的相互协调和相互监督，利于调整集权管理与分权管理的关系，对于克服单项垂直管理的缺点，提高后勤管理科学化水平，具有较强的现实意义。矩阵式管理是建设现代后勤的必然选择。

首先，矩阵式管理既可按后勤任务组织多边协作，建构横向集成的组织机制；也可按后勤系统功能组织多边协作，建构纵横协调的功能机制；还可按地域空间组织多边协作，建构横向集成的活动机制。其次，要处理好纵向管理和横向管理的关系。要建立"按级负责"与"分事负责"相结合的管理机制，确保后勤各项业务管理达到"正规、统一、有序、高效"的要求；建立与联勤保障体制相配套的管理制度，明确界定各级各职能部门的管理权力、责任和横向之间的协调关系。再次，要建立健全项目管理制度，后勤任务，特别是重大建设任务，应由总后勤部统一管理，按项目管理要求，建立从项目规划论证、组织实施，到结项验收评估的全程全面管理机制；组建能够独立行使项目管理职能和职责的项目管理机构，建立能够对项目负责人的权力进行监督和责任追究的调控机制，确保项目管理的正规运行。

案例分析

企业需要社会化的后勤管理

某钢铁公司党委把做好员工的生活后勤保障工作视为重点、"一把手工程"，针对实际，在员工住宿、通勤、就餐、保洁、业余文化生活等方面采取了社会化的管理模式，以服务协议的形式引入社会力量，形成了初具规模、相对稳定的社会化服务队伍。针对员工就餐难的问题，该公司引进竞争机制，组织矿业公司食堂、街委知心餐厅等三家食堂竞争送餐。2006 年，该公司又引进首钢饮食公司。经过不断的完善，该钢铁公司工间餐已由过去的做什么吃什么，转变为餐厅提前在网上公布菜谱，员工根据需要进行选择。为了解决员工出行难问题，该公司依托首钢饮食公司、金安源汽运公司等四家公司，由短途通勤车 16 辆、长途通勤车 11 辆，组成了该钢铁公司长途和短途通勤车队。同年，该公司又新购进了五辆大型客车，使运力不足的矛盾得到了有效解决。积极改善员工宿舍环境是该钢铁公司为员工办的又一件实事，为了给员工创造一个良好的生活住宿环境，他们为每层住宿楼配备了洗衣机、开水器、淋浴器，宿舍内安装了电视机、电风扇等。截止到 2006 年，该公司已经安排住宿员工 2 203 人。另据了解，目前该公司总占地面积 178 亩（1 亩≈666.67 平方米，下同）的生活小区建设正在紧张施工中，计划 2007 年 6—7 月份一期工程将完工。二期工程完工后，该公司员工住宿条件将得到根本的改善，可满足该公司及首钢 4 700 名单身员工住宿，另有 1 100 套住宅可供该钢铁公司员工安家。

为了丰富和活跃员工的业余文化生活，该钢铁公司自投产以来，在单身员工集中的大石河宿舍区投资 50 万元，建立了一座文化活动站，站内图书阅览室、台球、乒乓球、沙狐球、羽毛球等娱乐设施一应俱全。各分厂也纷纷结合自身特点建立起员工文化活动站。2006 年该钢铁公司利用地下蓄水池上面的空间，建设了一座设施先进的员工体育场，内设一座标准草坪足球场、两座网球场、一座篮球和排球两用场地及一处室外健身器械的健身场地，为员工健身娱乐创造了条件。

（资料来源：迁安首钢吧，2006 年 11 月 3 日）

【总结】

该钢铁公司党委以关心员工生活、创建和谐企业为己任，通过整合社会资源、持续改进，逐步完成由传统管理向社会化管理的过渡，形成了具有该公司特色的依托社会力量办好生活后勤工作的新模式，为企业的未来发展打下了良好的基础。

第四节　后勤管理的原理与方法

一、企业后勤管理的原理

企业后勤管理的原理，是在总结分析企业后勤管理过程中各个环节的管理工作内容的基础上概括出来的理论认识，是对后勤管理工作的实质及其规律的总结。

（一）系统原理

现代企业管理不同于过去小生产管理，管理的对象处于各个层次、各个环节之中，它是由企业各部门、各要素构成的复杂的有机统一体。为了达到后勤管理的最优化，运用系统论对后勤管理工作进行分析研究，这就是后勤管理的系统原理。凡是构成系统的客观事物都必须具有如下共同特征。

1. 系统的整体性

后勤系统管理首先要求树立整体观念，表现在后勤管理工作中，就是要有全面的统筹规划和在分工基础上的密切协作。没有全面规划，就难以统筹全局，会造成顾此失彼的混乱状态；没有分工，就没有效率；没有协作就不能实现整体目标最优化。系统中各子系统的功能及它们相互之间的关系，都要以实现整体目标为准则。遵循系统的整体性，在利益分配上要使局部利益服从整体利益，把当前利益和长远利益结合起来进行观察和处理。把企业后勤管理工作目标同企业管理总目标结合起来，并使之服从企业管理总目标。在后勤管理系统中，要杜绝各行其是、相互扯皮的行为，那样既损害全局目标，又违背系统管理的原则，会削弱了整体功能。

2. 系统的层次性

任何一个系统，从它本身的特点来看都是一个独立的、完整的整体。但是，对于更大范围或更高一级的系统来说，它又只是一个组成部分，从自然系统和社会系统的总体上看，都有宏观与微观之分。在微观方面，还有各种层次的区别，也就是说，大系统和子系统也是相对的，子系统又是由更小的子系统构成的。因此，系统本身具有一定的层次性。既然系统具有一定的层次性，那么，对后勤系统进行有效管理时，就必须实行分层分级管理，划清职责和权限，做到各司其职，各负其责，层层负责，充分发挥各自的功能与作用，把系统总目标分解并落实到各个层次、各个具体岗位上。如果在后勤管理工作中层次不清，职责不明，就会出现混乱局面，后勤工作中那种不分层次的指挥，“一竿子插到底”、“事事面对面”的做法，将会架空中层干部，使他们无法履行职责，失去工作主动性，造成基层越级请示，中层放弃职责，一切问题和矛盾上交，上层领导陷入日常事务，从而失去领导的决策指挥功能。

3. 系统的相关性

首先，系统相关性表现为系统是由各要素、各层次组成的有机整体，各要素、各层次之间相互依存和制约，并通过系统内部运动与外部环境保持密切的联系和动态适应。其次，系统的相关性一方面表现为系统的存在和发展是子系统存在和发展的前提，子系统的发展，必然要受大系统的制约；另一方面，又表现为系统内部任何一个子系统或要素发生变化，都会影响其他要素的变化。依据这一原理，在进行企业后勤管理活动时，就必须从企业后勤系统管理的总目标出发，协调后勤系统内部各方面的因果关系，使之协调配合。企业后勤系统管理还要适应外部环境的变化，使后勤管理工作服从整个企业管理工作的总体要求和条件变化，并围绕整个企业管理的中心工作来展开一系列后勤管理活动，适应企业总目标的变化，做到各项指标相互平衡，从而达到企业管理工作所确定的总目标，满足社会需求，促进企业发展。

（二）动态原理

企业后勤系统的管理活动是否是良性循环状态，主要取决于企业后勤系统各要素的变化，以及由这一变化而引起的相关因素和整体的变化是否处于良性循环状态。任何事物总是在运动中稳定和稳定中变化这样的对立统一中存在和发展的，要了解和掌握后勤系统的运动规律，就必须掌握影响后勤系统和控制后勤系统的因素，使这些因素适应后勤系统管理的要求，各因素之间合理流动、配合协调、相互促进，使后勤管理系统正常高效地运转。

企业后勤管理系统运转的好坏，与后勤系统各种要素的变化密切相关。后勤系统运动的实质，就是人、财、物、信息的运动变化，一旦这些因素停止运动，整个后勤系统也就停止了运动。因而，按照管理的动态原理，我们在从事企业后勤管理活动时，必须充分考虑这些因素运动变化的特点和规律。

1. 在人的因素方面

企业后勤系统中的劳动者是体力和智力的统一体，要人尽其才，充分发挥人的主观能动性，就必须考虑人的生理特点，智力活动的特点、经验和职业技能的水平，以及社会性方面的问题，使后勤劳动者能够以良好的状态从事生产和服务劳动，从而很好地发挥后勤劳动者的组织性、纪律性、主动性、积极性。

2. 在物的因素方面

企业后勤系统中，需要对物的因素进行合理的管理。物资的流动必须合理，对需要的物资必须认真测算。物资积压过多，会占用大量资金，造成浪费；物资供应不定时定量，又会影响服务活动的正常进行。因此，应尽量缩短物资的库存时间，加速资金周转。例如，食堂饭菜的供应，应当充分考虑以上因素，掌握进餐人数，合理安排，这样才能使食堂物资合理流动，减少或避免不必要的浪费。

3. 在资金管理方面

企业后勤系统同样存在资金的合理使用问题。一方面，必须加强资金管理，使资金合理流动，加速资金的周转，充分发挥现有财力的潜力，减少企业负担。另一方面，在财力、物力允许的情况下，精打细算，少花钱，多办事，办好事，满足企业员工对生活服务方面的需要，使有限的资金能够分配到后勤系统的各个方面。管理者要分清轻重缓急，提高后勤服务工作的效率，学会生财、聚财、用财之道，不断提高后勤财务管理水平，使有限的财力充分发挥作用，获得最佳的服务和经济效益。

4. 在信息流动方面

在企业后勤管理的实践中，客观上存在着信息的流动，企业后勤管理活动实际上就是后勤信息流动。在进行企业后勤管理活动时，必须重视信息管理。国外经验和我们工作的实践都证明：如果不重视信息，就谈不上管理；缺少了信息，将会使指挥失灵，管理混乱。要使后勤管理活动能完成企业大系统的目标，就必须及时地收集后勤信息，确保信息的可靠性和准确性。

（三）效益原理

管理活动的根本目的在于最大限度地增加管理的经济效益。效益越高，说明对企业和社会的贡献就越大;没有效益的管理不是科学的管理,更不是优化的管理。效益是管理的根本出发点和归宿。每个管理者要始终把创造出更高更好的经济效益、社会效益作为管理的最终目的,以最少的投入取得最大的产出,这就是管理的效益原理。这就要求我们在企业后勤服务中,一方面要节约各种资源,以较少的资源投入创造出能满足员工生活、工作需要的优质服务;另一方面,要注意提供质优价廉的服务,满足员工对后勤服务数量和质量的需求。在后勤管理中,要反对那种只顾花钱不讲效益,只讲投入不讲产出,把后勤服务部门看做单纯的福利性部门的错误思想。企业后勤部门必须注重减少劳动力消耗和占用,围绕符合企业、社会需要这个中心点开展工作,从而提高整个企业的经济效益。

(四) 人本原理

人是企业大系统中最基本的组成要素,是最根本、最活跃的因素。生产力和科学技术的发展,都离不开劳动者智力水平的提高和积极性的发挥,人有着巨大的潜力,因此要把对人的管理放在特别重要的地位,作为管理的"根本",这就是管理的人本原理。管理的人本原理要求后勤管理者通过做好人的工作,使后勤系统的全体成员明确整体目的、个人职责、工作意义及其相互关系等,从而主动、认真、创造性地完成自己的任务。运用人本原理,要充分尊重后勤员工在企业中的主人翁地位,做好思想政治工作,积极疏导员工的不满情绪,处理利益分配问题时要正确使用激励手段,根据每个后勤员工劳动成果的数量和质量给予相应的物质和精神的满足。要多采用激励和表彰的方法,慎用惩罚手段。

人本原理强调人在管理活动中的重要地位,并不把人看成是脱离其他管理对象而孤立存在的;相反,它强调在管理对象的整体系统中,人是其他构成要素的主宰。财、物、信息、时间等因素只有为人所掌握和利用,才能发挥其价值。因此,在后勤管理活动中,我们要坚决抵制那种"见物不见人"、"见钱不见人"、"靠权不靠人",甚至"以权整人"、"以势欺人"的错误做法,充分调动后勤员工的工作积极性和创造性,为实现企业整体目标而努力奋斗。

二、后勤管理的原则

(一) 服务保障的原则

根据企业后勤管理的特点,在进行企业后勤管理活动时必须遵循服务保障的原则。企业后勤系统,是企业系统不可缺少的一个重要组成部分,它的基本职能是从人力、物力、财力和技术等方面来保证企业大系统的正常运转。企业后勤管理的特点之一就是为企业大系统提供服务和保障,这也是企业后勤管理的全部意义所在。

人们从事任何工作,都离不开两个条件:一是必要的生活条件,二是进行工作的物质条件。人们的衣食住行是从事其他活动的基础,是第一位的,而这些都是由企业后勤部门来提供和完成的,没有后勤服务活动作为保证,企业的生产经营活动就不能

正常进行，员工的生活就会受到影响。从后勤工作和后勤系统在企业大系统中所处的重要地位来看，企业后勤管理必须贯彻服务保障的原则，更好地为生产经营和员工生活提供保障和服务；从生产经营与后勤工作的关系来看，生产离不开后勤保障，后勤保障是生产经营活动顺利进行的基础和前提。没有后勤的保障，生产经营活动就会受到阻碍，人、财、物的利用就难以做到人尽其才、财尽其力、物尽其用；从员工生活与后勤工作的关系来看，后勤工作与员工生活密切相关，涉及员工的切身利益。后勤服务工作搞好了，也就能为员工提供舒适、良好的工作和生活环境，解除员工的后顾之忧。因此，坚持后勤为生产服务的思想，是生产发展的需要，也是办好后勤工作的需要，两者互为补充、互为依附。

（二）优质、高效的原则

在贯彻服务保障的原则的同时，还必须贯彻优质高效的原则。后勤工作和后勤管理活动，不仅是要保障生产经营活动正常进行和为员工的衣食住行提供服务，还要保证服务的质量和工作的效率，这是后勤管理中经济效益原理的根本要求和具体应用。后勤工作是一项十分重要的服务工作，它政策性强，涉及面广，服务项目较多，任务繁重且相当具体。它内外联系复杂，同群众关系十分密切，是一种"全方位"、"全过程"、"全天候"的工作。其他工作可以实行8小时工作制，而有些后勤服务工作是24小时运转，如医疗、供水、供电部门等。逢年过节时，大家放假休息时，后勤战线的员工却在繁忙辛苦，默默无闻地工作。正因为后勤工作具有上述特点，后勤管理部门必须围绕这些特点进行管理。企业后勤管理是为了满足企业生产经营全过程的需要，满足企业全体成员的生活需要。目前，在社会这个"大后勤"尚不完善的情况下，要完成这种全面的、全过程的后勤服务，企业就形成了"大而全"的后勤服务体系。如何使这个"大而全"的服务系统正常运转，使服务工作优质、高效呢？一方面，后勤工作人员和后勤管理人员要牢固地树立服务思想，一心为企业、为员工，任劳任怨，无私奉献，消除那种"后勤工作低人一等"的观念，充分认识后勤工作的重要性。另一方面，在端正指导思想的同时，要搞好后勤管理的计划与决策，合理安排好每一项具体服务工作，使有限的财力、物力、人力得到最充分的利用，取得最佳的经济效益，增加企业内部各部门之间的协作联系，促进员工之间的合作与团结。

（三）分工协作的原则

分工协作的原则，就是为了使企业后勤服务保障系统发挥最佳职能作用，在充分认识后勤系统各项工作之间协作关系的基础上，使后勤系统各项工作、各部门之间合理分工，配合协调，各负其责，讲求效益。虽然各企业对后勤工作管理的划分不尽相同，但大体是一致的，不论服务项目、服务行业多少，都要求在统一指挥下实行分工协作。后勤服务系统庞大，头绪繁多，诸如人事、物资、财物、设备、基建、房屋、伙食、交通、医疗、卫生、园林、环保、计划生育、幼儿教育，以及其他综合服务工作，统统由后勤部门管理。要完成如此多的服务内容，后勤系统内部的分工协作就显得尤为重要。这就要求在横向联系和纵向联系上都处理好分工协作的关系。分工是协作的基础,协作是实现分工的条件。没有协作的分工是各自为政、各行其是、产生内耗的代名词,不是真正的科学分工;没有分工的协作,是不分彼此、不讲责任的协作。

(四) 经济节约的原则

在后勤服务工作中,要节约人、财、物等资源,对物资的使用要精打细算、综合利用,这就意味着要用少量的资源,最大限度地满足企业员工生活、工作的服务需要。企业后勤管理要求后勤工作人员在工作中,事前要周密计划,事中要精打细算,严格审核,把有限的资源用在最急需、最重要的地方。因此,后勤管理人员必须严格按经济节约的原则办事,在后勤工作中做到以下几点。

(1) 对办公设备和生活设施等固定资产,要经常维护保养,提高其利用效率和使用年限。

(2) 对各类生产和生活库存物资要及时清查盘点,登记入账,修旧利废,减少自然消耗,防止损坏、丢失等。

(3) 在不违反国家政策的情况下,挖掘潜力,充分利用现有资源和条件,扩大营业,增加收入,改善员工环境和生活条件,搞好员工生活福利。

三、企业后勤管理的方法

(一) 全面计划管理

企业的全面计划管理是一项综合性的全面管理工作,它是通过计划把企业的各项工作全面地组织与协调起来。综合性的全面管理涉及面很广,它既和企业各项工作发生直接关系,又渗透到各项工作的全过程,要求动员企业全体来参加。企业后勤工作是构成整个企业工作的一部分,因此必须贯彻执行全面计划管理。

搞好后勤计划管理,必须建立全面计划管理的保障体系,做到以下几点。

(1) 建立计划管理机构,配备专职计划人员。

(2) 建立健全计划责任制,明确每个后勤员工在计划管理方面应完成的任务、承担的责任和被赋予的权限,并将工作的好坏同经济效益挂钩,进行奖惩。

(3) 建立健全计划考核与评价制度,制定明确的计划工作标准,定期进行检查和考核,表彰先进,鞭策后进。

(4) 按 PDCA 循环程序进行计划管理,即按计划、实施、检查、处理四个阶段来开展计划管理活动。在第一循环结束后,及时进行总结提高,进行更高水平的循环,这样,才能不断提高计划管理水平,促使后勤工作目标和整个企业目标顺利实现。

(二) 目标管理

目标管理是 1954 年由美国管理实践家彼得·杜拉克提出的,首先被美国通用汽车公司采用,后来迅速普及美国其他企业。1957 年,目标管理被日本引进,并与全面

质量管理结合起来，发展成为“社长方针管理”。20 世纪 70 年代以来，目标管理成为风行全球的经营管理制度。近年来，我国一些企业也开始实行目标管理，并取得了较好的效果。所谓目标管理，是指由单位领导提出在一定时期内期望达到的总目标，并制定方针，从上到下，上下结合，由单位各部门和全体员工，根据总目标分别确定各自的分解目标，成为具体实施目标，再由领导考核而进行的组织管理和控制的一种管理方法。它的管理原则是：一切管理行为的开始是“确定目标”，一切管理的实施过程是以“目标为方针”，一切管理的成果要以“目标的完成情况来评价”。

运用目标管理要求企业后勤活动的全过程都以目标为轴心，整个企业后勤工作都以实现目标为准则，它包含一系列管理工作程序。目标管理的特点是一旦每个分项目标达到，总目标就实现了。采用目标管理对后勤工作进行管理，可将后勤工作划分为几个部分，总负责人制定后勤服务工作的总目标，并会同各部分服务项目的负责人协商各部分的目标，然后由各部分的负责人与其部下协商制定具体的目标与实现的措施，通过总目标与分目标及具体目标的综合协商，制定完善的计划体系。如果协商制定的目标比较合理，又易于调动员工的积极性，那么，在各个分目标实现的情况下，后勤服务工作的总体目标也应当实现了。

（三）计算机辅助管理

现在电子计算机已经被广泛地应用于各种管理工作中。由于电子计算机具有运算速度快、准确性高、功能强的特点，它不仅能胜任收集、整理、分析、存储、检索大量经济管理信息的工作，而且还能使管理过程趋向合理化、科学化。

（四）网络技术

网络技术又叫统筹法，它是 20 世纪 50 年代首先在美国发展起来的一种新的计划方法。它是通过网络图的形式，表示计划的安排，并以此选择最优方案，组织、协调和控制生产（工作）的进度和费用，使它达到预定目标的一种科学管理方法。网络计划技术是关键线路和计划评审法的综合，是统筹法的重要组成部分。

网络技术在后勤管理中主要用于安排工作的进度。后勤管理的事务性工作较多，适当安排诸多的工作项目，使其按照一定的顺序顺利地进行很有必要。首先，要将一定时期内后勤工作的数量列举出来；其次，要理清各项工作的内在联系，确定好紧前工序与紧后工序，列出工序清单；最后，根据工序清单画网络图。这样，整个后勤工作的一切活动便都反映在网络图上，对事务性和服务性工作进行管理就依据网络图来监督执行，直至整个任务最后完成。

（五）ABC 管理法

ABC 管理法是由意大利经济学家帕雷托提出来的，首先被应用于经济领域。他根据管理对象的价值大小、重要程度、用量多少、采购难易等将管理对象划分为 ABC 三类。将管理对象划分为 ABC 三类的目的是更好地对各部分施以不同程度的管理，以便抓住重点，照顾一般，有效地使用人力、物力、财力。目前，ABC 管理法已被广泛地使用，主要被运用于物资和库存管理、成本管理、资金管理、设备管理等方面。

后勤部门主要是在后勤的物资管理中运用ABC管理法。对后勤物资管理实行ABC管理的目的是对种类繁多的后勤生活物资进行有区别的管理，减少储备资金占用和物资大量积压的现象，提高物资管理的效益。对后勤物资实行ABC管理时要注意以下几点。① 要按后勤物资的种类、价值大小、用量多少等进行分类，分为A、B、C三类。A类属种类少，但用量大，占用资金多；B类属种类一般，需用量和占用资金居中等；C类属种类多，但用量少，占用资金少。② 在分类的基础上，对各类物资实行不同的管理。对A类物资实行重点管理，对B类物资实行一般管理，对C类物资实行较简便的管理。

 技能训练

后勤管理中的ABC管理法训练

【目的】

通过训练掌握后勤管理ABC管理法，提高专业技能素质。

【指导】

(1) 选择你所熟悉的单位的后勤部门，通过实地调查，选择某一项工作任务，按照ABC管理法将工作予以分类管理。

(2) 按后勤工作任务的价值大小、重要程度、用量多少、采购难易等，将管理对象分为A、B、C三类。A类属种类少，但用量大，占用资金多；B类属种类一般，需用量和占用资金居中等；C类属种类多，但用量少，占用资金少。

(3) 在分类的基础上，对各类物资实行不同的管理。对A类物资实行重点管理，对B类物资实行一般管理，对C类物资实行较简便的管理，有效地使用人力、物力、财力。

本章小结

通过对本章的学习，需要掌握以下几个方面的内容。

(1) 后勤管理是指管理者动用一定的原理、方法和手段，通过一系列特定的管理行为和领导活动，使全体成员努力工作，以达到后勤工作目标的过程。

(2) 后勤管理的性质为综合性、从属性、服务性。

(3) 后勤管理的特点为社会性、经济性、时间性、复杂性、群众性、知识多科性。

(4) 后勤管理的工作内容包括办公设备管理、办公用品管理、办公物业管理、文化生活设施管理、环境与卫生管理、场地与车辆管理、安全管理、饮食接待管理、服务公司管理、后勤员工管理。

(5) 企业后勤管理的原理包括系统原理、动态原理、效益原理、人本原理。

(6) 企业后勤管理的方法有全面计划管理、目标管理、计算机辅助管理技术、ABC 管理法。

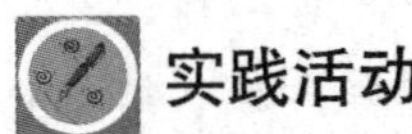

实践活动

后勤管理模式调查

【目的】

选择你所熟悉的单位的后勤部门，通过实地调查，了解该单位后勤管理模式，增加对后勤管理模式的感性认识。

【内容】

调查后勤管理模式的建立背景、主要内容和特点、目前的实践情况、不足之处和改革方向。

【要求】

首先，根据老师的指导做好相关资料的搜集整理和调查的准备工作，如做好分工，设计好方案，准备好工具器材等；其次，按计划方案进行调查，不要遗漏调查事项；最后，做好调查总结工作、分析工作，写出调查报告。

本章练习

一、判断题

1. 后勤管理就是行政管理。（　　）
2. 后勤工作的好坏主要取决于后勤管理的水平高低。（　　）
3. 后勤部门主管企业某一方面的工作。（　　）
4. 后勤管理具有独立性。（　　）
5. 后勤部门类似于企业的生产经营部门，都有具体的业务范围和目标。（　　）
6. 后勤的时间性特点表现在后勤先行。（　　）
7. 办公用品的购置应坚持适用、经济、标准化的原则，以便于企业办公的使用和管理。（　　）
8. 所谓企业办公物业管理就是指对办公用房管理。（　　）
9. 在后勤管理系统中，要杜绝各行其是、相互扯皮的行为，那样，既损害全局目标，又违背系统管理的原则，最终削弱了整体功能。（　　）
10. 企业后勤管理系统运转的好坏，与后勤系统各种要素的变化不相关。（　　）

二、单项选择题

1. 后勤管理是指管理者动用一定的原理、方法和手段，通过一系列特定的

(　　)和领导活动,使全体成员努力工作,以达成后勤工作目标的过程。

A. 经济行为　　B. 管理行为　　C. 市场活动　　D. 企业活动

2. 后勤管理的工作范围广泛,一般企业、单位的政务性、事务性的工作,如文书处理工作、会务工作、调查研究工作、公务接待工作都属于后勤管理工作。因此,企业后勤管理具有(　　)。

A. 服务性　　B. 从属性　　C. 综合性　　D. 先行性

3. 企业办公环境的设置不应千篇一律,而应根据自身所处条件、自身建筑物的特点及周围状况等的不同而(　　)。

A. 因地制宜、区别对待　　B. 反映风貌、重视特色

C. 分别布置、体现层次　　D. 统一规划、整齐划一

4. 为了达到后勤管理的最优化,运用系统论对后勤管理工作进行分析研究,这就是后勤管理的(　　)。

A. 动态原理　　B. 效益原理　　C. 人本原理　　D. 系统原理

三、多项选择题

1. 企业办公物业管理就是指对(　　)及其他附属建筑的总体管理。

A. 办公用房　　B. 生产用房　　C. 住宅小区　　D. 员工宿舍

2. 对后勤管理人员的基本要求是(　　)。

A. 必须具备负责精神　　B. 必须具备实干精神

C. 必须具备勤俭精神　　D. 必须具备奉献精神

3. 办公用品的管理工作内容主要包括(　　)。

A. 办公用品的购置　　B. 办公用品的发放

B. 办公用品的保管　　D. 办公用品的盘查

4. 在企业日常的安全管理工作中,企业后勤管理人员应遵循的基本原则有(　　)。

A. 遵守规章　　B. 加强教育,事前防范

C. 厉行节约　　D. 紧急抢险,尽力补救

5. 凡是构成系统的客观事物都必须具有如下共同特征(　　)。

A. 系统的复杂性　　B. 系统的层次性

C. 系统的相关性　　D. 系统的整体性

四、简答题

1. 后勤管理具有哪几个特点?

2. 我国企业后勤管理模式有哪些转变?

3. 企业后勤管理工作的方法有哪些?

4. 简述后勤管理的内容。

五、案例分析题

内外兼顾 快速反应

——沃尔玛公司的后勤保障系统

沃尔玛公司是目前世界第一大零售集团，拥有包括沃尔玛折扣店、仓储会员店在内的4 100多家商店，员工总数达124万人。2001年其全球营业额达到1 913亿美元，被《财富》杂志列为全球500强企业的第二位。

沃尔玛公司创造了许多经营神话，其中比较著名的是其立足快速反应机制的后勤保障系统。这个系统的高效率工作，保证了顾客的需求可以及时得到满足，同时还使后勤成本得以最小化，使整个零售体系也得以畅通，变得灵活起来。

一、快速反应系统(QR)

快速反应系统是在零售商与供应商良好的合作关系的基础上，依靠先进的计算机等系统构建的供应链。沃尔玛的QR在业界非常有名，甚至以网络电子商务著称的亚马逊书店也自叹不如。

二、后勤保障的硬件配置

沃尔玛第一个配送中心大约可以配送公司销售的40%的商品，接着沃尔玛又于1975年、1978年、1979年分别建成了三个配送中心。到20世纪90年代初，沃尔玛配送中心总数已达到20个，整个公司销售的8万种商品的85%由这些配送中心配送供应，而其他竞争对手只有50%～60%的商品实现了集中配送。

根据上述材料，回答以下几个问题。

1. 上述案例中，后勤系统可以保证(　　)得到满足，达到后勤成本最小化的目标。

A. 顾客要求　　B. 员工要求　　C. 物资需要　　D. 市场需要

2. 上述案例中体现的企业后勤管理性质是(　　)。

A. 服务性　　B. 从属性　　C. 综合性　　D. 先行性

3. 沃尔玛的企业后勤是通过(　　)来实现的。

A. 物流外包机构配送　　B. 自建配送中心集中配送

C. 总部集中配送　　D. 分销中心配送

4. 在上述案例中一个企业的成功要求企业作为一个整体来进行运作，体现的是后勤管理的(　　)。

A. 动态原理　　B. 效益原理　　C. 人本原理　　D. 系统原理

第二章　后勤管理制度

学习目标

通过本章的学习，掌握后勤管理制度的功能和作用，了解后勤管理制度的各项内容，以及我国后勤管理体制改革的必要性和方向。

案例引导

专业后勤服务公司创制的魅力

几年前，虽然美国家电大王——惠而浦公司生产的洗衣机、冰箱走俏市场，公司却很难赢利，经过调查，由于他们要将各种商品从甲地运往乙地，因此大大增加了商品营销的成本，且惠而浦公司在美国的12家工厂，长期以来各自处理自己的后勤服务业务，致使厂商之间供应链路线混乱，经营成本难以控制。

该公司经理意识到节省开支的一个有效途径就是把各厂的后勤工作统一起来。经过与美国莱德专业后勤服务公司的携手合作，惠而浦公司进行了改组，精简了仓库卡车运输业务，调整了联系各方面工作的计算机系统，1996年，惠而浦公司把原料工厂运到所需的费用减少了15%以上。

这一明显的经济效益启迪了众多商家，美国许多大公司开始向企业外部寻求后勤专业服务的支持，由此一来，美国专业后勤服务行业需求见旺，这一行业得以迅速发展。一些过去经营卡车运输和提供仓储服务的公司，如今已成为业务繁忙的"专业后勤服务公司"，它们制定并实施一整套经营方案，根据客户的需要及时把各种货物运送到目的地。

实际上，这就是一个只在需要时才把原料和制成品运到工厂或商品的过程。一个相对完善的供应链将减少用于生产和分销过程中昂贵的支出及周转库存。

要搞好公司内部后勤供应工作，需要花费很多的精力，这有可能分散企业的力量。后勤服务公司认为，为了避免这种情况的发生，像惠尔浦公司这样的用户，应当集中精力做好它们的专业生产和销售工作，把供应环节方面的工作留给专业公司去做。

利用所获得的信息，这些后勤专业管理公司帮助用户建立自己的计算机系统，估算需要多少仓库并确定仓库的位置或者评估仓储系统的效率。后勤供应公司可以参与日常的经营活动，提供或者雇用卡车运送货物，租赁仓库及提供管理仓储服务。它们可向供应商提供订单及需求预测，监督商品质量，改进设计等，如果后勤服务公司具有海外业务经验，还可以向进行国际化经营的客户提供关键性的业务咨询，公司还要负责业主货物周转的全部过程。作为一家第三方后勤服务公司它能够找到足够的货源，并有充足的仓储设施，从而实现规模经济，专业后勤服务公司还能间接地增加制造公司的营业收入。

美国摩尔管理咨询公司副总裁约瑟夫·马萨指出：有力的后勤保障将扩大产品的销售量。如果用户确信供货商能够及时交货，一定会更愿意与他做生意，如果供货商有一个信誉良好的后勤服务公司作合作伙伴的话，一切事情就会发展得更好。

（资料来源：豆丁网，2009 年 7 月 21 日）

【启示】

通过企业管理制度改革，建立专业的后勤服务公司不但使企业实现规模经济，而且专业后勤服务公司还能间接地增加制造公司的营业收入，这就是后勤制度改革的魅力。

第一节　后勤管理制度的功能作用

企业后勤管理制度是指后勤员工在共同劳动中执行的工作内容、遵守的工作程序和使用的工作方法，是后勤服务活动的准则。

一、后勤管理制度的功能

后勤管理具有两个方面的基本职能：① 按本单位职能活动规律组织后勤服务的职能；② 通过管理推动生产经营过程中的劳动协作关系优化，调动人的积极性的职能。正确认识服务与管理两个方面的职能，对我们全面理解后勤管理的内容，实行后勤管理科学化、后勤服务社会化有着很重要的意义。

二、后勤管理制度的作用

（一）为职能活动提供可靠的物质保障

一个单位的职能活动要想正常进行，后勤部门就必须事先安排好工作必需的条件设施，提供后勤服务，这是职能活动正常进行的物质基础。只有加强后勤管理，才能使这些基本的物质条件得到可靠的保证。后勤管理的保障作用是其基本职能决定的，所以这一作用是后勤管理的基本作用。

(二)提高对人、财、物的利用率,从而促进职能工作效率的提高

如果只是有了充足的物质保障,而不去科学地组织管理,工作的效益是不会提高的。搞好后勤管理,可以使人、财、物以最佳方式结合,得以充分有效地利用。进而发挥人的主观能动作用,做到"人尽其才";提高资金使用效能,做到"财尽其力";充分发挥物资设备的潜力,做到"物尽其用",所有这些正是工作高效进行的必要条件。一切管理的作用都在于提高效益,从这个意义上说,这一作用是后勤管理的主要作用。

(三)稳定员工队伍和生活秩序

搞好后勤管理工作是稳定员工队伍和生活秩序,确保安定团结的重要条件。搞好衣、食、住、行、生、老、病、退等工作,是后勤管理工作者的重要职责。后勤管理工作搞好了,可以使领导省心,员工放心,大家都不用担心。因此,员工队伍稳定,生活秩序安定,可以确保安定团结的局面。

正确认识后勤管理的作用,可以使人们正确对待后勤管理工作,重视后勤员工的劳动,使全体员工都来关心后勤管理工作;同时,能够引导后勤员工正确认识自己的工作,树立正确的服务思想,为单位职能活动提供更多的优质服务。

第二节　后勤管理制度的内容

一、后勤管理制度建设与后勤管理机制形成

这是要通过后勤管理制度建设形成后勤管理机制,以固化后勤管理制度建设成果。

(一)建立服务机制

发挥后勤队伍服务保障的作用,为员工提供良好的衣、食、住、行条件。

(二)建立沟通机制

采取每月召开协调会、设立意见箱等形式,听取广大员工的意见,及时发现、解决后勤工作中存在的问题。

(三)建立培训机制

适应新形势、新任务的要求,以岗位月培训、员工自学等形式,有力地促进后勤员工队伍整体素质的提高。

(四)建立竞争上岗机制

结合每年开展的业务比武活动,对司机、厨师等岗位实行全面竞争上岗制度。

(五)建立制度化管理机制

明确岗位职责,完善规章制度,规范操作程序,使岗位工作有章可循,日常管理规

范化。

二、设备用品管理制度

设备用品管理制度是为了统一企业办公设备的采购与供应，并使办公设备得到充分的利用，有效地保全与维护设备，对办公设备进行管理而制定的制度。不同类型的企业设备用品种类、价格差别很大，设备用品管理制度差别也较大。但考虑到设备用品的寿命和成本，一些公司则对常用设备采取较严格的管理制度，以节约成本。以某公司为例，设备用品管理制度的主要内容有以下几方面。

（一）办公设备的配备及管理

（1）因工作确需购买的办公设备由当事人所在部门提出申请，报单位领导审批后再购买，所购办公设备要经公司机构有关部门备案。

（2）新购办公设备一般采取公司与个人按照一定出资比例购买，在规定使用年限后归个人所有。在规定使用年限期间，一般情况是公司所有，个人使用。

（3）原购办公设备由所在单位登记后统一在公司综合工作部备案，在规定使用年限内不再重复购买，达到规定使用年限后，由综合工作部会同相关部门对其评估后折价处理，原使用人有优先购买权。

（4）在规定使用年限内，因个人原因造成办公设备毁损、被盗等，所造成的经济损失由个人负责。

（5）在办公设备规定使用年限期间，配备人员因工作需要发生调动的，公司范围内调动的办公设备采取“机随人走”，公司范围外调动的办公设备上交公司，由公司返还他剩余年份的出资额。所交办公设备由综合工作部门评估后折价处理，原使用人有优先购买权。

（6）在规定使用年限期间，办公设备的维修和保养由使用人负责，所发生的费用按照年限费用递增办法包干使用、据实报销。

（7）办公设备购买费用按照岗位不同采取不同的出资比例。

（二）物资采购与管理的有关规定

（1）物资应由办公室统一管理，根据需要统一计划采购，统一分配使用。

（2）部门因工作急需自行采购物品时，须事先经办公室同意，报销时须经办公室签字。

（3）采购业务的界定。使用经营项目属于直接成本部分的资金进行的物品、劳务等商品的购买活动和使用属于各种费用部分的资金进行的较大额度的物品、劳务等商品的购买活动，属于需要统一计划采购的业务范围。

（4）采购活动的前提和依据是合同的规定和物资预算。

（5）采购活动的审批程序。

（6）健全物资账目，固定资产、长期保管品与资产经财务部核准入账后报销，保管人员每年清查核对一次，达到账物相符。

（7）资料保存。

（8）确定各级权限。

三、员工管理制度

员工管理制度是指为了端正后勤人员的工作态度，规范后勤管理人员的工作标准、工作程序和操作方法等与工作绩效有关的行为方式，而制定的具有操作性的管理制度。具体包括以下几个方面。

（一）员工食堂管理制度

员工食堂管理制度如图 2-1 所示。

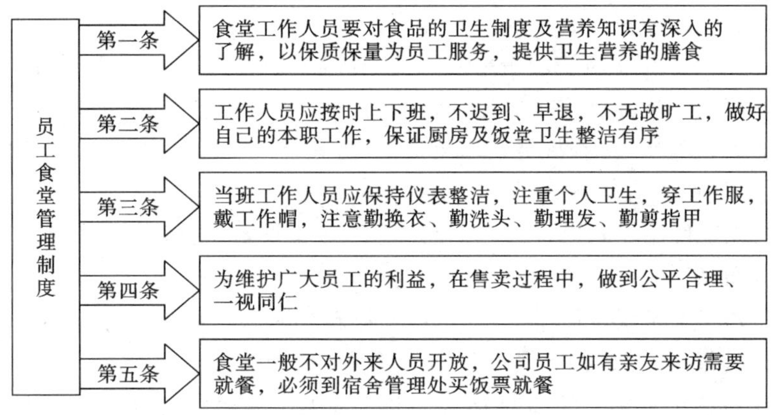

图 2-1　员工食堂管理制度

（二）食堂厨房卫生管理制度

食堂厨房卫生管理制度是指企业对食堂基础设施、工作人员、食物卫生情况等所作的说明性文字。具体规定内容有以下四个方面。

1. 基础设施卫生

（1）将食堂厨房与厕所等有效隔离，厨房内不应有厕所，且厨房的门与窗均不得对着厕所。

（2）厨房应有良好的供水系统与排水系统，以排水系统为最重要，洗涤用过的污水必须迅速排除。

（3）地面、天花板、墙壁、门窗应坚固美观，所有空洞缝隙应填实密封，并保持整洁，以免蟑螂、老鼠躲藏或出入。

（4）应装置抽油烟机。抽油烟机的油垢应定时清理，而所排除的污油，亦应适当处理，切勿影响邻居。

(5) 工作厨台及橱柜以铝制或不锈钢材质为佳。

(6) 工作厨台和橱柜内侧及厨房死角，应特别注意清扫，以免物质遗留腐烂。

2. 食物卫生

(1) 食物应在工作台上料理操作，并将生、熟食物分开处理。刀、砧板及抹布等，必须保持清洁。

(2) 食物应保持新鲜、清洁、卫生，并在洗清后，分类以塑胶袋包紧，或装在有盖容器内，分别储放在电冰箱、冷藏室或冷冻室内，鱼、肉类取用处理要迅速，以免反复解冻而影响质量，勿将食物暴露在常温下太久。

(3) 凡易腐烂的食物，应储藏在 0 ℃以下的冷藏容器内，熟的食物与生的食物分开储放。

(4) 调味品应以适当容器装盛，使用后随即加盖，所有的器皿及菜肴，均不得与地面或污秽接触。

(5) 厨房应置有密封污物桶、橱余桶，橱余最好当夜倒掉，不在厨房内过夜。万一只能隔夜清除，则应盖紧桶盖，且橱余桶四周保持干净。

3. 工作人员卫生

加强食堂厨房工作人员的个人卫生，可以保证良好的健康及高效率的工作，而且可以防止疾病的传播，以避免食品原料被污染，防止食物中毒事件的发生。

餐饮从业人员应先在卫生防疫机构体检，合格后，才能被雇用，被雇用后每年应主动进行健康检查，并取得健康证明，有出疹、脓疮、外伤及患有结核病、肝炎等可能造成食品污染疾病的人员，则不得从事餐饮工作。

厨房人员的卫生管理是保证食品卫生的一个重要组成部分，它包括以下三方面的内容。

(1) 个人卫生管理，厨房工作人员应具有健康意识，有良好的卫生习惯，懂得基本的健康知识，以饱满的精神投入工作，不过度劳累，保持个人身体处于健康状态。

(2) 工作卫生管理，工作卫生管理的目的是防止工作人员因工作时的疏忽而导致食物、用具遭受污染。

(3) 卫生教育，施行卫生教育的目的是使工作人员有正确的食品卫生知识，提醒工作人员卫生的重要性并加强卫生管理，以便发现工作中不足和问题，并加以改进和解决。

4. 厨房卫生

厨房实行卫生责任制，划分清扫区域，把每个岗位的清扫任务分配给个人，然后将以上分配书面表格化(清扫卫生责任表)，作为制度贴在相应的墙上。每人负责一个区域的卫生清扫，责任区域必须保持清洁，不可存在没人管理的卫生死角。

厨房必须按生进熟出的流程合理布局，各功能区域清晰，生产加工流程简短顺畅，避免迂回交叉、路径分明。生产作业线、垃圾清除线、餐具消毒洗涤线互不干扰，以防人员碰撞和滑倒。清除所有流动线上的障碍物，在通道、阶梯、拐弯处及易滑倒处应设置明显的标志。

厨房墙面、排风罩、工作台、灶台、地面无积灰、无污垢、无积水。厨房抽屉内整洁无灰、无蟑螂、无鼠迹。废弃物及时倒入带盖桶内，当日清除。

在厨房卫生管理工作中认真贯彻、执行食品卫生“五个四”制内容：①“四不”，即采购员不进腐败变质的食物，保管员不收腐败变质的食物，食品加工员不做腐败变质的食物，服务员不卖腐败变质的食物；②“四隔离”，即生熟隔离，成品与半成品隔离，食品与杂物、药物隔离，食品与天然冰隔离；③“四过关”，即一洗、二刷、三冲、四消毒；④“四定”，即定人，定物，定时间，定区域分工、包工负责；⑤“四勤”，即勤洗手，勤俭治家，勤洗澡理发，勤洗已脏工作服。

（三）食堂材料领用核算管理制度

某公司食堂材料领用核算管理制度如图 2-2 所示。

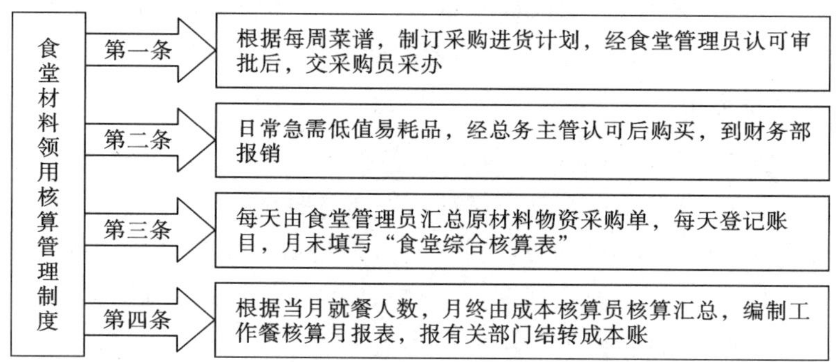

图 2-2　某公司食堂材料领用核算管理制度

（四）食堂就餐管理制度

某公司食堂就餐管理制度如图 2-3 所示。

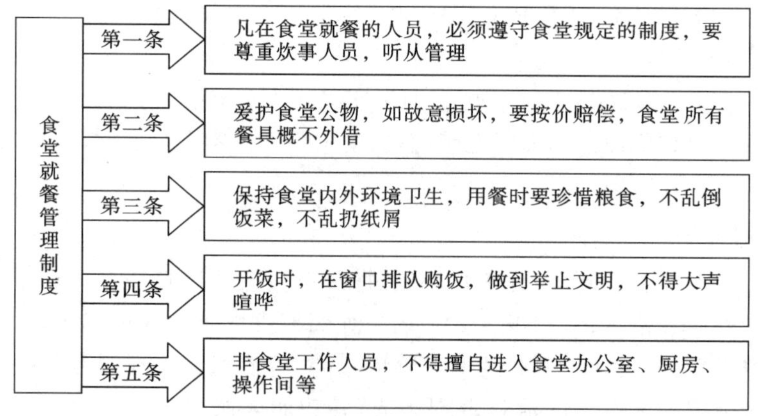

图 2-3　某公司食堂就餐管理制度

(五) 企业宿舍管理制度

员工宿舍管理制度是为了使公司宿舍保持良好、清洁的环境,保证员工在工作之余得到充分的休息,维护生产安全和提高工作效率,而对宿舍管理人员和入宿员工所作出的决定。具体内容有以下几点。

(1) 宿舍文明管理规定。

(2) 管理员的任务规定。

(3) 住宿员工要求管理规定。

(4) 住宿资格的取消管理规定。

(5) 迁出要求的管理规定。

(六) 企业清洁卫生管理制度

企业清洁卫生管理制度包括两个方面的内容。

(1) 企业公共区域卫生管理规定。

(2) 公司卫生管理准则。

四、车辆管理制度

为了提高工作效率,合理安排车辆的使用,严格管理,堵塞漏洞,须制定车辆使用及管理规定。车辆管理制度主要覆盖下面几个方面的内容。

(一) 公司车辆使用管理办法

公司车辆使用管理办法,各公司情况不同,管理制度上有差异性,一般有如下主要管理制度。

(1) 公务用车的管理办法。

(2) 班车管理办法。

(3) 非因公用车管理办法。

(4) 车辆使用审批手续的规定。

(二) 车辆使用审批手续

(1) 用车范围及原则。

原则上公司所有车辆使用必须保证用于公司正常业务需要,特殊情况下个人用车须经领导批准。

在车辆紧张时,本着"先急后缓,综合运用"的原则,合理调度车辆,提高车辆使用效率,保证公司业务用车。在车辆不紧张时,本着"优化调配,节约资源"的原则,恰当调度车辆,提高车辆使用经济效益。

(2) 审批手续。

① 公司领导和部门领导用车,根据领导层级和业务工作重要程度,由行政部门统一安排。任何人不得指定车辆,更不得直接向司机要车。公司业务需要用车须经

行政部门下达调度表(单),司机根据调度表(单)出车,并由用车人签名确认已出行。

② 特殊情况下公司内部人员私人用车,应根据公司有关私人用车的规定,符合私人用车条件的方可申请用车。私人用车时须经当事人申请,部门主管同意,公司领导批准后,由行政部门统一调度安排使用。司机根据行政部门的车辆使用调度表(单)出车。私人用车原则上由私人承担相关的油费、过境费、司机差旅费等费用。私人用车发生费用符合公司有关规定(如属于福利、奖励等性质用车,或公司领导根据特殊情况批准同意由公司开支)不要求个人负担的除外。

③ 事后司机根据调度表(单)和所列路线、目的地等明细,以及实际行驶公里数、过境情况办理报销出车及差旅费用。一般应在当月底前向行政部门统一报账核算,财务部门审核,公司主管领导批准方可报销。

(三) 驾驶人员的管理

(1) 严禁司机私自出车,确因急事或特殊情况需用车,以及节假日、晚间、休息日出车须经领导批准,行政部门统一安排。

(2) 在放假期间,公司内部车辆要停入指定地点,不得私自外出、转借;车辆不得在外过夜、停放,违者且造成车辆损坏、丢失的,责任由司机自负。凡因未经公司领导批准私自出车发生问题的,司机要负完全责任。

(3) 出车必须由本车司机驾车,严禁他人驾驶公车,严禁私自调用更换车辆或驾驶车辆外出。如有特殊情况,须报经领导批准后根据情况统一调度。

(4) 实行定点加油、维修制度。如出车在外又确实需要加油、维修的,应事先打电话向公司主管领导说明情况,主管领导同意后方可在外加油、维修,否则不予报销。

(5) 司机要精心维护车辆,定期检修,保持车辆完好。

(6) 每天(次)出车收车后,要将材料、设备、工具放到后备箱或仓库内,严禁存放在车内,否则一旦失窃,一切损失由司机个人承担。

(7) 司机要自觉遵守交通法规,严禁酒后驾车,不违章开车,不开快车,不开故障车,不开没有安全把握的车,确保行驶安全。凡因责任心不强,人为造成车辆损坏的,要视情节轻重予以经济处罚和其他必要的处理。

技能训练

后勤管理制度的整理与利用

【目的】

通过训练了解后勤管理制度的主要内容及功能,掌握后勤管理制度的编写方法。

【指导】

(1) 选择你所熟悉的单位的后勤部门,在对方有关人员的帮助下整理相关的制度档案。

(2) 将整理好的档案按制度性质进行分类,集中存放。

(3) 在分类的基础上,对各类后勤管理制度按职责关系和上下层次进行主次排序;对各类后勤管理基本制度进行重点分析;了解制度制定的目的、意义、主要功能、主要条文规定等,分析制度的科学性、合理性及可操作性,以便提出修改意见。

(4) 分析相关配套制度的衔接性、完善性,以便提出修改意见和完善制度体系的方案。

(5) 学习其中规范完善的制度编写思路和方法。

第三节　后勤管理体制改革

一、企业后勤管理体制

企业后勤管理体制是企业后勤管理的重要内容,掌握后勤合理的体制问题,有利于认识和把握企业后勤系统各机构各项活动之间的内在联系和运行规律,以及企业后勤系统与其他系统之间的相互关系,有利于客观地剖析我国企业现行后勤管理的弊病,并把握企业后勤管理的发展趋势和改革方向,从而实现企业后勤管理的科学化、规范化和现代化。

二、我国企业后勤管理体制改革的必要性

我国企业后勤工作呈现出以下几个显著特点。

(1) 企业后勤工作有效地为市场经济服务。后勤产品和劳务是商品,后勤管理工作讲求经济效益。

(2) 企业后勤系统引入了竞争机制,各种形式的经济承包责任制得以实行。

(3) 企业后勤的管理方法从以前单纯采取行政方法,向经济方法、法律方法、行政方法和思想教育方法同时使用过渡。

企业后勤管理工作在企业中的地位和作用越来越受到重视。总之,企业后勤管理得到较大的发展,为其进一步深化改革创造了条件。

新中国成立以来,企业后勤管理工作得到了较大的发展,取得了许多成功的经验,对我国企业以至于整个社会经济的发展起了重要作用。但是,后勤管理工作中那种从战争年代沿袭下来的传统的管理办法和体制并没有得到多大的改变,企业后勤"小而全"、"大而全"的格局依然存在,有的甚至因盲目发展而超过了企业的承担能力,制约了企业的发展。随着生产力和社会主义商品经济的发展,随着经济体制和政治体制及企业改革的深入进行,现行的企业后勤管理体制越来越暴露出难以克服的

种种弊端。因此，必须进行改革，以实现企业后勤管理的科学化、规范化和现代化。改革现行企业的后勤管理体制，是由现行体制存在的弊端所决定的，其弊端主要表现在以下五个方面。

（一）服务上只强调保障供给，不讲求成本核算，忽视经济效益

长期以来，企业普遍把后勤服务部门单纯地看做是福利部门或消费部门，忽视后勤服务的商品经济属性。因而，在后勤管理工作中对企业生产经营和员工生活只强调在服务上的保障供给，而对投入的人力、财力、物力则很少进行成本核算，致使后勤部门不讲求经济效益，只重视投入，忽视产出。另外，由于不注重成本核算，只强调服务任务的数量标准，对后勤员工工作的成效也就难以从经济上进行考核，致使功过不清、赏罚不明，严重挫伤了后勤员工的积极性。

（二）管理上单纯依靠行政手段，统得过死，管得太细，致使企业后勤部门缺乏应有的生机与活力

使用单纯的行政手段管理后勤，就把企业后勤工作与社会第三产业及其他企业工作割裂开来，使后勤部门因缺乏外部的竞争而无应变能力、开拓创新的机制及主动精神，不能满足员工对后勤服务的质量和内容提出的新要求，致使供求矛盾日益突出，企业后勤服务的这种滞后现象，往往使后勤工作处于被动地位。另外，由于只依靠行政手段，不重视使用经济手段管理后勤工作，后勤工作的质量和效率都难以提高。

（三）福利思想盲目膨胀，强化了平均主义和攀比现象

企业后勤本身具有一定的福利特征，但是由于传统体制中缺乏有效的管理手段和控制手段，企业又缺乏自我约束的机制，企业后勤服务的福利因素盲目膨胀，实际上企业后勤变成了福利后勤，这样，既加重了企业和国家的负担，也强化了员工的平均主义意识。另外，福利化的倾向，也使员工增加了对企业的依赖，不利于整个企业贯彻按劳分配的原则。

（四）高消耗，低效益

各企业都追求自我体系，万事不求人，盲目向“小而全”、“大而全”方向发展，出现许多重复投资建设的现象。从整个社会来看，便造成了人、财、物的极大浪费，而且现在企业后勤服务的费用全部由企业承担，项目越多，企业包袱就越重。同时，由于盲目扩大后勤的规模，事务越揽越多，进而导致机构臃肿，人浮于事。

（五）后勤员工素质较低

企业后勤部门被看做是单纯的事务性部门，在管理上又单纯依靠行政手段，严重忽视了后勤管理的科学性和技术要求，因而在后勤工作的员工，往往是生产第一线退下来的老弱病残。另外，由于后勤服务部门没有引入竞争机制，后勤员工缺乏上进的压力和动力，致使后勤员工队伍的素质普遍较低，这严重影响了后勤服务质量和工作效率的提高。

三、企业后勤管理体制改革的方向和途径

(一) 企业后勤管理体制改革的方向

1. 企业后勤管理体制改革的指导思想和目的

(1) 必须保证企业员工生产生活的需要,调动企业员工的积极性,维护社会安定。

(2) 必须有利于企业后勤管理的科学化,有利于增收节支,勤俭办后勤,充分发挥现有物力、财力的作用,提高后勤服务质量和工作效率,不断提高经济效益和社会效益。

(3) 必须从企业后勤部门的实际出发,同经济体制和政治体制改革同步进行,有利于促进整个社会各项改革的深入发展。

(4) 必须同企业的经济、制度、改革和企业流程再造同步,保障企业改革发展。

企业后勤管理体制改革的目的,就是要建立科学的后勤管理体制,实现企业后勤的科学管理。

2. 企业后勤管理体制改革的方向

企业后勤管理体制改革的根本方向,就是企业后勤服务的市场化和社会化。所谓企业后勤服务的市场化和社会化,就其本身的意义来说,是指在商品经济社会中,企业后勤的服务工作全部或主要由社会第三产业提供,运用价值规律进行调节,以商品交换的形式为企业提供优质高效的后勤服务。企业内部的后勤部门只进行单纯的管理活动。

换句话说,企业后勤服务的市场化和社会化,是指企业后勤工作逐步实现后勤管理与后勤服务的职能分离,突破企业自我配套的封闭模式,引入竞争机制,把企业内部的后勤服务工作与社会的服务行业融为一体,充分体现后勤服务的商品属性,从而为企业提供优质、高效的后勤服务。

(二) 企业后勤管理体制改革的途径

企业后勤管理体制要有利于实现企业后勤的科学管理。适应后勤服务社会化、市场化的大趋势,就必须不断进行改革。企业后勤管理体制要从现行模式发展到企业后勤服务的市场化和社会化,一般要经过三个阶段。

(1) 企业后勤部门逐步实现管理职能和服务职能的分离,由“自我服务”型转变为相对独立的经营服务型部门。

(2) 企业后勤服务部门由服务经营型转变为自主经营、自负盈亏的经营服务型部门。

(3) 企业后勤服务部门由经营服务型部门转变为独立经营、独立经济核算、自我发展的经营型单位,建立与母企业的投资关系和战略合作关系,成为社会第三产业的一部分。

案例分析

改革后勤管理制度,构建节约型企业

某公司要加大对后勤工作的管理力度。首先,公司根据实际工作情况对后勤管理的各项规章制度和工作流程进行修订、完善,做到了既节省开支,又能保证正常工作的需要。同时,认真执行各项新的规章制度,实施新的管理方式,做到用制度管人、管事。公司对车辆进行统一管理,要求不得将工作用车作为上下班代步工具;实行定点修车、定时定点加油制度,通过科学检验工作量确定加油量,每周(月)进行公示,方便群众监督;办公用品由专人进行采购,并根据流程要求建账登记,由专人进行保管、发放,实行严格审核制度;公司还对业务招待费用进行严格管理,根据不同情况,明确招待规格、用餐人数;加强对水、电、气使用的管理,杜绝“跑”、“冒”、“滴”、“露”现象的发生。

通过上述一系列的改革,该公司各项行政管理费用得到了有效缩减,从源头上杜绝了浪费现象的发生,同时也为公司各项工作和谐有序地开展创造了必要的条件。

【总结】

该公司改革后勤管理制度的目的是开源节流,降低经营成本,构建节约型企业,构建公司超常规发展的重要后勤保障。如此说来,公司后勤管理制度改革对公司发展的重要性不言而喻。

本章小结

通过对本章的学习,需要掌握以下几个方面的内容。

(1) 企业后勤管理制度是指后勤员工在共同劳动中执行的工作内容、遵守的工作程序和使用的工作方法,是后勤服务活动的准则。

(2) 企业后勤管理体制是企业后勤管理的重要内容,掌握后勤合理的体制问题,有利于认识和把握企业后勤系统各机构各项活动之间的内在联系和运行规律,以及企业后勤系统与其他系统之间的相互关系,有利于客观地剖析我国企业现行的后勤管理的弊病,并把握企业后勤管理的发展趋势和改革方向,从而实现企业后勤管理的科学化、规范化和现代化。

(3) 企业后勤工作呈现出以下几个显著特点:① 企业后勤工作有效地为市场经济服务。后勤产品和劳务是商品,后勤管理工作讲求经济效益。② 企业后勤系统引入了竞争机制,各种形式的经济承包责任制得以实行。③ 企业后勤的管理方法从以前单纯采取行政方法,向经济方法、法律方法、行政方法和思想教育方法同时使用过渡。

(4) 现行企业后勤管理制度的弊端主要表现在：① 服务上只强调保障供给，不讲求成本核算，忽视经济效益；② 管理上单纯依靠行政手段，统得过死，管得太细，致使企业后勤部门缺乏应有的生机与活力；③ 福利思想盲目膨胀，强化了平均主义和攀比；④ 高消耗，低效益；⑤ 后勤员工素质较低。

实践活动

员工食堂卫生状况调查

【目的】

通过实地调查某单位员工食堂，了解其卫生工作流程、卫生工作规章制度和人员管理，从而加强对员工食堂卫生管理的认识。

【内容】

调查基础设施卫生状况，查看卫生相对制度，供水系统、排水系统、地面、天花板、墙壁、门窗、油烟机、工作厨台及橱柜卫生死角；实地查看食物卫生，查看食物是否在工作台上操作，是否将生、熟食物分开处理，食物是否保持新鲜、清洁、卫生，易腐烂食物是否在 0 ℃以下冷藏容器内储藏；查看厨房是否置有密封污物桶、厨余桶等。

【要求】

熟悉员工食堂厨房卫生管理制度，食堂基础设施卫生，食物卫生，人员卫生情况；写调查报告。

本章练习

一、判断题

1. 后勤服务具有调动员工积极性的功能。（　　）

2. 后勤管理不能为职能活动提供可靠的物质保障。（　　）

3. 搞好后勤管理工作是稳定员工队伍和生活秩序，确保安定团结的重要条件。（　　）

4. 后勤管理制度可以提高对人、财、物的利用率，从而促进职能工作效率的提高。（　　）

5. 只要有了充足的物质保障，后勤工作的效益就可以提高。（　　）

6. 搞好后勤管理，可以使人、财、物以最佳方式结合，从而得以充分有效的利用。（　　）

7. 企业后勤管理体制是指我国在特定的社会历史条件下形成的企业内部所特有的保障企业生产经营活动正常进行和员工生活必需的后勤系统的机构、组织

和制度的总称。 ( )

8. 后勤管理体制改革的方向就是搞承包制。 ( )

9. 后勤产品和劳务是商品，管理工作不必讲求经济效益。 ( )

10. 改革现行企业的后勤管理体制，是由现行体制存在的弊端所决定的。 ( )

二、单项选择题

1. 后勤管理具有两个方面的基本职能：按本单位职能活动规律组织( )的职能；通过管理推动生产关系的发展，调动人的积极性的职能。

A. 管理活动 B. 经济活动 C. 业务活动 D. 后勤服务

2. 后勤管理为生产经营职能活动提供可靠的( )。

A. 社会保障 B. 法律保障 C. 业务保障 D. 物质保障

3. 车辆紧张时应遵循( )的原则。

A. 先急后缓，综合运用 B. 优化配置，节约资源

C. 先急后缓，节约资源 D. 优化配置，综合运用

4. 搞好( )是稳定员工队伍和生活秩序，确保安定团结的重要条件。

A. 设备管理工作 B. 环境卫生管理 C. 后勤管理工作 D. 宿舍管理工作

5. 企业后勤管理体制要从改革现行模式发展到企业后勤服务的( )和社会化。

A. 科学化 B. 信息化 C. 市场化 D. 技术化

三、多项选择题

1. 企业后勤工作呈现出以下几个显著特点( )。

A. 企业后勤工作有效地为市场经济服务 B. 企业后勤系统引入了竞争机制

C. 企业后勤管理原理发生了变化 D. 企业后勤的管理方法发生了变化

2. 企业宿舍管理制度的具体内容包括( )。

A. 宿舍文明管理规定 B. 管理员的任务规定

C. 住宿员工要求管理规定 D. 住宿资格的取消管理规定

3. 企业后勤管理体制改革的目的是( )。

A. 后勤服务普遍化 B. 实现企业后勤的科学管理

C. 后勤管理有章可循 D. 建立科学的后勤管理体制

4. 设备用品管理制度是为了统一企业办公设备的( )与( )，并使办公设备得到充分的利用，有效地保全与维护设备，对办公设备进行管理而制定的制度。

A. 维修 B. 供应 C. 采购 D. 保养

5. 员工管理制度是为了端正后勤人员的工作态度，规范后勤管理人员的( )等与工作绩效有关的行为方式，而制定的具有操作性的管理制度。

A. 工作条件　　B. 工作标准　　C. 工作程序　　D. 操作方法

四、简答题

1. 后勤管理制度的职能有哪些?

2. 后勤管理制度的作用有哪些?

3. 后勤管理制度包括哪些内容?

4. 现行企业后勤管理制度的弊端主要表现在哪些方面?

五、案例分析题

餐厅卫生管理反映了什么?

某公司是应用化学领域中的专业企业,创办于 1982 年,20 多年来,在公司创始人的带领下,公司获得了快速发展,现已成为美国最具活力的公司之一。该公司的成功得益于企业的凝聚力,而其凝聚力的形成靠的是公司对员工的人本主义关怀,这一点从公司的餐厅卫生管理中就能反映出来。

走进该公司的餐厅,人们不能不为它的窗明几净、环境幽雅而惊叹,该餐饮部经理不无自豪地说,我们公司餐厅环境一流、卫生一流、服务一流,深受公司员工的赞叹。该公司现在的餐厅卫生管理的确不同一般,但要是追溯到 10 年前,却又是另外一番景象。

那时,该公司的员工餐厅不仅破旧不堪,而且卫生条件极差,有一次一员工在菜里吃出了 10 只苍蝇后,员工们忍无可忍了,工会发出了罢工通知,罢工风波一触即发。公司的管理人意识到问题的严重性,指令公司后勤部门对餐厅进行整顿。公司的协调及要整治餐厅的承诺使工会收回了罢工指令。员工们也欣喜地看到,餐厅环境得到了整治,设施进行了更新,尤其是餐厅的卫生得到了保障,大家不再担心餐厅的就餐环境卫生及食物卫生。10 年来,由于后勤部门的精心管理,员工餐厅没有收到一封投诉信,这不能说不是一个奇迹。

为了保持餐厅的卫生清洁,该公司在餐厅卫生管理上主要采取了如下措施。

(1) 强化公司餐厅基础设施卫生。

(2) 保障公司餐厅食物卫生。

(3) 规范公司餐厅员工卫生。

(4) 保持公司餐厅厨房卫生。

(5) 建立监督机制。

这一系列的制度和措施有力地促进了公司的餐厅卫生管理工作,使该公司的企业后勤管理制度更加规范和健全。

根据以上案例,请回答下列问题。

1. 本案例中的公司餐厅最主要的是(　　)得到了保障,才赢得员工的重新信任。

A. 卫生　　　　B. 投资　　　　C. 饭菜质量　　　　D. 精神

2. 该公司在餐厅(　　)管理上采取了一系列的措施,使得公司的后勤管理制度更加规范。

A. 清洁　　　　B. 卫生　　　　C. 饭菜质量　　　　D. 精神

3. 下列哪一项不是该公司餐厅卫生管理所采取的措施(　　)。

A. 规范公司餐厅食物卫生　　　　B. 规范公司餐厅员工卫生

C. 保持公司餐厅厨房卫生　　　　D. 保持公司厕所卫生

第三章　办公设备管理

学习目标

通过本章的学习，了解企业办公设备的种类及功能，掌握办公设备管理的主要内容和工作要点，以及设备管理的流程和方法，理解设备管理中遇到的问题、处理方法和采购办公设备的要点。

案例引导

节约成本的行动就发生在我们的身边

近日，远东有限公司正在实施办公设备集中管理方案，该方案将环保、节能与降低成本相结合，集设备管理、成本管理、资源管理为一体，将散落在各部门的办公设备进行集中放置，统一管理办公文件的输入输出，以达到以人为本和有效控制办公成本的目的。

根据调查统计，远东有限公司现有打印机、传真机、复印机共 52 台，机器放置位置多集中于各办公室办公桌上或座位旁边，由于机器离人很近，墨粉、辐射对人的身体伤害较大。集中管理后将逐步淘汰各办公室的小型非环保设备，增加大型、高速环保设备，提高办公效率的同时也保证了不对员工身体带来太大伤害。

从成本角度考虑，今年 1—7 月各种办公耗材、设备折旧花费 99 219 元。预计办公设备集中管理方案实施后，各种办公硬件设备数量将下降到 36 台，年耗材、折旧花费 120 050 元。此外，该方案实施后，复印、打印、扫描一体机的数量由 2 台增至 8 台。由于添置了新机器，打印、复印质量可以得到明显提升，且有专业人员定期对设备进行维护、检修，员工通过刷卡系统进行操作，便于统计各种印量，为降低费用提供依据。

（案例来源：中国案例网，2007 年 7 月 6 日）

【启示】

远东有限公司实施办公设备集中管理，可谓一举多得：采用专业文件输出专门服务将提高整体办公设备的管理水平，为实现无纸化办公、文件信息安全管理和精细化费用管理奠定了基础；充分利用网络环境，提高了办公效率；从专业角度考虑设备布局，让每个人都能轻松使用，达到环保与经济性的结合。这项管理的实施有利于企业节约费用，创造更高的价值，更有助于企业同高科技接轨，向资源节约型和环境友好型迈进。

第一节　企业办公设备的种类及功能

一、企业办公设备的种类

我国传统的办公设备包括办公桌椅、电话、文件档案柜、报架、图片架、图书资料等，现代化的办公设备则增加了传真机、复印机、喷墨打印机、录音机、录像机，以及以计算机为核心的科学管理信息系统。具体可以分为四类。

（一）一般办公设备

一般办公设备，指企业常用的办公与事务方面的设备，如办公桌、办公椅、沙发、取暖和降温设备、会议室设备等。一般设备是通用的，饮具炊具、装饰品等也被列入一般设备之内。

（二）专用设备

专用设备，是指属于企业所有，专门用于某项工作的设备。专用设备包括文体活动设备、录音录像设备、放映摄像设备、打印电传设备、电话电报通信设备、舞台与灯光设备、档案馆的专用设备，以及办公现代化微电脑设备等。凡专用于某一项工作的工具器械等，均应列为专用设备。

（三）运输设备

运输设备，是指企业使用的各种交通运输工具，包括轿车、吉普车、摩托车、面包车、客车、轮船、运输汽车、三轮卡车、人力拖车、自行车和小轮车等。

（四）机械设备

机械设备主要是企业用于自身维修的机床、动力机和备用的发电机等，以及检测仪器和医院的医疗器械设备等。有些附属生产性企业的机械设备等亦应包括在内。

二、办公设备的功能

现代化的设备环境要求办公室日益强化和完善以下功能。

(1) 数字计算功能。工作人员可通过计算机完成所需的各种计算。

(2) 文字处理功能。方便工作人员迅速处理各种业务文件、图片、报表。

(3) 信息查询功能。利用办公室自动化系统，能迅速查到所需的各种信息资料。

(4) 通信功能。能实现传真、计算机网络等多种方式的通信，并能自动记录、存储、发送信息。

（5）管理和辅助决策功能。现代行政管理事务繁杂，信息量大，解决一个问题的方法很多，如何选择最佳方案，以提高决策和管理水平，是现代化设备的重要功能。

此外，在购买或更新设备时应遵循以下原则。

① 有利于提高办公效率。

② 舒适安全，坚固耐用。

③ 性能良好，操作方便。

④ 用途广泛，与原有设备配套。

⑤ 设计美观，有利于环境建设。

⑥ 符合需要，节约办事。

第二节 企业设备管理的内容与要求

一、企业设备管理

企业设备管理是指为了使设备寿命周期费用最经济，而对设备采取一系列技术经济、组织措施，对设备的计划、购置、安装、使用、维护、改造、更新直至报废的全过程进行综合管理，最大限度地发挥设备的综合效能。

加强设备管理，对于保证企业正常生产秩序、增加产量、提高产品质量、节约物质能源消耗、提高经济效益、实现技术进步，都具有十分重要的意义。企业设备管理一般包括四个方面的内容。

（一）选择设备

企业须根据生产的需要，按照技术先进、经济合理的原则，正确地选择设备，同时应进行技术经济论证和评价，最终确定最佳的选择方案，并按此方案添置设备。

（二）设备使用管理

企业购置设备后，应及时对设备操作人员进行技术培训，使其掌握正确使用设备的知识与技能，针对各种设备的不同特点，正确合理地使用不同设备，安排生产任务，这就是设备使用管理。有效的设备使用和管理可以减少设备的磨损，延长使用寿命，也可以减少和避免设备闲置，防止设备使用过程中发生意外事故。

（三）设备保养维修管理

企业设备管理的中心环节及工作量最大的部分就是设备的检查、保养和维修管理。企业要合理制定设备检查、维护、保养和修理等方面的计划，并采用先进的检修技术进行定期检修与保养，只有如此，才能有效地提高设备维修的综合效率，才能延长设备的使用寿命。

（四）设备改造更新管理

随着生产经营规模的扩大、产品品种的增多、质量的提高，加上开发新产品的需

要，企业一般都要有计划、有重点地对现有设备进行改造与更新，从而不断提高设备的技术水平，以适应市场的需要。

二、企业设备管理的要求

设备管理要为企业的生产和运营提供良好的技术装备，以达到设备的寿命周期费用最少、综合效率最高的目的，其基本的要求就是对设备实行全面管理，具体包括五个方面。

（一）正确选用设备

现代化设备一般都是技术含量高、资金密集的设备，设备的积压和闲置不仅会导致设备慢慢被淘汰，而且直接导致资金的浪费，这样，就会严重影响企业的效益。因此，正确选用设备尤为重要，最好根据生产需要，选择技术先进、价格合理的设备。

（二）设备保持良好状态

企业所有的设备都应经常处于良好的技术状态，应保证每台在用设备都是完好的，每台在修设备都能尽快修好。

（三）提高设备管理的经济效益

不仅要求企业设备经常处于良好技术状态，还应尽可能地提高设备管理的经济效益。具体来说，要做到：加强设备的经济管理，提高设备的生产效率、加工范围、加工精度，做好设备保养、修理、改造、更新工作，不断提高设备维修质量，降低维修费用，节约设备改造和更新费用的支出。

（四）保证技术进步

企业要有计划、有步骤地进行设备的改装、改造和更新，为生产和办公提供先进适用的技术准备，以提高生产及办公效率，节约能源，降低成本，保护环境。

（五）设备维修管理

1. 突出对重点设备的维修工作

要充分考虑企业生产的性质、要求及设备在生产中的重要程度，用评分法确定重点设备、次重点设备和一般设备。重点设备不是固定不变的，要根据情况定期调整，并把设备管理和维修管理同企业生产结合起来。

2. 对设备实行分级管理

按照总评分确定设备等级后，进行分级管理。对重点设备，应合理组织维修工作和维修力量，节约维修费用；对需要实行预防维修的次重点设备，要进行预防性定期检查，将它作为以预防维修为中心的管理对象；对一般设备，只要求进行日常检查维修。

3. 健全维修记录，重视平均故障间隔时间分析

维修记录是生产维修工作的基础资料，要对照各项标准资料进行比较分析，运用

平均故障间隔时间进行各种维修保养统计分析，选定最适宜的维修周期和点检周期，以及点检项目和标准，进而改善修理方法，估定修理工时，改进运转操作方法等。

4. 根据检查结果确定维修工作类别

(1) 预防维修。这是为预防故障发生而对设备进行调整和修复性保养的周期性维修。它可以预防设备劣化、降低运转费用和提高产品质量。

(2) 改善维修。这是对设备的某些零部件进行改善性维修，以减少或杜绝这部分零部件的劣化停机损失和维修费用。

(3) 事后维修。这是在设备发生故障后再进行的修理。一般是对利用率较低、有备用设备、容易修理的设备采用此法。这是从全面经济效益来考虑的，不必对所有设备不分主次都实行计划预防维修制，以免增加不必要的维修费用。

三、办公设备管理的重点

(一) 管理上的要求

(1) 办公设备表(单)格式统一化。

(2) 办公设备管理编号统一化，其形式、尺寸、规格等都要有一定的编号。

(3) 办公设备一览表的制订和商品折旧额一览表的制订等。

(二) 明确管理负责人

1. 确定管理负责人

为了达到对办公设备管理的目的，可设一名管理负责人来管理办公设备的相关事宜。

2. 管理负责人的工作

(1) 购买和废弃。办公设备管理负责人的主要工作是办公设备的购买和废弃。办公设备都有一定的使用寿命，会因为长时间的使用或使用次数频繁而消耗磨损，所以为了保障企业的生产不受影响，办公设备在使用了一定年限后，必须予以淘汰、更换。

(2) 对于使用人员的教育指导。管理负责人的第二项工作是，对于办公设备使用人员的教育指导。在指导过程中要强调，机器设备须经常去保养、维护，使它的使用寿命更长久。

(三) 提高设备管理技术水平

1. 加强设备管理人员的知识与技术更新

由于现代企业创新发展和技术更新发展的需要，企业必须不断将先进的技术设备应用到生产经营及办公后勤等领域，这就要求后勤管理人员不但要掌握后勤、办公等领域的先进设备的操作技术和管理知识，还要懂得管理生产经营中先进设备的操作技术及管理知识，因而要不断进行设备知识的培训，提高他们的设备管理水平。

2. 采用先进的设备管理技术方法

现代企业设备品种多，数量多而繁杂，采用传统的管理方法将很难适应设备管理需要，不但效率不高，而且可能造成管理混乱，设备丢失、损毁及发生事故等，因此有必要引进先进的管理技术方法，如信息化集成管理的方法等。

案例分析

某钢铁公司的设备管理经验

1998年，某钢铁公司开始做公司的信息化整体建设规划。期间，接触了许多IT厂商和咨询公司，该钢铁公司的整体规划稿修改了十几次，公司层面的会议也讨论了三次，但公司领导一直觉得不理想，觉得从整个公司的管理架构层面上开始信息化建设不太踏实。于是，该钢铁公司从产品结构调整入手，以架构在新建的两个轧钢厂和原来条件比较好的一个型材厂之上的产销一体化为契机，采用SAP(用于ERP管理的软件)的套装软件开始新一轮信息化建设的尝试。

在实施了ERP系统之后，为了引入国际领先的资产管理理念和管理方法，建立了全新的包括固定资产管理、设备运行维护管理及备件仓储管理等主要内容的设备综合管理信息平台，实现了生产设备管理现代化，以具有国际竞争力的资产管理模式锻造企业内力，这使马钢股份公司能在竞争日益激烈的市场环境中保持持续赢利能力。2005年该钢铁公司与MRO软件公司(现在已经被IBM公司收购)携手合作，利用Maximo系统平台，正式启动设备管理信息系统(EAM)项目建设。

钢铁行业属于设备密集的行业。首先，钢铁行业设备量很大而且种类非常多，不光有炼钢、炼铁的设备，还有供电、供气、供水的设备，还有自己的港口，设备非常多元化。其次，备件类型多样化。由于设备多，备件的类型也非常多样化，既有标准件，也有很多非标准件。再次，标准繁多。该钢铁公司对于检修的管理非常严格，整个过程按照标准化作业，比如点检、检修、润滑等四大标准。点检的方式和时间都是严格规定的。最后，管理流程长而复杂。该钢铁公司是一个规模很大的国企，管理架构非常复杂，首先是公司层面的设备部，然后有很多工厂的设备保障部，下面还有一些分厂，这样就会造成管理流程很长、很复杂。

因此，EAM项目也遇到了不少的困难：设备密集，标准繁多，决定了基础数据量大，数据规范性差，收集难度大。比如有些设备是进口件，很难查到是什么型号，因此，对于数据的采集来说难度很大；由于业务流程相对复杂，该钢铁公司的业务要经过层层审批，审批流程很长。

针对该钢铁公司的特点及项目遇到的困难，该钢铁公司EAM项目采取了“试

点实施，重点突破，分步进行”的策略，首先选定条件比较好的试点单位实施，在过程中发现一些问题，进行解决，如果取得比较好的效果，再进行推广，整个集团都实施以后再进行总体的优化。对于比较突出的数据问题，专门成立了一个数据小组，对数据的规范化进行把控。数据的标准很严格，每个分厂设备由厂长负责，且厂长会接受考核。制定相关规范，并严格按照规范来操作，在数据采集中哪些项目是必须要填的，都有严格规定，这样就保证了数据的有效性。对于业务流程长的问题，整个公司层面也进行了管理上的革新，对流程进行了梳理，采取了作业长制，进行“扁平化”管理，解决了这个问题。

【总结】

设备密集、标准繁多、数据量大、流程复杂这些特点决定了钢铁行业的设备管理系统实施并非易事，该钢铁公司采用信息化管理方法，并采取“试点实施，重点突破，分步进行”的策略取得了成功，值得借鉴。

第三节　企业设备管理流程与方法

设备日常管理的流程及方法较烦琐，通常包括办公设备管理卡的制作，设备登记，封存、迁移和调出，建档，改装与更新，报废及事故处理等。

一、办公设备管理卡的制作

企业在购入办公设备时，应将设备的相关资料登记在办公设备管理卡上，使其成为公司的资产。有些公司会依照办公设备购买时的价格来进行分类处理。办公设备管理卡是办公设备管理部门中最重要的执行项目。该卡主要是用来记录办公设备的相关管理事务，如新购入的文具设备，设备的新旧替换、修理等项目。

二、设备登记

设备必须经过验收试用并办理移交手续后才能正式交付生产使用。凡未办理移交手续的设备一律不得投入使用。设备正式交付生产使用后，企业设备管理部门要对设备进行分类编号、登记并建立设备卡片。企业一般要对设备进行编号管理，并坚持每年对设备进行一次复查核对。在对设备分类编号之后，由企业设备管理部门填写设备投产移交单，交给生产部门进行移交验收。移交验收的同时，生产使用单位和财务部门共同为该设备登记固定资产卡片和机器设备台账。登记时应写清设备的编号、名称、型号、规格、使用单位、购置安装日期、开始使用日期、原始价值、折旧率、耐用年限、动力配置、随机附件移交情况记录等。这些登记的资料是进行设备管理、分析设备利用情况、按计划检修设备所不可缺少的，应妥善保管。

三、封存、迁移和调出

如果生产任务不足，设备需要闲置较长一段时间（一个月以上），则应该封存保管。设备的封存与启封均由车间提出计划，经生产计划部门和设备管理部门审核，报请总经理批准。设备的封存一定要按照设备说明书进行，尤其是说明书上的注意事项，一般要在封存前按规定清理，再采取防尘、防锈、防潮等措施，封存后还要指定专人保管，定期检查，发现问题立即处理。

如果企业现有的产品工艺路线已无法适应新的工艺要求，就需要进行设备的调整和迁移。通常情况下，迁移设备应先由生产部门或工艺部门提出方案，再经设备管理部门审查并报总经理批准，最后才能办理迁移手续。

如果企业内有些设备因不适用于生产而长期闲置，则应果断将它们调出，调出时应随带原有附件和全部有关文件。设备的调出一般有出租和有偿转让两种形式。

四、建档

设备管理的一个重要环节是做好设备档案管理工作，而设备档案管理的关键又是建立完备的设备技术档案。一般来说，设备管理档案中主要包含以下资料：设备出厂质量检验单，设备的全部附件清单，设备安装工程的详细记录，设备安装后的精度检验记录，试车记录，设备移交使用部门的交接单，设备修理专用卡，设备历次修理记录，修理质量检验和修理交接单，设备的定期检验和预防检验记录，设备的改装、调出、迁移记录，设备事故记录等。

五、改造与更新

（一）改造

（1）设备改装。设备改装是指为了满足增加产量等要求而对设备的容量、功率、形状等进行改装，如安装各种安全和信号装置等。这样，既可提高设备效率，又可节约投资。企业设备改装一般应先办理设备改装申报手续，经设备管理部门审查，报请总经理审批。对改装的方案、图样、审批等文件，以及改装的费用、鉴定资料等都应妥善处理，不可随意丢弃，而应存入设备档案保存。

（2）设备技术改造。设备技术改造是将科技新成果应用于现有设备，改变现有设备在技术上的落后状况。这样，可以提高产品质量和生产效率，降低产品成本，全面提高经济效益。比如安装精密检测装置、增设自动控制装置等，但设备的技术改造要结合产品的升级换代和生产发展需要，充分考虑新技术的可靠性和维修配件的供应条件。

（二）更新

（1）设备原型更新。设备原型更新是同型号设备的替换。进行设备原型更新可以减少机型种类,保证产品质量,减少维修费用。但这类更新没有技术更新的性质,大量采用这类更新时,企业就不能大幅度提高经济效益,而且始终无法提高生产技术水平。

(2) 设备技术更新。设备技术更新是以技术上更先进、经济上更合理的新设备来代替生产上无法继续使用、经济上不宜继续使用的陈旧设备。这类更新所采用的新设备,要求结构完善、先进,效率更高,性能良好,耗能少,制成率高,外观新颖,安全可靠。

六、报废

设备报废要达到规定的条件,即超过了规定的使用年限,或发生事故被损坏而无法修复,或经济上不值得修复和改装。这些条件须设备管理部门组织有关技术部门予以鉴定,确实达到报废条件的才可报废,以免导致设备的浪费。办理设备报废时要严格执行国家的相关规定,在财务部门的监督下,按规定手续办理固定资产的清理报废。

一般判定设备报废的规定条件有以下几种。

(1) 超过设备规定使用年限。

(2) 由于事故损坏且无法修复。

(3) 从经济角度来看,不值得改装或修复的。

七、事故处理

设备的管理者和管理部门,应该采取积极的预防措施,尽可能地避免各种事故的发生。在设备使用过程中还是要竭力按规定操作,尽量避免发生设备故障。如果设备事故经常发生,后勤管理部门及相关责任人应立即分析原因,采取措施使设备尽快恢复正常状态,并总结经验教训,还要根据实际损失情况进行相应的教育,甚至对肇事的责任人进行责任追究,做相应的处理。如果属于重大的设备事故,应详细记录和分析以下几个方面:事故发生的日期、地点、性质与类型;事故发生的经过、影响和造成的损失情况;有无人身事故;事故发生的原因、处理情况,以及今后防止事故发生的措施等。另外,如果有故意隐瞒事故实情者,应按相关规定做严肃的处理。

第四节 企业设备管理中的常见问题与处理

现代化的生产对设备的要求都比较高,对企业设备管理不当,往往会导致设备的积压或过早地被淘汰,直接造成资金的浪费。因此,在企业设备管理中,应注意以下几个方面的问题。

一、设备的选择

合理正确地选择设备是至关重要的。选择设备应遵守技术先进、经济实用、安全节能等基本原则。具体应注意以下几个问题。

（一）高生产效率

设备的生产效率是衡量设备的关键标准。在追求生产集约化的今天，生产效率的高低已成为企业间竞争能否取胜的决定性因素。

（二）高技术含量

设备的技术含量反映了设备的先进程度，也决定了产品的技术含量和质量。在追求高科技的今天，设备的高技术含量无疑是选择设备时首要考虑的因素。

（三）可靠性、耐用性

设备的可靠性是指设备应具有额定的有效性及耐用性。至少能够使设备在规定的条件下，规定的时间内，按照正常的操作程序无故障地运行，并且保持应有的效率。

耐用性就是指设备的使用寿命，这其中包括设备的自然寿命与经济寿命。因此，在考虑设备寿命因素时，应将二者通盘考虑。

（四）安全性

所谓安全性，是指设备在使用过程中对设备操作人员的人身安全及设备本身安全的保证程度。

要考察设备的安全性如何，必须注意多方面的因素。例如，设备的材料是否合格，设备的结构是否合理，设备的组装是否牢固、正确，设备是否安装了规定的预防和控制事故的安全装置。

（五）维修性

设备难免需要维修，设备的维修直接影响到企业的生产效益。而设备维修的难易程度及设备维修的频率都是在选择设备时必须考虑的。

（六）节能环保性

在环保节能被日益重视的今天，选择设备时对环保和节能的要求也更加严格。一般设备造成的污染主要有运行时的噪声污染和废弃物排放污染。所以，必须严格控制设备的噪声，而对排放物的处理则必须符合相关标准，采取配套的措施来处理。节能是指设备节约原料及能源的性能，设备节能性的好坏直接关系到设备经济成本的高低，因此，一般应选择能源消耗低、原材料加工程度高的设备。

（七）设备的折旧

设备的折旧是很多企业忽视的问题，设备的折旧费用经常被挪用，从而导致固定资产的流失。而设备的折旧速度，也反应了设备更新换代的状况。为了保持生产工艺的先进性，在选择设备时，必须对设备的折旧做出合理的判断。

二、设备的使用

合理有效的设备管理能够保证设备的正常运转，降低设备的损毁程度，延长设备的使用寿命，保持设备的性能，并且减少或避免设备闲置造成的资源浪费。更要防止生产过程中意外事故的发生。

（一）合理配置设备

合理的设备配置是以设备的性能为前提，根据生产的特点和需要，结合相应的生产方式，为各个生产车间和部门配备好各种类型的设备。同时，应注意生产中出现的变化，根据生产的需求，不断地调整生产工艺，保证生产能顺利进行。

（二）设置专人使用

现代化设备的结构日益精密复杂，因此，许多企业都设置专人来负责设备。这样，有利于操作人员操作熟练程度的提高和操作经验的积累，也便于责任的明确，从而权责清晰，管理到人。

（三）合理有效地利用设备

不同的设备有各自不同的使用范围和技术要求，所以必须清楚设备使用的相关知识，并且了解设备的负荷能力，从而做到物尽其用，避免大材小用，造成浪费；更不要超负荷运转，这样，不仅会缩短设备的使用寿命，而且增加了危险系数。

（四）健全各种有关的规章制度

将设备使用的管理规范化、制度化是一项重要的工作。应制定、健全各种规范，例如具体的设备操作规程、设备维护保养责任制度等。

三、设备的维护和检修

在企业设备管理中，工作量最大的部分就是设备的检测、保养和维修。设备检测、保养和维修工作的质量，将直接关系到设备能否正常运行、设备的使用寿命的长短，以及生产能否安全进行。

（一）设备的检测

设备的检测是对设备的运行情况、工作精度、磨损及腐蚀的程度进行检查和校验。这是生产管理中不可缺少的内容。

认真翔实的检测既能及时查明设备存在的隐患，从而让管理者能够采取相应的措施，对设备进行必要的维修和改进，也能提高维修的质量，缩短维修的时间。

（二）设备的保养

设备保养的效果对提高企业生产的经济性有很大影响。出色的保养追求以最经济的人力、物力投入使设备得到最有效的维护，保持其性能良好，并且延长其使用寿命。

现代化设备的结构愈加精密复杂，这对设备的保养提出了更高的要求。

（三）设备的维修

设备在使用过程中，总会因某些原因出现一定的故障或产生一定的损坏，从而不能正常地发挥功能，并且造成生产的安全隐患。因此，设备的修理就成了设备管理的重要内容。

设备的维修有以下几种。

（1）定期维修。定期维修即按照事先制订的检修计划，定期进行检查、修理。一般来说，定期检查的准备应比较充分，事先准备好配件及用品，这样可以缩短停机修理时间，降低相关损失。

（2）标准维修。标准维修即把维修的类型和其相关内容、要求具体化、标准化，当设备运行到一定期限后，对它进行强制性的检修及零部件更换，而不需要另外做出审核判断。这种方法有很好的事故预防效果，适用于企业的重要设备和安全要求高的设备。

（3）检查后修理。检查后修理即在预定时间的情况下对设备进行检查，确定检修的类别及具体内容，然后制订维修计划。一般在修理普通设备且定额材料不足的情况下，可使用此方法。

第五节　办公设备采购招标工作要点

一、办公设备的采购工作要点

（一）购买时的注意要点

由于业务量的增多，企业常会发生办公设备不足的情形。这时，后勤管理人员应填写办公设备购买申请书，向采购单位提出采购申请，申请书中必须明确地填写办公设备的品名、规格等。另外，还必须注意以下几点。

（1）购买的设备是否合适。

（2）售后服务是否有保障。

（3）购买金额是否妥当。

（4）购买后的管理是否容易。

（5）在购买机器时，是否听取操作负责人的意见。

（二）商谈时的注意事项

（1）商谈之前，采购单位应先将购买设备的名称、规格、型号和目录等送达给供应商，接着就是双方确认交货日期，然后再要求供应商提供报价单。

（2）报价单提供后，采购单位就要确切地估算购买金额，并检查预算金额的差异是否合理。

(3) 金额检讨的结果，无非是提高预算金额，或是与供应商商讨是否降低金额。

(4) 商谈的结果，也许是双方对所提出的条件毫无疑问，也许是因某个条件谈不拢而无法合作。这时候，为了不给对方留下不良印象，应该有技巧地终止谈判。

(三) 进(交)货日延迟的处理

有些货品的制造过程需要较长的时间，还可能会有一些突发事件，所以必须要有预防突发事件发生的措施。

(1) 在商谈交涉时要注意，如果货品进(交)货日延迟，必须要有相同品可以代替。

(2) 购买条件须事前确定。

(四) 进货手续

依照合同采购的设备在如期进(交)货之后，首先要被编列为办公设备类财产。进货后有以下几个整理手续。

(1) 保管事项、保证事项等业务必须确认。确认后，还应在送货单上盖“已验收”的印章并交回供应商。

(2) 检查订货设备与到货设备的规格、型号等是否相符。

(3) 请供应商予以测试。

(4) 最后将设备放置在指定的地方，整理手续即告完成。

(5) 进(交)货手续办妥后，进货单、买卖合同等资料须制成办公用财产(管理)目录表。

(6) 对供应商所寄出的收款申请书，应依照合同中记载的报价金额，在付款期限内交由会计部门办理付款。

(7) 将办公设备财产目录表加上有关资料(如合同书、进货单复印件、报价单复印件)交由总务处保管。

(8) 总务处将接收到的资料进行检查、整理后，还应将办公设备财产目录表予以归档。

(五) 办公设备的新旧替换

1. 新旧替换的时机

办公设备由于长时间的磨损而极易发生故障。采购单位须时刻注意其使用年限，然后就实际情况提出采购申请。当采购单位提出“购买申请书”时，后勤主管应先判断是否需要重新购买，如果需要购买，可与当初购买该设备的供应商联络，商谈购买内容。

2. 新旧替换时的注意事项

和当初新采购时的情形不同，设备新旧替换时应注意的事项有以下几个方面。

(1) 新旧替换和新采购不同点在于,旧设备的金额可查询。虽然当初购买的金额会与现在不同,但要利用其价格与供应商进行交涉。一般而言,新旧替换购买时的价格会比定价低。

(2) 在购买时,都会选择以前合作过的设备供应商,因此减少了选择供应商的时间。再加上与该供应商有长久的合作关系,所以也就会更容易交涉。

(3) 在设备进货时,必须确认新设备与旧设备相符;同时,也必须在办公设备财产目录表中删除旧设备。如果忘记了这一工作,当旧设备被报废之后,表上就会与实际不符。

(4)新旧设备交替时,旧设备的保管、修理等状况必须记入设备管理卡中,以供决策者参考、决策。

(5) 事前应听取使用者的意见,知晓旧设备在使用时经常发生的问题,以供新旧替换购买时参考。当进行购买交涉时,需要先参考旧机器的办公设备管理卡。

二、设备招标工作要点

所谓招标,又称公开竞标,它是现行采购方法中常见的一种,即按规定的条件,由卖方投报价格,并择期公开当众开标、公开比价,以符合规定的最低价者得标的一种买卖契约行为。公平竞争是招标采购的一大特点,可以使买者在充分考虑后以适当的价格购买适当的货品,各种公开详尽的资料又可以减少采购人员的舞弊行为,使买方更加了解各个供应商的情况。通过招标采购最容易实现物美价廉。

(一) 参与招标的供应商的选择

在办公设备管理中还有一项非常重要的工作,就是设备供应商的选择。各公司对于设备供应商的选择都有一定的标准,主要有以下几个方面。

(1) 公司的规模大小并不重要,重要的是售后服务。

(2) 通过银行信用调查供应商。

(3) 受同行业或邻居赞美,认真并坚守经营信念的供应商。

(4) 会站在他人立场为他人着想的供应商。

以上是选择供应商的一般准则。除此之外,在选择供应商时,还要从这些供应商是否对本公司有所贡献或其负责人人品方面来考虑。

(二) 参与招标的供应商的选择顺序

下列是选择供应商的具体参考事项。

(1) 在选择供应商时,首先应请供应商提供公司简介、实绩表等。

(2) 对供应商提供的资料进行阅览后,再选出合格的供应商。

(3) 被选上的供应商必须提供有关商品报价单,如有不清楚的地方还需进一步确认。

(4) 面谈后,由供应商提供最后的报价单。

(5) 每个供应商各有长处和短处，最好选择多家进行比较。

技能训练

模拟制作设备采购招标书

【目的】

通过训练了解设备采购制度及设备采购招标书的编制方法，从而提高对设备管理重点环节的认识。

【指导】

(1) 首先通过文献调查方式获得相关招标制度和文件资料，以及相关的招标文件范文，并认真学习研究相关知识及编制招标书的方法，做好知识和资料准备。

(2) 选择你所熟悉的单位的后勤或设备招标部门，了解其过去的招标文件。

(3) 承接新的招标书编写任务或模拟编写新的招标书，在对方实践导师指导下完成编写招标书任务。

(4) 总结训练活动的要点，并写出实训报告。

本章小结

通过本章的学习，需要掌握以下几个方面的内容。

(1) 专用设备，是指属于企业所有专门用于某项工作的设备；一般办公设备，指企业常用的办公与事务方面的设备；运输设备，是指企业使用的各种交通运输工具；机械设备主要是企业用于自身维修的机床、动力机、工具和备用的发电机等，以及计议器、检测仪器和医院的医疗器械设备。

(2) 办公设备的功能：数字计算功能、文字处理功能、信息查询功能、通讯功能、管理和辅助决策功能。

(3) 企业设备管理是指为了使设备寿命周期费用最经济，而对设备采取一系列技术经济、组织措施，对设备的计划、购置、安装、使用、维护、改造、更新直至报废的全过程进行综合管理，最大限度地发挥设备的综合效能。

(4) 企业设备管理的内容：选择设备、设备使用管理、设备保养维修管理、设备改造更新管理。

(5) 企业设备管理的要求：正确选用设备、使设备状态保持良好、提高设备管理的经济效益、保证技术进步、设备维修管理。

(6) 企业设备管理流程：办公设备管理卡的制作，登记，封存、迁移与调出，建档，改造与更新，报废及事故处理。

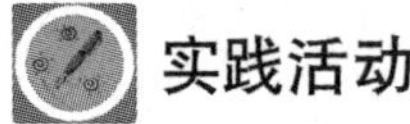

实践活动

办公设备的维护和检修

【目的】

让学生了解办公设备维护和检修方面的相关知识与实践准备，提高学生的维护和检修能力。

【内容】

请后勤管理处技术维修人员为学生开展设备的维护和检修现场培训，介绍设备的维护和检修应对方法和措施。

【要求】

培训之后，使学生对办公设备的维护和检修有一定的了解，加强学生办公设备日常保养和维护方面的知识，使学生能够检修设备的常规性问题；总结维修和检修的工作要点。

本章练习

一、判断题

1. 一般办公设备，指企业常用的办公与事务方面的设备，如办公桌、办公椅、沙发、取暖和降温设备、会议室设备、家具等。（　　）

2. 饮具炊具、装饰品等也列为一般设备类之内。（　　）

3. 专用设备，是指属于企业用于所有工作的设备。（　　）

4. 企业设备管理仅仅是为了使设备寿命周期费用最经济。（　　）

5. 加强设备管理，对于保证企业正常生产秩序、增加产量、提高产品质量、节约物质能源消耗、提高经济效益、实现技术进步，都具有十分重要的意义。（　　）

6. 设备的检测是对设备的运行情况、工作精度、磨损及腐蚀的程度进行检查和校验。（　　）

7. 出色的保养追求以最经济的人力物力投入，使设备得到最有效的维护，保持其性能良好，并且延长其使用寿命。（　　）

8. 新旧设备交替时，旧设备的保管、修理等状况必须记入设备管理卡中，以供决策者参考、决策。（　　）

9. 现代化设备的结构日益精密复杂，但企业也不必设置专人负责专门的设备。（　　）

二、单项选择题

1. 将设备使用的管理规范化、制度化是一项重要的基础工作，应（　　）。

A. 严加管理　　B. 制订、健全各种规范

C. 科学管理　　D. 使设备管理最经济

2. 企业须根据生产的需要，按照(　　)的原则，正确地选择设备，同时应进行技术经济论证和评价，最终确定最佳的选择方案，并按此方案添置设备。

A. 技术先进　　B. 物美价廉

C. 技术先进、经济合理　　D. 价格实惠

3. 企业购置设备后，应及时对(　　)进行技术培训，使其掌握正确使用设备的知识与技能。

A. 设备操作人员　B. 设备选购人员　C. 经理　　D. 员工

4. 有效的设备使用管理可以减少设备的磨损，延长其使用寿命，也可以减少和避免(　　)，防止设备使用过程中发生意外事故。

A. 设备损耗　　B. 折旧　　C. 毁坏　　D. 设备闲置

5. 企业设备管理的中心环节及工作量最大的部分就是设备的(　　)。

A. 选购　　B. 检查、保养和维修管理　C. 检测　　D. 维修

三、多项选择题

1. 根据企业开发新产品的需要，企业一般都要有计划、有重点地对现有设备进行(　　)，以不断提高设备的技术水平，适应市场的需要。

A. 维修　　B. 改造　　C. 更新　　D. 检测

2. 一般判定设备报废的规定条件有(　　)。

A. 超过设备规定使用年限　　B. 由于事故损坏且无法修复

C. 引进新技术　　D. 从经济角度来看，不值得改装或修复的

3. 根据检查结果确定维修工作类别有(　　)。

A. 事前保养　　B. 预防维修　　C. 改善维修　　D. 事后维修

4. 企业设备管理一般包括以下几点内容(　　)。

A. 设备改造更新管理　　B. 设备保养维修管理

C. 设备使用管理　　D. 选择设备

5. 设备的维修有以下几种(　　)。

A. 定期维修　　B. 普通维修　　C. 标准维修　　D. 检查后修理

四、简答题

1. 企业办公设备的种类有哪些？

2. 办公设备的功能有哪些？

3. 购买或更新设备时应遵循哪些原则？

4. 企业设备管理包括哪些内容？

五、案例分析题

投标政府办公设备项目为何不成功?

2007年4月19日,某区政府空调、电视机、电开水器招标项目在该区政府投资项目建设中心开标。此次公开招标共分为空调、电视机、电开水器三包,从采购中心主任孙振海处了解到,这次招标每包确定一家中标单位,并作为该区政府采购本项目办公设备的定点供应商,定点期限将延续到下次同类项目招标确认前。

由于中标企业可成为定点供应商,此次招标活动得到了供应商的积极响应,共有9家企业参与投标。最终,北京××科技有限公司成为空调和电开水器的中标企业;深圳××电子有限公司成为电视机的中标单位。

政府采购已成为众多厂商、经销商关注的重要市场,产品中标是每个竞标供应商的主要目的。如何使自己的产品赢得标的?这不仅需要企业自身有良好的投标策略,还需要总结并借鉴失标企业在投标中存在的问题,具体有以下几个方面。

(1) 标书装订不精细。

(2) 标书条款未细读。

(3) 产品价格虽低,但性能差。

(4) 售后服务不到位。

根据以上案例回答下列问题。

1. 在选择招标的供应商时,下列哪一项不是考虑的因素(　　)。

A. 公司的规模大小并不重要,重要的是售后服务

B. 通过银行信用调查的供应商

C. 受同行业或邻居赞美,认真并坚守经营信念的已有供应商

D. 只从自己利益出发的供应商

2. 政府办公设备的采购成为办公设备的重要市场,(　　)是供应商的主要目的。

A. 占有市场　　B. 产品中标

C. 与政府建立合作关系　　D. 销售产品

3. 以下哪一项不是企业投标中存在的问题(　　)。

A. 标书装订不精细　　B. 标书条款未细读

C. 性价比高　　D. 售后服务不到位

第四章　办公用品管理

学习目标

通过本章的学习，了解企业办公用品的种类，掌握办公用品管理的内容、程序和方法，以及企业绿化管理的主要内容、程序和方法。

案例引导

小心办公用品中的假冒伪劣商品

2010 年 1 月 18 日，宜宾翠屏区工商局经检大队根据群众举报，在惠普公司打假人员的配合下，对辖区××电脑城、××商城的打印机等办公耗材商品进行了集中检查，现场查获 3 起销售假冒惠普注册商标的墨盒、硒鼓案，保护了商标专用权，净化了办公耗材消费市场，受到厂家和消费者的赞扬。

日前，有群众举报该局辖区市场出现销售假冒惠普注册商标的墨盒、硒鼓的情况，扰乱了办公耗材用品市场正常的经营秩序。该局的相关执法人员接到群众举报后，迅速开展调查，根据调查摸底的情况，决定对辖区内销售打印机办公耗材商品比较集中的××电脑城、××商城实施现场检查。在现场检查中，工商执法人员检查了 8 户经营者，其中检查出 3 户经营者销售的惠普牌墨盒、硒鼓存在问题。经惠普公司授权的鉴定人员现场鉴定并出具证明，有问题的墨盒、硒鼓系假冒惠普公司注册商标的产品。工商执法人员当场对假冒惠普注册商标的 38 个墨盒、26 个硒鼓实施了扣押，货物价值近 2 万元。

目前，该局正对上述 3 起销售假冒惠普注册商标案件进行立案调查，将根据调查结果依法做出严肃处理。

（案例来源：http://www.ybxww.com/content/2010-1/19/2010119164549.htm）

【启示】

从上面案例中工商部门和惠普公司对企业办公耗材管理的重视我们可以看出，假冒产品不仅侵害了生产厂家的利益，而且影响了办公耗材采购秩序，影响了企业办公质量和效率。所以，将办公耗材的采购与管理作为企业后勤管理工作的一项工作内容显得尤为重要，办公耗材管理的有效与否直接影响企业经济活动能否正常进行。

第一节　办公用品管理的内容与要求

办公用品指的是企业使用的物品中属于日常用具、办公设施附件、易耗品之类的材料物品。它的种类繁多，一般可以分为以下三类。① 办公用具，包括办公桌、坐椅、沙发、档案柜、书架、杂志架、台灯和卡片架等。② 低值办公设备、易耗品，属于文书方面的有打字机、印刷机、复印机、照相机、收音机、扩音机等；属于计算方面的有计算器、计算机等；属于通信方面的有电报机、电话机、传真机和指挥通话机、对讲机等；属于易耗品的主要有打印纸、U 盘、光盘、墨盒、信封、信纸、笔、器皿、文件夹等；另外，还有办公室的钟、装订机等。③ 办公书籍，即办公必备的图书资料，如地图、字典、图表、法规文件、工作手册等。

一、日常用具

日常用具指企业日常工作即业务操作所使用的家具、工具、器具等。例如规尺、剪刀、剪纸刀、订书机等文具，电子计算器、算盘、计算机、笔记本电脑等办公设备。

企业的日常业务包括事务作业、通信业务、会议等信息交流业务。为了提高工作效率，使工作及业务快速而准确地进行，就需要齐全的用具，包括文具、办公设备、计算机工具、复印机、通信用电子设备等。为了使信息交流迅速、准确、及时、有效地进行，也需要使用各种影像设备等。

(1) 为使图表等文件制作速度快且美观，所使用的文具包括规尺、样板、剪刀、剪纸机、绘图工具等。

(2) 文书工作有抄写、录入、打印、印刷、修改文书等。平时，就要使用文字处理机、打印机等办公设备。

(3) 制作文书需要复印。复印室需要复印机、碎纸机、文件打孔机、三孔机、裁纸机、垃圾箱等日常用具。需要大量印刷时，应该使用附带排序功能的高速复印机。碎纸机是切碎文书用的，机密文件复印错误或需要销毁时，可放入碎纸机切碎。文件打孔机和三孔机等是使用活页封面装订纸张时给纸张打孔用的。裁纸机是用来裁断复印件的。

(4) 日常办公除文书工作外还有计算。企业所做的销售分析、投资分析、经营计划制订、技术设计等都需要快速准确计算。计算用具为电子计算器。如果是电子计算器无法进行的高难度计算，或者数据量较多，或者需要制作生产计划数值表格时，可使用计算机。计算机需要安装相关功能的软件，如数据保管功能、制表功能、科技计算功能、统计计算功能等。

(5) 通信工作要使用电话、终端传真机等通信设备。

(6) 会计培训和教育培训等需要投影机、电视等。为提高信息传达的效率，有时需要配上适当的画面。开会时则可通过语言和投影机进行说明。

二、办公设施附件

办公设施附件指的是为设施配置的物品。设施指办公室、会议室、招待室、图书室、培训室、复印室、电脑房、展示厅等。办公室内最基本的办公设施附件有桌椅、文件筐等，此外还有信箱、杂志架、布告牌等。

(1) 办公桌大多为钢板制品且附带有抽屉。结束工作回家时，桌子上不要放置任何东西，特别是不要将机密文件及重要文件等留在桌子上。

会议室及接待室等处可使用深色的大桌子，桌子上附带有抽屉及摆放物品用的隔板等。OA 设备使用较多的事务所在布置工作站时，可选用便于工作的办公桌。

一般工作站所使用的桌子呈 L 形。这可便于事务工作和 OA 设备的操作同时进行。

(2) 椅子也有各种各样的，有的有扶手，有的则没有。有扶手的椅子比较占空间。椅子关系到事务工作的坐姿，椅子的舒适与否会影响工作者的疲劳程度。宜选用可以上下调节座高并可改变靠背角度的办公用椅。

(3) 为了提高办公室事务工作的效率，需要放置文件柜。将文件放入抽屉式文件柜时，需将文件纵向堆叠，文件的脊部横放。放入拉门式文件柜时，同书架一样，需让文件背部竖放。拉门式文件柜与书架一样，对于保管活页封面及文件等都比较方便。抽屉式文件柜保管文件夹比较方便。企业需要设置两种不同的文件柜，需要设置个人办公专用的文件柜和放置企业公用文件夹的文件柜。

(4) 办公室里应有放置邮件及传阅资料等的信箱。信箱为抽屉式的收放箱。为防止机密泄露，信箱应有暗锁。

(5) 应放置杂志架以供工作人员阅览报纸、杂志。杂志架上通常放置最新一期的杂志及报纸，旧杂志、旧报纸则被放在书架上。企业可从报纸、杂志上搜集与业务相关的社会信息，另外也可从企业外的展览或研讨会上获得信息。

(6) 办公室所必需的办公设施附件还有供员工保管衣物的衣柜、挂外套的衣架、放伞的伞架、供应茶水或其他饮料的设备、丢弃垃圾的垃圾箱等。一般在购买这些办公设施的时候要事先征求员工们的意见。

(7) 会议室、培训用的教室、放映幻灯片或投影的工作室需要白板、黑板等会议用的办公设施附件、麦克风及录像机等音像放映设备、听众用桌椅等。新型会议室、培训用教室等大多使用白板。

听众用桌椅需采用可以使听众在会议或培训期间保持心情舒畅、精神集中的样式。若使用接待室里的柔软的椅子，可能会使听众过分松弛，坐姿不端正，造成听众精神无法集中。

(8) 复印室内需要放置分类整理复印纸的保管箱。

对办公室设施附件的类别总结如下。

(1) 办公室内设置的最基本的办公设施附件是桌、椅、文件柜等。

(2) 办公室里有放置邮件及传阅资料的信箱、杂志架、布告牌、衣柜等。

(3) 会议室、培训用教室、投影用工作室需要白板、黑板等会议用的办公设施附件,以及麦克风、录像机等音像放映设备。

三、易耗品

易耗品是指在使用过程中易消耗,不属于固定资产,也不属于材料范围的物品。如玻璃器皿和零配件等。又如,办公用的铅笔、圆珠笔、钢笔、橡皮等;公司信纸、方格纸、活页纸、复印纸、传票、留言纸等纸张;笔记本、账簿、软盘、U盘、光盘等;文件夹及活页封面归档用具等。

低值耐用品是指不够固定资产管理额度标准,耐用期一年以上,且不属于材料和易耗品的设备、器具,如低值仪表、工具、量具、科教器具等。

为了提高事务工作的效率,并削减事务工作的成本,必须经常保管一定品质的、适量的易耗品,其要求及类别如下。

(1) 预先估计单位时间的事务工作需要花费的费用,以便准备易耗品时可以设法削减费用。

(2) 事务工作需要花费的费用有业务员的劳务费、建筑费、办公设施附件及日常用具的使用费,相当于易耗品的消费量的那部分金额等。

(3) 企业所使用的易耗品中有与文书工作相关的东西。例如,笔记用具,包括铅笔、钢笔、圆珠笔、签字笔、记号笔、黑板用粉笔、白板用水性笔、万能墨水笔等。还有绘图铅笔、有色铅笔等。

(4) 文书工作用纸一般采用A4或B5规格的纸。画图或制作图表时使用印有方格的纸张。

(5) 公司内部联络或各种申报需准备格式固定的专用纸张,例如交通费的支付申请书之类。

(6) 笔记本按不同主题分别制作,因此可以使用不同大小的笔记本,用来记录会议或培训等的内容。

(7) 企业内简单联络使用留言条。

(8) 整理文书或在会议上对议题进行分类时,经常使用的是拍纸。拍纸可以贴在其他商品上,又很容易撕下来,整理时使用很方便。

(9) 发送文书可使用公司内部信封和公司外部信封。信封有横写式、竖写式,大小不等,颜色各异。公司外部信封有社交用和贸易用两大类。公司内部应有邮件专用信封。

(10) 复印纸有A4、B4、B5等几种。

(11) 文件夹、活页封面、透明文件袋、隔断用纸等是用于保管文书的易耗品。

(12) 磁盘(U盘、光盘)也可视为易耗品,使用文字处理机等制作的文书可保存在磁盘上。

(13) 橡皮、修正液、修正纸带等是用于订正文书的易耗品。

(14) 装订时使用的订书钉、鱼尾夹、回形针、糨糊、胶带纸等是对文书进行分类时使用的易耗品。页数较少的文书用小号订书钉,报告书等可用大号订书钉,页数更多的用鱼尾夹装订,对文书进行隔离时使用回形针,要将文书贴在衬底或其他文书上时使用糨糊或胶带纸。

第二节　办公用品采购与控制管理

一、办公用品的采购

办公用品通过购入置办,购置办公用品时首先必须决定购买何物和从何处购买的问题。作为办公用品负责人,必须选择最适合的办公用品和最合适的购货处。

一般来说,购买办公物品要遵循以下五条原则。

(一) 采购前事先了解

1. 办公用品负责人根据办公用品知识决定购入的办公用品

办公用品负责人需要对市场上的办公用品进行调查,把握其性能、价格,然后选择最适合企业的物件。需要经常对新产品加以注意,以便寻找符合组织要求的物品。需要经常接触办公用品供应商,以取得商品目录,或者经常出入展览会场等。一旦发现好的办公用品便介绍给企业负责人,以促进使用。

2. 办公用品负责人提出购买要求,由购货负责人订货

购货负责人就购货价格及交货期进行协商。购货处的选择由提出购买要求的办公用品负责人决定,或者由购货部门决定。同一物品存在多个购货处时,大多由购货部门决定。

3. 办公用品负责人在制订购买计划时,必须决定购入数量与交货期

在购买办公物品之前,首先要根据办公物品的库存量和消耗水平,确定合理的购买数量,例如,2B 铅笔 200 支,A4 纸 100 箱,传真机 3 台等。可以事先统计数量,列出清单,避免购买时出现过多或不足等情况,造成资源浪费或再次购买等增加行政成本。

若购入数量过多,作为存货积压的东西会增加,资金就无法被有效地利用。若购入数量过少,又会造成库存中断,使业务停止。决定购入数量和交货期的依据是办公用品的需要计划和该年度的预算。易耗品的供给工作应做到下一批物品在存货将尽前购入并到货。存货用完的日期用现在的存货量除以每日计划需要量即可算出。要向购货处提出待物品快要用完时马上交货的要求。订货量可通过每日计划需要量乘以订货间隔天数算出。

（二）集中购买

确定购买数量后，要向办公室主任或主管领导提出申请，由主管领导安排统一集中购买。物品的采购工作由专人负责，专人购买，责任落实到人，避免出现人人都有权购买，造成浪费和用公款买私物的情况。

（三）节约开支

购买办公物品时要注意经济节约，按照成本最小的原则，选择最合适的购买方式。

（四）统一标准

购买办公物品除了要统一购买、节约开支外，还要实行标准化，采购的办公物品尺寸、规格、型号等要标准、一致，不仅方便使用和管理，而且美观大方。

（五）仔细验收

所订购或购买的办公物品送到后，要按照订货单进行验收，核对品种、数量、质量等是否与要求的相符，确认无误后，在送货单上签字并加盖印章，写明收货日期、数量等，最后还要在账本上做好登记。

总之，购买办公物品是企业管理中一件非常重要的工作，职业经理人要通过实际工作积累丰富的经验。也就是说，要明了办公物品的各种要求和相关用途，以保证物品的数量和质量。

二、办公用品的发放使用和分配

（一）办公用品的发放使用

办公用品的使用，一般应遵循经济化、有效化、标准化和制度化的原则。

(1) 经济化原则，要求工作人员消耗办公用品的数量必须和其工作成就的价值相等，如果消耗量大于价值量，则会造成办公用品和经费的浪费，违反了节约的原则。

(2) 有效化原则，是指对行政上直接消耗的办公用品，虽然不能任意浪费，但也不应一概缩减，只要使用得当，即使花费多也不能吝惜，以使办公用品发挥出最大作用。

(3) 标准化原则，是指为了把有效化原则和经济化原则统一起来，应力求办公用品的使用合乎办公的特殊需要，并和办公地点、建筑等相适应。

(4) 制度化原则，是指要从本企业的实际情况出发，公开制订办公用品的使用原则与方法，并严格执行，绝对遵守，形成稳定的制度。

（二）办公用品的分配

办公用品的分配是由办公用品负责人从其管理的保管库配用给各部门。分配的方法和要求如下。

（1）配用的办公用品被放在各部门的办公用品保管柜。

（2）各部门的办公用品负责人根据业务负责人的要求，从办公用品保管库中支取办公用品。

（3）物品为廉价的易耗品且大量使用时，负责人可根据需要从保管柜中任意取用。

（4）磁盘等物品则由部门办公用品负责人放入带锁文件柜等进行保管，按工作要求配用。

（5）物资负责人算出各部门及人员办公用品使用量，与平均使用量进行比较并实行统一管理，可以达到削减的目的。

（6）办公用品使用量在与预算比较后实行统一管理。

（7）部门办公用品负责人应以提高负责人的工作效率为原则供给办公用品。

（8）对办公用品进行整理后加以保管并实行管理，以便随时迅速提供。

（9）大规模的办公用品可在带锁的专用保管库中保管。

（10）归属于总务部门等处的办公用品负责人按照部门办公用品负责人提出的配用要求来配用办公用品。

三、办公用品的保管

（一）建立台账

办公用品在购回、验收之后，要建立并登记台账，入库存放。一般来说，台账记录包括物品名称、型号规格、购入价格、购入时间、分类编号和登记编号。

（二）定点放置

进库的办公用品在对它们按性能、用途和保管要求进行科学分类之后，要定点放置，这样既有利于取用，又有利于安排和美观，可避免需要取用库存用品时出现乱翻乱找、没有头绪等情况的发生。

（三）定期盘点

办公用品库存应一年盘点两次，盘点工作由办公室主任负责。盘点工作要求做到账物一致，如果不一致，则必须查找原因，然后调整台账，作盘盈或盘亏处理，使二者相一致。

（四）表格管理

对于办公室常用的办公物品，应当建立日常表格。表格应有名称、规格、单位、单价、代号等项，这样做的好处是一目了然，非常方便管理日常物品。

（五）定期清理

对于库存的办公用品要定期清理和打扫，避免物品被损毁。必要时可以实行防虫等技术措施。对于较贵重的库存物品，除了做好以上常规保管措施之外，还要加强

防盗等安全保障。

（六）定期调查

要对库存的办公用品（主要是各种纸张和印刷品）定期调查。对使用量和余量做出统计，向上报告。办公室要对报告进行核对，检查所报数据是否与仓库各部门领用台账中的记录相一致，最后做出购买与否的决定。

（七）借出管理

办公用品可以出借，借用者应出具借用证明。借用证明记录以下内容：借用者住址和姓名、借用物品名称及编号、借出日期、借出期限与出借条件等。另外，要禁止员工把办公用品拿回家私用。

技能训练

办公用品管理的要点

【目的】

通过训练，了解办公用品管理方法，从而增加对办公用品种类、特性及管理技术的了解。

【指导】

(1) 选择一家企业的办公室或后勤管理部门，调查其办公用品管理基本情况。

(2) 通过查阅资料和对管理人员的访谈，了解办公用品的分类，办公用品的功能特性，企业的管理制度、管理方法、管理技术、管理要点等情况。

(3) 对办公用品管理中的主要问题及解决方法进行深入调查并写出调查报告。

第三节　办公用品的“绿色管理”

一、“绿色管理”

（一）“绿色管理”的含义和原则

“绿色管理”(green management)就是将环境保护的观念融于企业的经营管理之中，它涉及企业管理的各个层次、各个领域、各个方面、各个过程，要求在企业管理过程中时时处处考虑环保，体现绿色。

“绿色管理”的原则可概括为“5R 原则”。

(1) 研究(research)。将环保纳入企业的决策要素中，重视研究企业的环境对策。

(2) 消减(reduce)。采用新技术、新工艺，减少或消除有害废弃物的排放。

(3) 再开发(reuse)。变传统产品为环保产品,积极采用“绿色标志”。

(4) 循环(recycle)。对废旧产品进行回收处理,循环利用。

(5) 保护(rescue)。积极参与社区内的环境整治活动,对员工和公众进行“绿色宣传”,树立“绿色企业形象”。

与传统的管理理念相比,“绿色管理”具有以下特点。

(1) “绿色管理”具有综合性的特点,是对生态观念和社会观念进行的综合的整体发展。

(2) “绿色管理”的前提是消费者觉醒的“绿色意识”。

(3) “绿色管理”的基础在于“绿色产品”和“绿色产业”。

(4) “绿色标准”及标志呈现世界无差别性。

(二)“绿色管理”的实施对策

1. 建立“绿色企业文化”

“绿色企业文化”是企业及其员工在长期的生产经营实践中逐渐形成的为全体员工认同、遵循,具有企业特色的,对企业成长产生重要影响的,对于节约资源、保护环境及与企业成长关系的看法和认识的总和。它包括价值观、行为规范、道德风尚、制度法则、精神面貌等,其中,处于核心地位的是价值观。“绿色企业文化”既是“绿色管理”的重要内容,也是企业实施“绿色管理”的前提。

2. 制定“绿色管理战略”

“绿色管理战略”是企业根据企业与自然、社会和谐发展,在促进社会经济可持续发展中实现企业可持续成长的理念,结合外部环境的变化和企业的实际情况,从总体上和长远上考虑成长目标,明确成长方向,并制定实现目标的途径和措施。制定“绿色管理战略”是企业长期、稳定、持续实施“绿色管理”,避免一朝一夕短期行为,使“绿色管理”变成企业成长有力、持续、不可缺少的推动力量的保证,是企业采取节约资源、保护环境措施的纲领。

3. 发展“绿色组织结构”

“绿色管理”不仅需要全体员工有“绿色意识”,还需要有有形的、具体的职能部门来履行这一职能,需要设置相应的计划制订部门、执行部门,以及监督部门。例如,设立“绿色环保”规划部门、“绿色认证”研究部门、产品质量环保成效监督部门、“绿色产品”研发部门、“绿色技术”研发部门、“绿色市场”开拓部门等,使企业形成一个“绿色管理”的网络。

4. 实行“绿色设计”

“绿色设计”包括材料选购、生产工艺设计,乃至废弃物的回收、重用及处理等内容,即产品的全寿命周期设计,从根本上防止污染、节约资源和能源。在设计过程中考虑到产品及工艺对环境产生的副作用,并将其控制在最小的范围之内或最终消除。

5. 进行“绿色采购”

产品原材料的选择应尽可能地不破坏生态环境，可选用可再生原料或废弃的材料，并且在采购过程中减少对环境的破坏，采用合理的运输方式，减少不必要的包装等。

6. 研究“绿色技术”

“绿色技术”贯穿“绿色生产”的始终，是“绿色生产”的关键所在。企业应最大限度地研究并利用节能资源、减少环境污染，使用有利于人类生存的技术和工艺方法。

7. 推行清洁生产

清洁生产是“绿色设计”、“绿色技术”的综合实施过程，也是“绿色管理”的重点。

8. 发展“绿色营销”

“绿色营销”是企业“绿色管理”的一种综合表现，是一个复杂的系统工程，包括“绿色产品”、“绿色价格”、“绿色渠道”、“绿色促销”等。

9. 开发“绿色投资”

企业应抓住机遇，开发“绿色环保”项目，发展“绿色产业”，进一步提高企业的“绿化程度”。企业的发展不能仅局限于现有规模，应适当地开发新项目，增强企业实力。“绿色投资”可以作为企业“绿色管理”中的一个突破点。

10. 实行“绿色会计”

企业核算的会计成本，除了包括自然资源消耗成本外，还应包括环境污染成本、企业的资源利用率及产生的社会环境代价评估，以便全面反映并监督企业“绿色管理”的经济效益、社会效益和环境效益。

11. 执行“绿色审计”

“绿色审计”可实现对企业现行的运作经营，从“绿色管理”角度进行系统完整的评估，发现其中的薄弱环节，为开展“绿色管理”决策提供依据。这样既可降低潜在危险，又能比较准确地判断“绿色管理”的投入，更重要的是有助于企业发现市场中的新机会。

二、办公用品的“绿色管理方式”

办公用品的“绿色管理”就是指充分利用办公用品的价值，不仅使办公用品在工作时处于良好的工作状态，提高办公用品的使用年限，而且在办公用品达到使用寿命后，对办公用品进行回收再利用或进行再处理，以避免污染环境，并达到有效使用和节约成本的目的。

（一）办公用品的保养

为了使办公用品经常处于良好的工作状态，对办公用品进行合理的保养和维护是非常必要的。正确的保养方法可以延长办公用品的使用年限,节约经费。表 4-1 是某公司的办公用品保养计划表。

表 4-1 某公司办公用品保养计划表

部门: 年 月 日

序号	材料编号	保养内容	保养周期	保养时间	保养人	完成情况	备注
计划编制人: 日期:			审核人: 日期:			批准人: 日期:	

对办公用品的保养要做到以下几点。

1. 禁止吸烟,杜绝火患

办公用品多为易燃品,如纸张、木质沙发、办公桌等,因此,要做好防火工作,严禁在办公用品放置区内使用明火,尤其要禁止吸烟。

2. 防止潮湿

办公用品的防潮主要是指防止办公用品受潮霉烂、变质和生虫,因此,防潮是保养好物品的重要环节。防潮的方法主要有生石灰吸潮法、氯化钙吸潮法、木炭吸潮法、自然通风法,以及随时清理水汽等。

3. 防电

由于办公室内有许多电器设备,如复印机、电脑、开关、保险丝等,因此,对电器的安全保养尤为重要。电器设备的使用要求方法正确,安装在干燥的地方,员工不能擅自拆卸维修,要有专门的技术人员检查维修。

4. 经常性修理

办公用品有着使用频率高、修理范围小、修理间隔短、修理费用少等特点,因此,要对办公用品进行经常性的修理。

5. 及时报修

在发现办公用品有损坏或无法正常使用时,要及时报修,以免影响工作。报修办公用品时,要填写物品请修单。

6. 建立维修处理制度

办公用品的维修也要按制度办事，所有办公用品的维修手续都要按制度执行。维修工作要有专人负责、专人管理，相关部门如财务部门要协助维修工作，给予费用支持，保证办公室工作不因办公用品的维修而受影响。

7. 特殊物品特殊保养

对于一些特殊的办公用品，要针对其特点，给予特殊保养。如玻璃器皿要轻拿轻放，摆放要安全稳妥，不可重压等。

（二）办公用品的报废

办公用品的使用寿命是有限的，对于已经损坏且无法修复或无法再利用的物品要及时地处理并进行替换更新。根据材料用品“绿色管理”的原则，办公用品废弃物的处理主要包括以下两种。

1. 办公室纸类等废弃物的处理

办公室的规模及用途不同，其废弃物产生的比例就有所不同。办公室内产生的废弃物中以废纸量最大，可将废弃纸张分类进行回收再利用，无论从垃圾处理问题来看，还是从保护环境的角度来看，办公室废纸张的处理都是重要的课题。办公室废弃物应由办公楼清洁人员收集并处理。对于能回收的报纸、瓦楞纸等交由旧纸回收公司处理，对于以下不能回收的纸类及物品应进行特殊处理：① 塑料文件袋、塑料信封、油纸；② 涂塑纸、纸杯等蜡纸；③ 照片、合成纸、防水加工纸、热敏纸（传真纸）、热敏发泡纸；④ 复写纸；⑤ 胶带纸类、徽章类、文件类的金属配件、金属夹子类；⑥ 胶卷类、玻璃纸、塑料制品、玻璃制品、布制品。

2. 失效文件的废弃处理

失效文件是办公室工作的废弃物之一，它的内容各异。文件的分类方法多种多样。可依形式分类和依所使用的符号来分类，亦可依文件类型来分类。可根据文件类型，如该文件是否是最终生产物，或中间加工物，抑或是产生最终生产物的资料等，来适当改变文件处理方式。

有必要制定章程、规定，按所需只整理、保存有用文件的原件作为证据材料，其他文件则可作废弃处理。

（1）对文件废弃问题，必须制定一套制度化的、以文件的特点为依据决定是否废弃的手续。

（2）对于作为证据的文件，在规定的保存期过后有必要规定一个特定日期将文件废弃。

（3）对于作为资料保存的文件，也有必要在保管之时起即明确区分文件的特点，一旦保存期满，立即废弃。

不同文件的保存期是不同的。有的文件保存期期满才能废弃；有的则只在一段

时间内保存其原件；有的是作为资料的文件，一旦完成使命即被废弃。此时，也有必要制定章程，规定如区分不明确，则必须将文件再返还制作部门加以确认。

（4）应根据文件的重要程度规定废弃的方法。如金融信息等绝对不允许外泄的文件，在保管期过后应谨慎处理，避免因管理不严格而外泄。

（5）公司极其重要的涉外机密文件在碎纸机上切碎后，仍有必要将碎屑交由废弃处理人员处理或直接在公司内烧掉。此时，必须记录下已处理的文件名称，以及写下“处理确定”的字样，以期管理上无漏洞。

案例分析

“无纸化办公”是否就是“绿色办公”？

进入21世纪以后，随着电子信息技术的飞速发展，出现了一种新型的办公模式——“无纸化办公”。“无纸化办公”顾名思义就是减少了传统办公模式中纸张的使用、书写的环节，以计算机、手机等电子产品为载体，网络为渠道，实现办公的自动化。其主要优点在于信息传播迅速、流动性强；便于数据的查询、维护；展现形式丰富；一定程度上节约了办公成本，提高了办公效率。

在科技和社会日新月异的今天，电子化办公是一种发展趋势，但这是否就意味着纸张将永久退出办公室舞台，实现办公的无纸化呢？事实上当“辐射”一词频繁出现在人们的生活中，与“癌症”、“器官病变”挂上钩的时候，我们才意识到曾经奉为至宝的电子产品渐渐成了一颗颗慢性毒药，随时威胁着人们的健康。长时间面对电脑屏幕，握着手机通话都会对人体造成危害。

而以木浆、草浆这些生物纤维为原料的纸张，则一般不会对人体产生负面影响。此外，与电脑、手机等大多数电子设备不同，纸张是能够在垃圾场进行无害分解的；而电子产品因含有铅、镉、汞、铬和聚乙烯氯化物等，在被废弃后仍具有危险性，威胁土壤和水源环境。电子垃圾是全球增长速度最快的一种垃圾，以中国来说，年均电子垃圾产生量约为111万吨；自2003年起，每年至少要淘汰500万台电脑，被扔掉的手机数量也超过7 000万部。虽然近年来提倡电子产品回收，但其中一些有毒材料依然是不可再利用的。

纸张是可循环利用的，中国目前的废纸回收体系相对薄弱，分类较少；但中国的废纸利用率已高达49%。例如APP(中国)旗下宁波中华纸业的三期工程有85%的原料都是废纸；其生产的环保铜版卡，采用了55%～60%的再生纸。加大再生纸的使用能减少造纸业对环境的影响，而且这种纸张目前已经占到了中国出版业用纸的30%。作为对纸文化怀有深厚情感的中国人，是非常不愿意看到纸张退出我们的工作场所的。自蔡伦制出第一张纸以来，纸张承载着中国文明，走过千年的历史长河，书写了一段段兴盛衰亡、聚散离合。由纸张衍生出的印刷术、书法、国画都是中国文化的精粹。有研究表明，在纸张上阅读的速度比在显示器上阅读的速度要快20%～30%，且有助于增强人们对信息的理解力。

【总结】

关于“绿色办公”的理解，各有其说，但在电子产品和纸张作为办公资源如何选择和合理使用这一问题上，能否发挥资源效用，且对环境保护有益是唯一标准。使用电子产品或纸张各有利弊，关键不在于“有纸”或“无纸”，环保意识和环境行为习惯的建立才是根本。为提高办事效率，恰当利用电子产品和更好地做到纸张的重复使用，循环再生，才是真正的绿色办公。

 本章小结

通过对本章的学习，应重点掌握以下内容。

(1) 办公用品指的是企业使用的物品中属于日常用具、办公设施附件、易耗品之类的东西。

(2) 日常用具指企业日常工作，即业务操作所使用的家具、工具、器具等。

(3) 办公设施附件指的是为设施配置的物品。设施指办公室、会议室、招待室、图书室、培训室、复印室、电脑房、展示厅等。

(4) 易耗品是指在使用过程中易消耗、不属于固定资产、也不属于材料范围的物品。如玻璃器皿和零配件。

(5) 购买办公物品要遵循以下几条原则：① 采购前事先了解；② 集中购买；③ 节约开支；④ 统一标准；⑤ 仔细接收。

(6) 精心的保管一般要求做到以下几点：① 建立台账；② 定点放置；③ 定期盘点；④ 表格管理；⑤ 定期清理；⑥ 定期调查；⑦ 借出管理。

(7) “绿色管理”就是将环境保护的观念融于企业的经营管理之中，它涉及企业管理的各个层次、各个领域、各个方面、各个过程，要求在企业管理中时时处处考虑环保，体现“绿色”。

 实践活动

参观单位办公用品的保管场所

【目的】

了解单位办公用品保管方面的相关知识，提高学生的办公用品保管意识和能力。

【内容】

参观单位办公用品保管现场，了解办公用品的种类、功能、管理制度；了解用品

管理的流程和方法。

【要求】

(1) 邀请单位后勤部门办公用品的保管人员向学生开展办公用品保管的培训讲座,了解办公用品保管的程序和方法,重点了解建立台账、定期盘点、表格管理、定期清理、定期调查和办公用品的借出管理等方面的管理知识。

(2) 经过培训,学生们要对办公用品的保管有一定的了解,然后在专业管理人员的指导下进行现场参观。

(3) 召开讨论会对参观的成果进行总结,并在老师的指导下与办公用品管理人员进行交流,掌握办公用品管理的方法和要点,并写出交流的心得体会。

本章练习

一、判断题

1. 办公室内最基本的办公设施附件就是桌椅板凳。 (　　)

2. 易耗品是指在使用过程中易消耗,不属于固定资产,也不属于材料范围的物品。 (　　)

3. 低值耐用品是指不够固定资产管理额度标准,耐用期一年以上,且不属于材料和易耗品的设备、器具,如低值仪表、工具、量具、科教器具、家具等。 (　　)

4. 办公用品负责人需要经常对新产品加以注意,以便寻找符合组织要求的物品。 (　　)

5. 购货处的选择必须由购货部门决定。 (　　)

6. 决定购入数量和交货期的依据是办公用品的需要计划和该年度的预算。 (　　)

7. 易耗品的供给工作应做到下一批物品在存货将尽前购入并到货。 (　　)

8. 一个管理有序、工作效率高的后勤部门,对于物品不仅要做到采购科学、分类合理,还要精心保管。 (　　)

9. 企业“绿色管理”就是将环保的概念植入企业管理中。 (　　)

10. 办公用品就是企业日常用具。 (　　)

二、单项选择题

1. 办公用品一般可以分为以下三类:办公用具、办公设备和(　　)。

A. 易耗品　　B. 材料　　C. 文具　　D. 文件

2. 下列哪一项不属于办公日常用具(　　)。

A. 家具　　B. 计算机　　C. 复印机　　D. 计算机房

3. 下列哪一项不属于易耗品(　　)。

A. 办公文具　　B. 笔记本　　C. 计算机　　D. 账簿

4. 经济化原则要求工作人员消耗办公用品的数量必须和其工作成就的价值

等值，如果不等值，消耗量大于价值量，则会造成办公用品和经费的浪费，违反了(　　)的原则。

A. 浪费　　B. 节约　　C. 有效　　D. 标准化

5. 一个管理有序、工作效率高的后勤部门，对于物品不仅要做到采购科学、分类合理，还要(　　)。

A. 时常维修　　B. 精心保管　　C. 定期盘点　　D. 定点放置

三、多项选择题

1. 办公用品的使用，一般应遵循(　　)的准则。

A. 经济化　　B. 制度化　　C. 标准化　　D. 有效化

2. 以下属于购买办公物品要遵循的原则的是(　　)。

A. 部门购买　　B. 集中购买　　C. 节约开支　　D. 仔细验收

3. “绿色管理”具有以下基本特点(　　)。

A. 综合性，“绿色管理”是对生态观念和社会观念进行的综合的整体发展

B. “绿色管理”的前提是消费者觉醒的“绿色意识”

C. “绿色管理”的基础在于“绿色产品”和“绿色产业”

D. “绿色标准”及标志呈现世界无差别性

4. 办公室内最基本的办公设施附件是(　　)。

A. 桌　　B. 计算机　　C. 文件柜　　D. 椅

5. 绿色设计包括(　　)等内容。

A. 材料选购　　B. 生产工艺设计

C. 使用乃至废弃物的回收　　D. 重用及处理

四、简答题

1. 办公用品的精心保管要做到哪几点？

2. “绿色管理”有哪些原则？

3. “绿色管理”与传统管理相比有哪些特点？

五、案例分析题

“绿色管理”：全新的管理理念

世界许多著名企业顺应“绿色潮流”，重新修订企业发展战略，配之以全新的管理思维，“绿色管理”应运而生。

专家曾经预言，谁能率先实施“绿色管理”，谁就掌握了21世纪竞争的主动权。

“绿色管理”是指企业在生产过程中降低甚至消除污染、节约资源，并推出能被新型消费一族接受的“绿色产品”及服务，同时扩大“绿色市场”份额，树立“绿色公司”形象，生产“绿色”、出售“绿色”，给自己留下更广阔的发展空间。

“绿色管理”诞生后，受到了企业家的注目，越来越多的企业纷纷实施“绿色管

理”。美国有500多家大企业成立了专门的“绿色管理”机构，全面实施“绿色管理”。IBM公司成立了环保意识产品设计中心，并推出新一代“绿色微机”，得到了市场的广泛好评，取得了极大的商业成功。德国是世界上第一个建立“绿色标志”制度的国家，其“绿色产品”数量已有5 000多种，占全部产品总量的30%。美国有近1/3的家用产品是在“绿色旗帜”下推出的。

“绿色管理”一出现，便显示出强大的生命力，并在很短时间内迅速发展。越来越多的企业家认识到，“绿色管理”是最完美，也是最完善的管理。

(1)“绿色市场”推动。据有关资料显示，1997年，国际“绿色产品”市场交易额为4 260亿美元，每年以近10%的速度增长，大大高于同期世界经济的增长，多数国家“绿色产品”市场消费量年增长率达20%～30%，有的国家甚至达到50%。面对急剧扩大的“绿色市场”和“绿色需求”，企业只有迅速调整经营方向，实施“绿色管理”，才能赢得市场份额。

(2) 各国政府推动。随着可持续发展战略的实施，各国政府在保护环境、节约资源等方面发挥着越来越重要的作用，他们通过法规、政策等手段促使企业实施“绿色管理”。

(3) 国际社会推动。世界贸易组织成立之初，就正式设立了贸易和环境委员会，将贸易政策和环境保护政策同可持续发展联系起来，作为世贸组织优先考虑的任务。

(4) 内部利益驱动。在现代企业生产中，许多企业通过“绿色管理”，降低单位产品的物质资源消耗，提高资源的利用效率，既节约了材料成本，又降低了污染，减少了污染治理费用，从而提高了企业自身的经济效益，促进了人类生存环境的改善，减少了社会资源的浪费，以较少的“绿色投入”取得了较大的社会效益和经济效益。

实施绿色管理的途径有以下几种。

(1) 定位于“绿色市场”。

市场就是企业的生命，面对急剧扩大的“绿色市场”，企业应该迅速转换经营方向，应用“绿色科技”，定位于“绿色市场”，开发“绿色产品”。今后，企业在“绿色市场”上的份额将决定着企业的发展态势，新一轮的企业竞争将围绕着“绿色市场”而展开。为此，企业应成立专门的组织机构或借助咨询公司来搜集各种绿色信息，调查和预测“绿色需求”，分析“绿色市场”，然后根据企业自身的优势，进行“绿色经营”战略决策，制订“绿色发展计划”，引进和开发“绿色科技”，对现有的企业进行“绿色技术改造”，为“绿色生产经营”做准备。

(2) 实施“绿色生产”。

企业在生产中效仿自然系统内部运作的“低耗高效的循环性能，自我调节和控制的运行机制及和谐统一的美学规律”，以追求节能、省料、减污(无污)、增美的综

合效果，满足人们的“绿色需求”。

（3）取得“绿色认证”。

ISO14000是国际标准化组织推出的环境管理系列标准，取得该认证，即意味着企业的“绿色管理质量”得到了外部的认可。当前，通过ISO14000环境认证，取得国际贸易的“绿色通行证”，以此来树立消费者青睐的绿色形象，是我国企业面临的重大选择。

根据以上案例回答下列问题。

1. 专家预言，谁能率先实施（　　），谁就掌握了21世纪竞争的主动权。

A. 科学管理　　B. 环境保护　　C. 绿色管理　　D. 质量认证

2.（　　）是世界上第一个建立“绿色标志”制度的国家。

A. 中国　　B. 日本　　C. 美国　　D. 德国

3. 案例表明：绿色推动的主要动力是（　　）。

A. 市场　　B. 政府　　C. 企业　　D. 贸易组织

4. 实施“绿色管理”的途径有（　　）。

A. 定位于“绿色市场”　　B. 实施“绿色生产”

C. 取得“绿色认证”　　D. 以上都是

第五章 办公物业管理

学习目标

通过对本章的学习，了解企业物业管理的概念，掌握企业物业管理的功能与特点，从办公物业管理的角度，重点掌握企业办公建筑物业维护管理的内容、程序和方法；办公物业设施设备管理的内容和管理要点；办公物业安全管理的内容与要点。

案例引导

办公物业关键时刻最纠结

继北电网络、LG、摩托罗拉之后，爱立信也在最近宣布将总部迁往位于望京地区的中关村电子城科技园区。多个著名跨国企业在短期内的一致性行动引起了舆论的广泛关注，媒体纷纷以"CBD与中关村的争斗"、"逃离CBD"等为重点报道分析跨国企业迁址所带来的巨大影响，把CBD(中央商务区)推向一个令人尴尬的地位。

如果我们果真把跨国企业的迁址看成是一次对商务环境和区域认可程度的投票的话，那么，我们是否首先应该回答几个问题。跨国企业迁址的内在动因是什么？办公物业需求与企业成长的内在联系是什么？有限的几个跨国企业的投票结果是否能作为衡量一个区域环境的标准？跨国企业迁址给商务物业格局带来的影响仅仅是否定或者肯定吗？回答了这几个问题之后，也许得出的结果正好相反。相比较而言，"迁址潮"恰恰说明了CBD才是最为成熟的商务区。

浏览最近对于跨国企业"迁址潮"的评论是一件富有历史趣味的事情。如果说本轮的报道是在肯定中关村、批评CBD的话，那么之前中关村的商务环境还是一个广为诟病的对象。2001年，一篇《微软逃离中关村》的报道搅动了整个北京。一时间，批评中关村的声音风起云涌，以至于中关村的高层官员出面做了解释。但是，事情并未就此结束，直到2003年5月微软正式搬迁之后，又一个媒体就此发表长篇报道《中关村面临生死抉择！》尽管那时候事实已经很明确，微软迁出的仅仅是一个面积2 000平方米的分支机构，它在中关村的总部至今未动。

微软(中国)房地资产与采购经理卢志华在接受采访时说了一句令人印象深刻

的话:“其实,当企业的办公面积增长到10 000平方米以上的时候,写字楼业主就不愿意让你住进去了。”卢志华认为,企业在同一个物业中租用过大的面积是把鸡蛋放在同一个篮子里,对业主和租户来说都是巨大的风险。经济不景气的时候租户肯定会搬走,寻求更低成本物业,业主将面对巨大的空置率。如果业主服务不稳定,租户也只能忍受,这么大的公司不能总是搬来搬去。

且不论CBD商务环境是否合适,跨国公司本身想寻找一个容纳自己庞大身躯的写字楼也并不容易。跨国公司之所以迁址,在很大程度上是因为面临着经济增长周期附带的办公规模增长。进入望京的北电网络总部面积55 000平方米,摩托罗拉新总部计划占地150亩,而在CBD,一栋普通的写字楼规模在30 000至50 000平方米,这些大公司每个都要占掉一个以上的完整写字楼。在寸土寸金的CBD,这不能不说是一件极其困难的事情。

反过来看,我们很容易发现,迁址搬出CBD自立门户的四家跨国企业全都是在华业务增长最快的电子通信类公司,在华营业额动辄几十亿美元,利润增长率动辄50%以上,其办公需求面积的快速增长程度可想而知。

【启示】

企业的行政后勤系统管理的重要内容之一是对办公物业的管理。从案例中我们可以知道,企业办公物业管理是企业发展的一个重要环节,如何选择和管理办公物业越来越成为企业管理的重要问题。在办公物业管理上,稍有不慎就会给企业的员工,甚至整个企业的运营与发展造成不可估量的影响,关注企业、关心员工,应从企业的办公物业管理做起。

第一节　企业物业管理的功能与特点

企业物业管理是指专业物业管理机构,依物业服务合同对企业房屋建筑物及设施设备、场地进行的维修、养护和管理,生产经营秩序维护管理,以及向企业各部门提供综合性服务等活动,以保证企业生产经营正常运行,并提高企业物业的利用水平,促进企业的整体发展。

企业物业管理以服务为宗旨,也就是说要在企业物业管理的整个系统流程中突出服务的特征,具体可归纳为以下几点。

(1) 通过优质服务延长物业使用寿命,提高物业的价值。

(2) 为企业创造一个整洁、舒适、安全的工作、学习与生活环境。

(3) 通过优质的服务来促使企业建立卓越形象,以促进后续工作的顺利展开。

一、企业物业管理的功能

(一) 教化和益智的功能

现代企业物业管理的重心已不在清洁、绿化、房管、保安四大传统项目的经营和

服务上。现代企业物业管理追求的是一种企业的情调、企业的感觉、企业的文化，使企业员工感觉到一种情感的归属。这样的企业物业管理能使企业员工增长见识，开阔视野，陶冶情操，能在潜移默化中提高企业员工的素养。

（二）促进身心健康的功能

在现代都市人群中，越来越多的人已不再满足偏居一隅，而舒适、有个性的工作场所正成为人们更高层次需求的集中表现。在舒适的环境中工作，享受着高档企业物业管理，能得到“物我两忘”的高度体验。这样，人就会心情舒畅、心胸开阔、身心健康，工作质量也会得到提高。

（三）社交和繁荣文化的功能

企业物业管理服务与其他服务一样，存在着循序渐进、由低层次向高层次螺旋式上升运动的规律。企业物业管理服务的层次越高，越表现出对高品位服务、高品位文化和精神服务的需求，以满足其自身高层次的需求。而现代企业物业管理则能通过建立多种平台或采取多种形式，来促进企业与员工的交流，繁荣企业文化。因此，企业物业管理服务促进了人们的社会交流和情感的交融。

（四）净化社会环境、促进社会和谐发展的功能

营造文明、祥和的工作环境和氛围，使员工的思想道德水平和文化素质有明显的提高，是现代企业物业管理的基本目标之一。高质量的企业物业管理服务可以提高人的整体素质，从而促进整个企业的和谐发展。

二、物业管理的特点

（一）社会化

企业物业管理的社会化指的是，它将分散的企业分工汇集起来，聘请社会上的专门物业服务机构统一管理，诸如房屋、水电、清洁、保安、绿化等，对于企业而言，通过将企业后勤服务部门转制为物业服务企业，通过它们的专业服务就能将所有关于房屋和居住（工作）环境的日常事宜办妥，而不必分别面对各个不同部门，犹如为各业主找到了一个总管家。企业只需根据企业物业管理部门批准的收费标准按时缴纳管理费和服务费，就可以获得周到的服务。这样既方便企业，也便于统一管理，有利于提高整个企业管理的社会化程度。

（二）专业化

企业物业管理是由专业的物业服务企业对物业实施的统一的管理。物业服务企业可以通过设置分专业的管理职能部门来从事相应的管理业务，也可以采取专业服务外包方式进行管理。例如，机电设备维修承包给专业设备维修企业；物业保安可以向保安部门雇佣保安人员；园林绿化可以承包给专业绿化部门；环境卫生也可以承包给专业清洁部门。

(三) 市场化

企业物业管理是一种市场化行为，它所追求的目标是收益的最大化。作为独立法人运作的物业服务企业（特别是从后勤部门转制的物业服务企业）必须遵守《中华人民共和国公司法》的有关规定，实行政、事、企的完全分离。因此，物业管理部门必须依照物业管理市场的运行规则参与市场竞争，依靠自己的经营能力和优质的服务在物业管理市场上争取自己的地位和拓展自己业务。当然，物业服务企业在运作过程中还要处理好与基层组织、行政部门和公用事业单位的关系。以物业为中心，从管理上、经营上和服务上下工夫，为企业员工创造一个便捷、清新、整洁的环境。

(四) 经营化

物业服务企业提供的服务是有偿的，即对各项服务收取合理的费用。在当前物业管理服务收费受到政府有关部门限制的情况下，物业服务企业可以通过多种经营方式，使物业服务企业走上“以业养业，自我发展”的道路，从而使物业服务企业有了造血功能，这样既减少了企业各主管部门的压力和负担，又使得房屋维修、养护、环卫、治安、管道维修、设备更新的资金有了来源，还能使业主享受到全方位、多层次、多项目的服务。

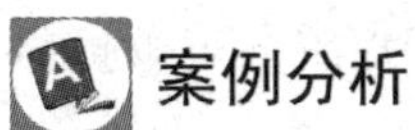

案例分析

企业物业管理出路何在?

中国石化集团公司管辖的油田、炼油化工企业属于典型的独立工矿企业，由于社会经济、地理环境和生产的特点，它们承担着沉重的社会负担。炼油化工企业多建在远离城市的郊区，生活区往往自成体系，石油企业由于油区分布广，居民区分散建设，没有城市依托，企业不得不建设自我封闭、包罗万象的社会服务系统。到 2000 年底，石化集团社会服务系统拥有固定资产原值 200 多亿元，从业人员 20 余万人。物业系统是社会服务部分的主要内容，拥有居住面积 4 300 多万平方米，住宅总数超过 66 万套，各类物业公用基础设施和文体娱乐活动设施等超过 4 万个，资产原值超过 20 亿元。从事物业管理工作的人员近 8 万。

1998 年经国务院决定，石油和石化两大行业进行了重组，实现了上、中、下游业务一体化经营。为了适应国际化竞争需要，寻求更大发展，1999 年开始，石化集团对内部业务和资产进行了重组。将核心业务中的优良资产从集团公司中剥离出来，改制成中国石化股份有限公司，并于 2000 年 10 月在纽约、伦敦、香港三地成功上市。拥有从业人员 60%的非核心业务和大量的不良资产作为存续企业留在了母体，主要包括专业化施工、生产后勤辅助、多种经营和社会服务四部分。在过渡期，对存续企业实行关联交易、限额亏损、定额补贴的经营管理政策。社会服务部分的改革目标是将来与企业分离，在条件成熟时最终移交给政府，回归社会。

【总结】

企业的物业管理与生产经营管理分开运营是解除生产经营负担，提高企业物业及管理人员价值，实现企业创新发展的必由之路。在中石化集团重组改革的进程中，作为社会服务部分重要内容的物业管理系统所进行的社会化改革的尝试也是必须跨越的一步。

第二节　办公建筑物业维修养护管理

企业办公物业管理的内容很广泛，包括建筑物、设备设施、安全、环境、卫生等几乎所有物业管理服务领域。但重点还是办公建筑物业、物业设备设施、物业安全、物业环境卫生管理。考虑到办公与生产场所在环境卫生管理上类似，后面专门章节介绍，本章仅介绍前三个领域的管理。

办公建筑物维修养护管理，简称物业维修养护管理，是指企业后勤部门或物业服务企业对企业办公建筑物业的维修、养护活动所进行的预测、决策、计划、组织、指挥、控制、协调、教育、激励等有效的操作工作，从而保证物业维修养护工作的顺利进行，以获得最佳的经济效益和社会效益，实现企业办公物业维修养护的根本目标。

物业维修与养护管理是办公物业管理的重要环节，为了保证企业办公建筑物业正常地发挥使用功能，延长其使用寿命，必须了解和掌握它的结构构造、质量、完损等级等，经常对企业的用品、耗材等进行维修、养护。物业维修养护管理的总原则是实行“管养合一，综合治理”。

一、物业维修养护管理的特点

（一）生产经营业务不稳定

物业维修养护工程类型繁多，须按照物业专门用途组织生产经营，且不同时期施工任务起伏变化大。这就要求企业要善于预测国家经济发展趋势，把握物业状况和动态，以便具有适应物业维修养护市场需求的应变能力。

（二）管理环境变化大，可变因素多

如自然环境（地形、地质、水文、气候等）和社会环境（物资供应、劳动力供应、社会运输、配套加工能力等）的变化，使得施工生产经营预见性和可见性差。

（三）维修工程的施工条件不稳定，难以实施有节奏的、均衡的施工

这使得企业组织机构和人员，尤其是基层单位，为了适应任务变化而经常进行调整。在施工过程中，分部工程不同和施工季节不同，各工种需求比例也有较大差异。

充分认识上述物业维修养护管理的特点，采用相应的组织措施和管理手段，是搞好物业维修养护管理的基本前提。

二、物业维修养护管理的主要内容和工作要点

物业维修养护管理主要是指企业物业管理机构（物业服务企业或总务后勤部门）对物业维修养护部门实施的一种专业管理，主要体现在企业制定的物业维修养护政策、规范、标准上。物业维修养护管理的主要内容包括物业维修养护的行政管理、物业维修养护的施工管理、物业维修养护的质量管理、物业维修养护的资金管理和物业维修养护服务等。表 5-1 和表 5-2 是某公司的物业维修、养护的记录表和计划表。

表 5-1　某公司物业维修、养护记录表

部门：　　　　　　　　　　　　　　　　　　　　　　年　　月　　日

<table>
<tr><td>项目</td><td></td><td>地点</td><td></td><td>维修、养护周期</td><td></td></tr>
<tr><td>费用</td><td></td><td>维修、养护量</td><td></td><td>完成日期</td><td></td></tr>
<tr><td>维修、养护内容</td><td colspan="5">维修、养护人：　　　　　　　　年　　月　　日</td></tr>
<tr><td>维修、养护结果</td><td colspan="5">班组长或楼管员：　　　　　　　年　　月　　日</td></tr>
<tr><td>备注</td><td colspan="5"></td></tr>
</table>

表 5-2　某公司物业维修、养护计划表

部门：　　　　　　　　　　　　　　　　　　　　　　检查日期：

序号	维养项目	日期	费用	前次维养日期	维养标准	责任人	备注

(一) 物业维修养护管理机构的职责

(1) 贯彻执行企业物业维修养护的标准、方针和政策,组织编制企业设施维修的长期规划和近期计划,并督促实施。

(2) 按照管理权限对企业设施维修部门进行资质管理。

(3) 组织或参与物业维修养护定额的编制、修订,并监督检查执行情况。

(4) 指导并督促物业所有人落实物业维修养护资金。

(5) 负责物业维修养护工程的安全、质量监督管理。

(6) 组织物业维修养护业务、技术的培训和物业维修养护新技术、新工艺、新设备的推广应用。

(7) 化解或依法处理有关物业维修养护的争议和纠纷。

自管设施单位的物业维修养护管理机构的职责,由其主管部门制定。其物业维修养护管理工作,应当接受当地人民政府房地产行政主管部门的指导。

(二) 物业维修养护管理人的责任

1. 物业维修养护责任人的确定

(1) 依照企业的有关规定维修物业,是物业所有人应当履行的责任。

(2) 租赁物业的维修,由租赁双方依法约定维修责任。

(3) 因使用不当或者人为造成物业损坏的,由其行为人负责修复或者给予赔偿。

(4) 在已经批准的建设用地范围内,产权已经转移给建设单位的危险物业,其拆除前的维修由建设单位负责。

2. 物业维修养护人的责任

物业所有人和其他负有物业修缮责任的人(以下简称修缮责任人),应当定期查看物业,掌握物业完损情况,发现损坏及时维修,在暴风、雨、雪等季节,应当做好预防工作,发现物业险情及时抢险修复。

在物业维修养护时,该物业的使用人和相邻人应当给予配合,不得借故阻碍物业的维修。对于物业所有人或者维修责任人不及时维修物业,或者因他人阻碍,有可能导致物业发生危险的,当地人民政府房地产行政主管部门可以采取排险解危的强制措施。排险解危的费用由当事人承担。

(三) 物业维修养护施工管理的主要工作

1. 做好施工前期准备工作

在施工前期准备工作阶段,物业管理部门要准备好物业维修养护工程的设计图纸及有关文件材料,向施工单位介绍应修物业的维修项目、范围,并提出技术要求,对需维修的物业应提前安排,做好人员搬迁工作等。

2. 抓好施工质量

物业维修养护施工中要坚持按图施工,对重要部位与隐蔽工程要及时验收。

对主要维修项目的质量，施工过程中应实行施工人员相互检查、施工班长或质量管理小组检查、主管技术人员重点检查三级检查制度。检查时应抓住质量是否达到标准，病害整治是否彻底，维修后是否还留有致病因素等重点。

3. 做好竣工验收

维修工程竣工后，应先由施工单位组织初验。初验确认质量合格后，提出竣工资料和请验报告，由工程批准单位组织正式验收。竣工验收时，应按照国家有关规范和标准，对工程选题做出评定，并写成验收记录。凡不符合要求，必须返修和补做的，应进行返修和补做，直到符合规定的标准和要求。

（四）物业维修养护的计划管理

根据企业有关规范标准，物业所有人、使用人，以及物业管理部门依据企业对物业质量的要求，对其所拥有的或管理的物业，做出维修、养护规划或计划，以改善物业完损状况和使用条件。

物业维修养护近期计划应当纳入当地的企业整体建设计划中，进行资金和材料预算。

物业管理单位为其管理的物业编制年度物业维修养护计划，并检查其执行情况。年度物业维修养护计划应当包括下列内容。

（1）物业结构类型。

（2）维修面积。

（3）维修分类。

（4）维修费用。

（5）计划期内物业完好率、危险率。

物业管理部门和物业自管单位应当对年度物业维修养护计划的执行情况进行定期统计，并报送企业行政主管部门。

（五）物业维修养护的质量管理

物业维修养护的质量不仅关系到承发包双方的利益，也关系到企业利益，对物业维修养护质量和安全的监督检查是企业部门和维修部门的重要职责。从物业维修养护部门来说，通过物业维修养护的质量管理，对现有物业状况进行科学的鉴定，可以为物业管理单位更好地管理物业提供可靠的资料，为编制物业的维修计划提供依据。因此，物业管理部门要组织有关人员对管理的物业定期进行检查和评定，对每栋物业都评定出质量等级，并统计各类物业的质量等级数量，掌握物业的完好状况，以便科学地制订物业维修养护计划和方案，进行维修的技术设计，编制维修施工的概预算，做出投资计划。正确合理地进行维修，可以达到维护物业的使用价值、合理延长物业的使用年限、保证正常使用和安全使用的目的。

（六）物业维修养护的资金管理

在物业维修养护工作中对各种修理费用进行核算，分析收支情况，提高对物业维修养护资金的管理水平，可以达到合理降低维修费用的目的，可以更好地为今后的维修保养工作奠定资金基础。

1. 物业维修养护资金的筹集

目前，主要通过以下几种渠道筹集城市物业的维修资金。

（1）管理费收入中应用于物业维修养护的部分。

（2）购房人在购房时缴付的物业维修养护基金。

（3）出售人售房款中缴付的公共设施管理、维修、养护基金（高层住宅的电梯、水泵大修等）。

（4）因天灾人祸、物业受损等而来自保险部门的赔偿（限于已投保的物业）。

（5）人为损坏的赔偿。

（6）从维护建设资金中适当划拨。

（7）物业管理部门多种经营收入的部分盈余。

（8）企业政策允许用于物业维修养护的其他资金。

（9）上述各项资金的银行利息。

以上各项资金须专户存储、专项使用，使用情况报企业委员会备案。维修资金不足，需再筹集维修资金时，经业主委员会同意，由物业所有人分摊，具体方法如下。

（1）业主自用部分自理。如企业所拥有的生产经营设施设备的维修费用由企业自理。

（2）房屋共用部位和电梯、水泵等公共设施的维修，由全幢物业所有人共同承担，一般应按物业所有人所拥有的建筑面积计算，由物业管理部门组织实施。

（3）凡属人为损坏的设施设备，由责任人修复或赔偿。

（4）凡属改扩建部分共用设施，以改善员工居住条件的，由受益人分担。

（5）返工性维修费用由原责任人承担。

2. 物业维修养护资金使用的安排

（1）确保用于正常、安全的日常养护修理的人员、材料、设备等开支。

（2）物业及其附属设施的大修、改造、更新的费用。

（3）天灾人祸时的抢修、恢复费用。

（4）在可能的情况下改善住用条件。

3. 物业维修养护的预决算管理

预决算的审核管理是修缮资金管理的重要环节，是一项很严肃的工作，有关人

员必须秉公办事、不徇私情。要熟悉维修图纸和施工组织设计，并深入现场，核对工程作业量、材料规格及用量、施工工艺等，防止高估冒算导致资金流失；又要合理控制，防止偷工减料导致施工质量低劣。

第三节　办公物业设备设施管理

一、物业设备设施基础资料的管理

物业设备设施资料的管理是为设备管理提供可靠的条件和保证。在对物业设备设施进行管理的工作中，对所管理物业的设备及设备系统，要有齐全、详细、准确的技术档案，主要包括设备原始档案、设备技术资料，以及政府职能部门颁发的有关政策、法规、条例、规程、标准等强制性文件。

（一）设备原始档案和设备技术资料

1. 设备原始档案

设备原始档案包括以下资料。

(1) 设备清单或装箱单。

(2) 设备发票。

(3) 产品质量合格证明书。进口设备还应有商品检验合格证明书。

以上资料在设备进场前由制造厂商提前供给，以便作为设备进场时开箱验收的依据。

(4) 开箱验收报告，报告上应有验收设备的名称、型号规格、数量、外观质量、附带资料、验收人员、验收日期等。参加开箱验收的人员应分别代表下列各单位：购买使用的单位、设计单位、负责安装设备的部门、监理部门、制造厂商。

(5) 产品技术资料，包括设备图纸、使用说明书、安装说明书、基础图等。

(6) 安装施工、水压试验、调试、验收报告。属于竣工验收报告的，应进行分阶段验收，每阶段的验收应做详细的记录。记录上应有验收工程名称、位置、验收日期、验收人员。水压试验时应记录水压试验压力、持续时间及水压试验时在场的人员。调试工作分单机调试及系统调试两种。调试时必须由用户单位、设计院、安装部门、监理部门等单位派有关人员参加，设备制造厂商必须参加单机调试工作。

2. 设备技术资料

(1) 设备卡片。所有设备都要建立设备卡片，一台设备有一张设备卡片。可以按设备的系统分类、使用部门进行设备编号，然后按编号一一对应地在设备卡片上登记设备的档案资料。设备卡片见表 5-3。

表 5-3　设备卡片

编号　　　　　　　　　　　　　　　　记录日期　　　　　　　　　　　年　　月　　日

设备名称(型号)		主要责任人	
主要功能		供货单位(厂家)	
额定电压		出场日期	
额定电流		使用日期	
主要附属设备			
名称	规格型号	数量	备注

(2) 设备台账。将各设备卡片,按编号统一汇总登记,组成全部设备的台账。在设备台账中只需要登记设备的概况,所有设备的状况在设备台账中一清二楚,为管好、用好设备提供了保证和便利。设备台账见表 5-4。

表 5-4　设备台账表

序号	
设备编号	
设备名称	
型号	
规格	
制造国别	
制造商	
配套电动机	

(3) 设备技术登录簿。每一台主要设备都应设立一本设备技术登录簿,设备技术登录簿是设备的档案簿,对设备在使用期进行登录和记载,登录和记载的内容视具体设备而有所不同,但要做到完整和正确。一般设备技术登录簿的内容包括:设备概况、设计参数、条件及有关计算,结构简图、技术特性、备品配件、设备运行及维修记录、设备大中修理记录(包括修理时间、修理费用)、设备事故记录、更新改造及移动改装记录、报废记录等。

设备技术登录簿反映了设备的真实情况,用于指导设备管理的实际工作。

(4) 竣工图。施工结束,并验收合格后,设计院把已修改完毕的全部图纸进行整理后提交给用户,这些图纸就是竣工图。竣工图要成套且符合实际情况,以便指导用户今后的日常管理工作。

(5) 系统资料。按系统或场所把各系统分成若干小系统,针对每个小系统,单独

采用示意图、文字或符号来说明。表达方式要灵活、直观、简明，以便于查阅。

（二）政府职能部门颁发的有关政策、法规、条例、规程、标准等强制性文件

1. 政策、法规、条例及规程

总体上有《物权法》、《物业管理条例》等物业管理基本法律制度。在环境保护方面有水环境保护法规、大气环境保护法规、噪声污染控制法规、城市污染控制法规等；在消防方面关于建筑、设备及装潢等工程，在设计、设备的配备及材料的购买、施工、验收及使用管理等各阶段也有相应的法律规范。此外，电梯设备、变配电设备、燃气设备、给排水设备等都有政府部门的法规及条例进行监督和约束。

2. 技术标准

技术标准如国家规定的饮用水水质卫生标准、环境空气的质量标准、室内新风量标准等；劳动部门制定的锅炉给水标准；环保部门制订的皮（污）水排放标准、锅炉烟尘排放标准、工业废气排放标准、氨氮排放标准、区域环境噪声标准等。这些技术标准是政府各专业部门根据实际要求制定的，具有权威性。

上述政策、法律、法规，以及各种技术标准是设备管理中的法律文件，指导约束着设备管理工作。必须把这些文件保管好，分类存档。当然，随着我国法制建设的不断完善和发展，这些文件也将不断地被修订、补充和完善，在收集、管理和归档时应注意及时对它们进行补充、更新。

二、物业设备设施运行管理

物业设备设施运行管理应取得两个方面的成果：① 设备的运行在技术性能上始终处于最佳状态；② 从设备的购置到运行、维修与更新改造中，寻求以最少的投入得到最大的经济效益，即设备的全过程管理的各项费用最经济。

（一）物业设备设施技术运行管理

物业设备设施技术运行管理的主要任务是保证设备安全、正常运行，其内容包括建立合理的运行制度和运行操作规定、安全操作规程等运行要求（标准），并建立定期检查运行情况和规范服务的制度等。其中，对于设备安全管理，除了加强设备安全检查和对操作人员、维修人员安全操作、安全作业的训练和管理外，还要建立安全责任制，并对用（住）户进行安全教育，加大对某些容易发生危险事故设备（如电梯）的安全使用知识的宣传。对物业设备设施技术运行进行管理，具体应落实六个方面的工作。

1. 针对设备的特点，制定科学、严密且切实可行的操作规程

在设备管理工作中，应针对设备的特点制定切实可行的操作规程，例如锅炉管理工作中，对点火、熄火、巡视、抄表、水位表冲洗、压力表红线、安全阀校验、水处理测试、排污等一系列操作都应有一定的操作规程，并定期对操作人员进行考核评定。

2. 对操作人员进行专业的培训教育

对政府规定的某些需持证上岗的工种,必须严格做到持证才能上岗。

在设备管理工作中,应对操作人员进行专业的培训教育,使他们掌握专业知识和操作技能。操作人员应通过理论及实际操作的考试,取得专业设备的操作资格证书。

3. 加强维护保养工作

设备操作人员在使用和操作设备的同时,应认真做好维护保养工作,做到"正确使用,精心维护",确保设备始终保持完好能用状态。维护保养工作主要是加强日常、定期的清洁、清扫工作和润滑的"五定"(定人、定质、定时、定点、定量)工作,确保设备始终保持完好的状态。

4. 对设备中的仪表(如压力表、安全阀等)、安全附件必须定期校验,确保灵敏可靠

压力表上应有红线范围,设备运行时绝对不能超越红线。安全阀前面严禁装设阀门,为了防止安全阀芯、弹簧等锈蚀而影响使用灵敏度,需要定期人为开启,排放至正常为止。压力表、安全阀的定期校验工作应由法定部门负责,校验报告应妥善保管。

5. 对运行中的设备做深入、透彻、准确的分析

对运行中的设备做深入、透彻、准确的分析,可以及时发现故障的潜在因素,及早采取有效措施进行改善,防止故障发生,确保安全运行。

6. 对事故的处理要严格执行"三不放过"原则

若设备事故发生,不能就事论事做处理,要严格执行"三不放过"的原则,即事故原因未查清不放过、对事故责任者未处理不放过、事故后没有采取改善措施不放过。

(二)物业设备经济运行管理

物业设备经济运行管理的主要任务是在设备安全、正常运行的前提下,节约能耗费用、操作费用、维护保养费用,以及检查维修等方面的费用。其内容包括在物业设备运行管理过程中采用切实有效的节能技术措施和加强设备能耗的管理工作。设备的经济运行管理,可从两个方面进行。

1. 初期投资费用管理

在购置设备时,应综合考虑以下因素。

(1)设备的技术性能参数必须满足使用要求,并考虑到发展的需要。

(2)设备的安全可靠程度、操作难易程度及对工作环境的要求。

(3)设备的价格及运行时能源的耗用情况。

(4)设备的寿命,即设备从开始使用到因技术落后或经济上不合算而被淘汰所经过的时间。

(5)设备的外形尺寸、重量、连接和安装方式、噪声和震动。

(6)注意采用新技术、新工艺、新材料及新型设备。

2. 运行成本管理中的经济效益管理

(1) 能源消耗的经济核算。设备在运行过程中,需要消耗水、电、蒸汽、压缩空气、煤气、燃料油等各类能源。能源消耗的经济核算工作有以下几个方面:制订能源耗用量计划和做好计量工作。设备管理部门每年应预先按月编制各类能源的消耗量及能源费用的计划,做出 1～12 个月每个月各类能源的耗用计划及能源费用的支出计划。

(2) 操作人员的配置。合理配置操作人员,提倡一专多能的复合型人才的使用(当然,须持证上岗)。

(3) 维修费用的管理。可实行由专人负责进行控制的办法,做到计划使用和限额使用相结合,例如,可以采用费用限额卡。在维修费用的核算方面,故障修理记录是维修费用开支的依据,也是今后维修管理的参考。

三、物业设备维修管理

设备维护保养的目的,是及时地处理设备在运行中,由于技术状态的发展变化而引起的大量、常见的问题,随时改善设备的使用状况,保证设备正常运行,延长其使用寿命。设备检修的目的,是及时修复由于正常或不正常的原因引起的设备损坏。

(一) 物业设备的维护保养

设备在使用过程中会发生污染、松动、泄漏、堵塞、磨损、震动、发热、压力异常等各种故障,从而不能正常使用,严重时会酿成设备事故。因此,应经常对使用的设备加以检查、保养和调整,使设备随时处于最佳的技术状态。

1. 维护保养的方式

维护保养方式主要是紧固、润滑、调整、外观表面检查、清洁、防腐、防冻等。对长时期运行的设备要巡视检查,定期切换,轮流使用,进行强制保养。

(1) 紧固。为了防止设备发生更大震动导致螺帽脱落、连接尺寸错位、设备位移,以及密封面接触不严造成泄漏等故障,必须经常检查设备的紧固程度。

(2) 润滑。润滑管理是正确使用和维护设备的重要环节。应对润滑油的型号、品种、质量、润滑方法、油压、油温及加油量等都严格规定。润滑管理要求做到"五定"(定人、定质、定时、定点、定量),并制定相应的润滑管理制度。

(3) 调整。因设备的震动、松动等因素,零部件之间的相对尺寸会发生变化,容易产生不正常的错位和碰撞,造成设备的磨损、发热、噪声、震动,甚至损坏,因此必须对有关的位置、间隙尺寸做定量的管理,定时测量、调整,并在调整后再加以紧固。

(4) 外观表面检查。外观表面检查即对设备的外观做目视或测量观察,检查设备的外表面有无损伤裂痕。

2. 维护保养工作的实施

维护保养工作主要分日常维护保养和定期维护保养两种。

(1) 日常维护保养。

日常维护保养工作要求设备操作人员在班前对设备进行外观检查，在班中按操作规程操作设备，定时巡视并记录各运行参数，随时注意运行中有无异声、震动、异味、超载等现象，在班后做好设备清洁工作。在冬天，如设备即将停用，应在下班后放尽设备内剩水，以免冻裂设备。日常维护保养工作是设备维护管理的基础，应该坚持实施，并做到制度化，特别是周末或节假日前更应注意。

(2) 定期维护保养。

定期维护保养工作是以操作人员为主、检修人员协助进行的。它是有计划地将设备停止运行，进行维护保养。应根据设备的用途、结构复杂程度、维护工作量及人员的技术水平等，来决定维护的间隔周期和维护停机时间。定期维护保养需要对设备进行部分解体，应做好以下工作：① 彻底内外清扫、擦洗、疏通；② 检查运动部件运转是否灵活及其磨损情况；③ 检查安全装置；④ 检查润滑系统油路和油过滤器有无堵塞；⑤ 清洗油箱，检查油位指示器，换油；⑥ 检查电气线路和自动控制的元器件的动作是否正常。

3. 设备的点检

设备的点检就是对设备有针对性地检查。设备点检时可按制造厂商指定的点检点和点检方式进行，也可根据各自的经验补充增加一些点检点。检查时可以通过手摸、耳听、眼看、鼻嗅等方式进行检查判断，也可利用仪器仪表进行诊断。通过设备的点检，可以掌握设备的性能、精度、磨损等情况，及时清除隐患，防止突发事故发生，不但保证了设备的正常运行，而且为计划检修提供了正确的信息依据。

设备的点检包括日常点检及计划点检。日常点检由操作人员随机检查。日常点检的内容主要包括：① 运行状况及参数；② 安全保护装置；③ 易磨损的零部件；④ 易污染堵塞、需经常清洗更换的部件；⑤在运行中经常要求调整的部位；⑥在运行中经常出现不正常现象的部位。

设备的计划点检一般以专业维修人员为主，操作人员协助进行。计划点检应该使用先进的仪器设备和手段，可以得到正确可靠的点检结果。计划点检的内容主要有：① 记录设备的磨损情况，发现其他异常情况；② 更换零部件；③ 确定修理的部位、部件及修理时间；④ 安排检修计划。

（二）检修计划

根据物业设备的计划检修基础，编制检修计划，对设备进行预防性修理，这就是计划检修。

实行计划检修，可以在设备发生故障之前就对它进行修理，使设备一直处于完好能用状态。根据设备检修的部位、修理工作量的大小及修理费用的高低，计划检修工作一般分为小修、中修、大修和系统大修。

1. 小修

小修主要是清洗、更换和修复少量易损件，维修人员负责，操作人员协助。

2. 中修

中修一般是对设备的主要零部件进行局部修复和更换。

对设备进行局部或全部的解体，修复或更换磨损或腐蚀的零部件，力求使设备恢复到原有的技术特性。在修理时，也可结合技术进步的条件，对设备进行技术改造。

3. 大修

大修是对设备进行局部或全部的解体，修复或更换磨损或锈蚀的零部件，力求使设备恢复到原有的技术特性。在修理时，也可结合技术进步的条件，对设备进行技术改造。

中修、大修应由专业检修人员负责，操作人员只能做一些辅助性的协助工作。

4. 系统大修

这种检修方式是一个系统或几个系统甚至整个物业设备系统的停机大检修。系统大修的范围很广，通常将所有设备和相应的管道、阀门、电气系统及控制系统都安排在系统大修中进行检修。在系统大修时，所有相关专业的检修人员，以及操作人员、技术管理人员都应参加。

设备的计划检修不能绝对消除计划外检修（偶然性的故障抢修和意外事故的恢复性检修），但如果认真贯彻各项操作规程和规章制度，认真完成设备的日常维修和计划检修工作，那么计划外的检修是可以减少或避免的。

四、备品配件管理

在运行过程中，运转类的零部件将要磨损、老化，从而降低设备的技术性能。为恢复设备的技术性能，须用新的零部件更换已磨损老化的零部件。在检修之前就把新的零部件准备好，这就是备品配件管理的基本原则。

备品配件管理工作的目的是既科学地组织备件储备，及时满足设备维修的需要，保证设备维修的质量和进度，减少备件加工制造和采购的突击性和盲目性，又将储备的数量压缩到最低的限度，降低备件的储备费用，加快资金周转。

备品配件的技术管理应由专业技术人员负责，包括备件范围的确定，备件图纸的收集、测绘整理，确定备件来源的途径和方法，确定合理的储备定额和储备形式，编制备件卡片和备件台账，为备件的制造、采购、库存提供科学的依据。

第四节　办公物业安全管理

一、物业安全管理的内容

办公物业安全管理的主要内容包括治安管理、消防管理及车辆道路管理三个方面。

（一）治安管理

（1）对物业区域内违反《治安管理处罚条例》的行为进行制止，并报公安机关处理。如非法携带枪支弹药、非法侵入他人住宅、偷盗他人财物等。

（2）对于物业区域内妨碍他人正常生活的行为进行禁止，如噪音、污染、乱扔杂物、搭建各类违章建筑等。

（二）消防管理

消防管理的内容主要是预防和控制火灾的发生，如防火安全宣传，及时扑灭火灾，消防器材的保养和维修等。

（三）车辆道路管理

车辆道路管理主要是做好车辆停放和交通安全管理，保证车辆和行人的安全。

二、物业安全管理的机构设置与职责

物业服务企业对物业的安全管理，可以委托给专业部门经营，也可以自行组织专门的队伍实施管理业务。但不论由谁来完成，都必须在物业建设方案设计之初，就考虑物业安全方面的专门要求。安全专家必须与物业管理人员共同参与物业设计方案的拟订，以免在方案建设完成后进行不必要的更改。因此，在制定物业设计方案时，安全要求的纳入是非常重要的。物业管理部门应制定详细的安全管理章程和制度，并公之于众，力求做到有章可循、有章必循、违章必究。

安全管理的机构设置与所管物业的类型、规模有关，物业管辖的面积越大，类型配套设施越多，班组设置也就越多、越复杂。通常，物业管理部门可以设置保安部来负责物业的安全管理。

保安部的主要职责具体有以下方面。

（1）贯彻执行国家公安部门关于安全保卫工作的方针、政策和有关规定，建立物业辖区内的各项保安工作制度，对物业辖区安全工作全面负责。按 2010 年 1 月 1 日起实施的国务院《保安服务管理条例》做好保安管理服务工作。

（2）组织部门全体人员开展各项保安工作，提出岗位设置和人员安排的意见，制定岗位职责和任务要求，主持安全工作例会。

（3）熟悉物业区域常住人员，及时掌握变动情况，了解本地区治安形势，有预见地对物业辖区保安工作提出意见和措施。

（4）积极开展“五防”（防火、防盗、防爆、防破坏、防自然灾害）的宣传教育工作，采取切实措施，防止各类事故发生，具有突发性事故的对策和妥善处理能力。

（5）抓好对部门干部和员工的安全教育、培训工作，提出并落实教育培训计划。

《保安服务管理条例》规定，在保安服务中，为履行保安服务职责，保安员可以采取下列措施。

（1）查验出入服务区域的人员的证件，登记出入的车辆和物品。

(2) 在服务区域内进行巡逻、守护、安全检查、报警监控。

(3) 在机场、车站、码头等公共场所对人员及其携带的物品进行安全检查，维护公共秩序。

(4) 执行武装守护押运任务，可以根据任务需要设立临时隔离区，但应当尽可能减少对公民正常活动的妨碍。

三、物业安全管理的指导思想和原则

(一) 指导思想

物业安全管理的指导思想是：建立最健全、完备的组织机构，用尽可能先进的设备、设施，选派最具责任心的专业人才，坚决贯彻"预防为主"的原则，千方百计地做好预防工作，最大可能地杜绝或减少安全事故的发生。同时，对于万一出现的安全事故，要根据具体情况，统一指挥、统一组织，及时报警，并采取一切有效的手段和措施进行处理，力争将人员伤亡和经济损失减少到最低点。

(二) "五落实"原则

1. 思想落实

思想落实即要把安全管理放在第一位，要真正从思想上重视物业的安全管理。物业管理机构要大力进行安全的宣传教育，组织学习有关的法规和规定。通过宣传和不断学习，使广大员工、业主、使用人重视安全，懂得相关规定和要求，自觉遵守，主动配合，共同搞好安全管理工作。

2. 组织落实

物业管理机构要有主要的领导挂帅，成立安全委员会，负责安全管理的工作。同时还要建立具体的物业安全管理机构，如保安部或委托的专业保安部门，由专门的机构负责安全管理的具体领导、组织和协调工作，而不能把它作为一个附属的机构放在某一个部门里。

3. 人员落实

物业管理机构的主要领导要兼任安全委员会的主任，而且要把安全管理提到日常的议事日程，并选派得力的干部出任保安部的经理，配备必要的安全保卫人员。安全保卫人员必须经过专业岗位培训，要有较高的政治素质、业务素质和思想品德素质。要把安全管理的任务落实到具体的安全管理人员中去，由专人负责。

4. 制度落实

物业管理机构要根据国家的有关政策、法规、规定和要求，结合自己所管物业的实际情况，制定出切实可行的安全管理制度和办法，如安全管理岗位责任制、安全管理操作规程等，并要坚决组织贯彻执行。

5. 装备落实

要配备专门的、现代化的安全管理设备设施，如中央监控系统、自动报警系统、消防喷淋系统，以及其他安全管理器材设备(如交通通信和防卫设备)，以增强安全管理的安全系数与效率，保证人身和财产的安全。

四、物业安全管理制度的制定与实施重点

(1) 合理设置保安部组织机构。

(2) 制定安保服务管理运作程序和应急预案。

(3) 有效地组织、实施安保服务管理工作，为客户生活和工作的方便、舒适、安全提供保障。

(4) 预防和处理安保服务管理突发事件。

技能训练

企事业单位物业管理服务社会化改革方案编制

【目的】

通过训练了解企事业单位物业管理服务模式社会化改革的总体情况，训练企事业物业管理服务模式改革方案的编制能力。

【指导】

(1) 根据老师安排由3～5人组成一个小组，确定多个企事业单位为调查对象。

(2) 对调查对象的情况进行分析，制定调查方案，做好调查相关的准备。

(3) 按调查方案进行调查，不要遗漏调查事项。重点调查物业管理服务管理体制，物业管理服务机构和人员情况，物业管理服务项目及资源条件，物业管理服务满意度等。

(4) 根据调查整理出企事业单位物业管理服务社会化改革的思路，并模拟编制改革方案或已改革后的完善方案。

本章小结

通过对本章的学习，需要掌握以下几个方面的内容。

(1) 企业物业管理以服务为宗旨，也就是说要在企业物业管理的整个系统流程中突出服务的特征，具体可归纳为：① 通过优质服务延长物业使用寿命，提高物业的价值；② 为企业创造一个整洁、舒适、安全的工作、学习与生活环境。

(2) 企业物业管理的功能：① 教化和益智的功能；② 促进身心健康的功能；③ 社交和繁荣文化的功能；④ 净化社会环境、促进社会和谐发展的功能。

(3) 企业物业管理的特点:① 社会化;② 专业化;③ 市场化;④ 经营化。

(4) 物业维修养护管理的主要内容包括物业维修养护的行政管理、物业维修养护的施工管理、物业维修养护的质量管理、物业维修养护的资金管理和物业维修养护服务等。

(5) 物业设备设施管理主要有:物业设备设施基础资料的管理,物业设备设施运行管理,物业设备维修管理,备品配件管理。

(6) 物业安全管理包括:物业安全管理的内容,物业安全管理的机构设置与职责,物业安全管理的指导思想和原则,物业安全管理制度的制定与实施的重点。

实践活动

参观单位物业设备设施运行管理

【目的】

让学生了解单位物业设备设施运行和管理的相关知识,增强学生对物业设备设施运行的认识。

【内容】

了解单位建立有哪些物业设备设施运行制度和运行操作规定、安全操作规程等运行要求和制度;了解在设备安全检查方面,对操作人员、维修人员的安全操作、安全作业和训练管理的规定;了解设备操作人员是如何使用和操作设备的。

【要求】

(1) 邀请单位物业设备设施管理专业人员给学生进行现场培训讲授,介绍如何在设备运行过程中让他们在技术性能上处于最佳状态,让学生们了解设备从购置到运行、维修与更新改造的流程。

(2) 经过培训,学生们要对物业设备设施管理有一定的了解,然后进行现场参观。

(3) 召开讨论会对参观的成果进行总结,并在老师的指导下与物业设备设施管理人员进行交流,并提出疑问,掌握物业管理方法和要点;写出参观交流心得体会。

本章练习

一、判断题

1. 办公物业管理的主体是指企业办公室专门机构和人员。 ( )

2. 企业物业管理以获取最大利润为宗旨。 ( )

3. 企业物业管理具有社会化的特点,指的是它将分散的企业分工汇集起来由

聘请的社会上的专门的物业服务企业统一管理。 (　　)

4. 企业物业管理的专业化是指专业的物业服务企业实施的对物业的统一管理。 (　　)

5. 企业物业管理是一种企业内部行为，其所追求的目标是收益的最大化。 (　　)

6. 不考虑物业维修养护的特点不会影响影响物业维修养护管理的有效和有序进行。 (　　)

7. 物业维修养护管理的责任是物业所有人。 (　　)

8. 物业维修养护的质量不仅关系承发包双方的利益，也关系到企业利益，对物业维修养护质量和安全的监督检查是企业部门和维修部门的重要职责。(　　)

9. 凡人为破坏的物业设备设施应由责任人修复或赔偿。 (　　)

10. 保安人员在服务区内可以进行安全检查。 (　　)

二、单项选择题

1. 物业维修养护管理的总原则是(　　)。

A. 统筹规划　　B. 收益最大化

C. 利润最大化　　D. 管养合一，综合治理

2. 企业物业管理是以(　　)为宗旨。

A. 效益　　B. 效率　　C. 服务　　D. 利润

3. 企业物业管理具有(　　)的特点，指的是它将分散的企业分工汇集起来，由聘请的社会上的专业物业管理机构统一管理。

A. 社会化　　B. 市场化　　C. 专业化　　D. 标准化

4. 企业物业管理的(　　)是指，由专业的物业服务企业或管理机构实施对物业的统一管理。

A. 社会化　　B. 市场化　　C. 专业化　　D. 标准化

5. 与投资管理、决策咨询等一样，企业物业管理是一种(　　)行为，其所追求的目标是收益的最大化，而非以往政府职能的延伸。

A. 社会化　　B. 市场化　　C. 专业化　　D. 标准化

三、多项选择题

1. 企业物业管理的功能包括(　　)。

A. 教化和益智的功能　　B. 促进身心健康的功能

C. 社交和繁荣文化的功能

D. 净化社会环境、促进社会和谐发展的功能

2. 企业物业管理的特点包括(　　)。

A. 社会化　　B. 专业化　　C. 市场化　　D. 经营化

3. 物业维修养护管理的特点包括(　　)。

A. 生产经营业务不稳定　　B. 管理环境变化大，可变因素多
C. 维修工程的施工条件不稳定　　D. 难以实施有节奏的、均衡的施工

4. 年度物业维修养护计划应当包括的主要内容有(　　)。
A. 物业结构类型　B. 维修面积　C. 维修分类　D. 维修费用

5. 物业维修养护施工管理应(　　)。
A. 做好施工前期准备工作　　B. 抓好施工质量
C. 做好竣工验收　　D. 做好反馈

四、简答题

1. 物业维修养护管理的主要内容有哪些？
2. 物业设备设施管理工作的内容有哪些？
3. 简述物业安全管理的原则。
4. 物业安全管理制度制定与实施的重点是什么？

五、案例分析题

烟花筒引起的企业物业管理问题

除夕零点，在南方某大型企业内，60余位员工在设定燃放区域(占地面积约4 000平方米)燃放烟花，场面热闹非凡，员工们沉浸在欢乐的海洋中。突然，一烟花筒呼啸上窜，使得一幢高层住宅(16层员工住宅)阳台出现火苗，继而迅速变成大火燃至18层顶楼。人们顿时骚乱起来，燃放区内的保安迅速报警，并及时冲向火灾楼层，启动楼层消防栓，实施扑救。同时，保安迅速将灾情报告公司领导，组织相邻员工疏散，避免火灾对其他业主造成进一步伤害。消防人员到来后，企业后勤部门、物业管理公司都派专人协助消防部门积极扑救，避免了灾情的扩大。

据悉，为了防止众多员工出现安全问题，企业物业管理部门在之前采取了必要的防范措施。一方面，企业物业管理部门明确燃放烟花时的注意事项，在各部门张贴告知事项，在燃放区域内设立醒目标志；另一方面，企业物业管理部门增加了该时段的值班和巡逻人员，以便出现紧急情况时能在最短时间里报警。此外，为保证消防设备的正常运行，企业物业管理部门还做好了高层楼房每层消防栓的试水及变频泵的上水测压。

可以说，企业物业管理部门在灾情发生前后是尽职尽责的，但案发后，仍有许多员工指责企业物业管理部门没能尽到企业的安全防范义务，令企业物业管理部门处于十分尴尬的境地。

根据以上案例回答下列问题。

1. 通过对上述案例的分析，我们可以得知，企业物业管理以(　　)为宗旨。
A. 员工的利益　B. 效率　C. 服务　D. 利润

2. 上述案例中体现了物业企业管理的(　　)。

A. 教化的功能　　B. 促进身心健康的功能

C. 社交的功能　　D. 净化社会环境的功能

3. 上述案例说明,物业安全管理应抓的工作为(　　)。

A. 做好前期准备工作　　B. 做好现场维持工作

C. 做好后期协调工作　　D. 做好公关工作

4. 上述案例中,企业员工对企业物业管理部门的反应,体现了企业物业管理(　　)的特点。

A. 社会化　　B. 专业化　　C. 市场化　　D. 经营化

5. 从上述案例我们可以看出,对于企业物业的维护效果最主要的影响因素是(　　)。

A. 生产经营业务不稳定　　B. 管理环境变化大,可变因素多

C. 维修工程的施工条件不稳定　　D. 难以实施有程序的管理

第六章 文化生活设施管理

学习目标

通过本章的学习，了解企业文化生活设施的种类和作用，掌握生活设施管理的内容和程序，以及企业文化设施管理的主要方法。

案例引导

企业规模大了，生活设施场地小了

这一次黄奕章真的是左右为难了。作为余杭某真空电器企业老总，他刚在镇上批获了30亩地用于新厂房的建设，在高兴之余，省政府的一则新文件却让他在厂区的规划上犯难了。

浙江省出台了《浙江省工业建设项目用地控制指标》(修订)，该文件对浙江省自2003年9月开始试行的工业建设项目用地控制指标进行了调整，主要涉及单位面积投资强度、容积率和行政办公及生活服务设施用地所占比例三项指标。

“主要是生活服务设施这一块的指标让我犹豫了”，黄奕章说。按照新的修订政策，企业生活服务设施的建筑面积可按企业员工总人数的1/3、人均倒班宿舍和单身员工宿舍建筑面积不得超过5平方米来确定，其建筑面积与行政办公建筑面积之和不得超过工程项目总建筑面积的10%，而在此前的文件中，这一比例被控制在7%。

“我希望我的厂区能满足今后发展的需要，10%刚好能符合这一要求。”但另一方面黄奕章也表示，这差额3%的面积如用于生产，所获得的经济收益是明显而迅速的。“你要知道，现在去批个地有多难啊，现在是越来越紧张了，这3%想想还是舍不得。”

在人均耕地仅有0.6亩，不到全国平均水平一半的浙江省，各地经济发展中普遍遭遇工业用地紧张甚至供不应求的局面，加之在各类经济园区的规划中倾向于引进大中型企业，导致不少中小企业发展面临“用地难”的困境。温州市曾对外迁的企业做过一次调查，出人意料的是，其中的66.5%都将“土地紧张”列为自己外迁的主要原因。

土地紧张也成了企业商务成本陡增的核心因素，不少浙江企业家都认为浙江土地“贵得可怕”，“在本地难以扩张，不迁不行”。萧山一家纺织企业的老总此前在接受记者采访时表示，虽然萧绍平原一带纺织产业链完备，市场发达，但他还是计划把企业迁到苏北去。“我在这里生存困难，而到那边去办厂，土地只要几万一亩，我的压力就小了。”很多企业还是不用这3%，最后，黄奕章也是没用这政策多出来的3%指标。“毕竟现在我的企业也还不大，员工总共还不超过150人，用不着10%这么多。”于是，在黄奕章的厂区工程建筑图纸上，车间大规模地密布在上面。

据他介绍，很多企业主对于企业厂区的生活设施占地比例都犹豫过，“大家也都想把生活设施建设得好一点，占地面积多一点，这样员工住得舒心了，就能避免员工的流失”。企业厂区员工宿舍的狭小，在一定程度上导致了员工的流失，从而使企业面临“用工难”问题。但到了最后，这些企业主们都选择了最基本的生活设施面积。“现在我们还是考虑生产多一些，企业要生存才能发展”，这些小企业主们这样说。

“此次修订的内容中，生活服务设施比例的提高确实是一个显著变化”，省经贸委产业投资处处长诸葛建在接受记者电话采访时说。但也有有关专家表示，由于10%只是上限指标，对于下限并没有要求，“所以很多企业在选择时，都会尽量优先考虑生产”。

【启示】

通过对上述案例的分析，大家可以了解企业生活设施建设的重要性，虽然目前大多数企业忽视了企业生活设施的建设和管理，而是更加重视生产管理，但是企业生活空间大、设施条件好将会调动企业员工的积极性，给企业带来更多的利益，不应忽视，更不应将企业生活设施的建设、管理与生产经营对立起来。

第一节　企业文化生活设施的种类与功能

一、企业文化设施的种类

文化设施按功能分，有文化工作（办公）设施、文艺活动设施、图书阅览设施、体育健身设施、广播电视设施、教育培训设施、文化产业设施等。文化设施按性质分，有固定文化设施（基础文化设施），如文化办公场所、文化活动大楼、文化广场等；有活动文化设施，如各种可移动灯光、音响设备等。在计划经济时期企业办文化比较普遍，特别是一些大中型国有企业，随着市场经济的深入发展，企业文化设施向社会开放，或利用社会上的文化设施为员工服务。企业往往只建设健身房、歌舞厅、棋牌室、球场（室）、礼堂等文化设施。文化设施具体包括以下八大类文化设施，企业文化设施部分地包含在其中。

(1) 博览文化类。博览文化类文化设施主要包括博物馆、科技馆、展览馆、美术馆、陈列馆、纪念馆、民俗馆等。

(2) 社会文化类。社会文化类文化设施主要包括图书馆、群艺馆、文化馆、文化宫、科技馆、群众文化广场、科学文化广场等。

(3) 艺术文化类。艺术文化类文化设施主要包括文化艺术中心(艺术中心、戏剧文化展示中心、民间文化艺术中心、艺术教育培训中心)、影剧院(影视中心、电影城、巨幕影院、音乐厅)、汽车电影广场等。

(4) 文化市场类。文化市场类文化设施主要包括图书城(图书、音像、电子出版批发和零售物流中心)、工艺品交易市场、花鸟市场、专业艺术学校等。

(5) 文化产业类。文化产业类文化设施主要包括游乐场、网吧、音乐茶座、歌舞厅、文化产业园区、文化市场等。

(6) 历史文化类。历史文化类文化设施主要包括历史文化保护区、历史建筑、名人故居等。

(7) 新闻出版类。新闻出版类文化设施主要包括出版社、报社等。

(8) 广播电视类。广播电视类文化设施主要包括广播电视中心等。

二、企业生活设施的种类

企业生活设施是指企业为满足员工日常生活的需要所提供的各种公共性、服务性设施。按照具体的项目特点,企业生活设施可分为行政办公楼、食堂、更衣室、棋牌室、乒乓球室、球场、浴室、厕所、托儿所、医务室、礼堂等。

设施可分为基础设施和附属设施。其中,基础设施是指为企业生产和员工生活提供服务的物质工程设施,是保证企业经济活动正常进行的服务系统。它是企业赖以生存发展的一般物质条件。基础设施不仅包括办公楼、食堂、停车场、卫生间、水电煤气等设施,即俗称的基础建设,而且包括教育、科技、医疗卫生、体育等企业性社会事业,即企业社会性基础设施。附属设施是配套设施,是使得基础设施更好地服务、发挥更大作用、实现保值和增值功能的设施。

三、文化生活基础设施的特点

(一) 先行性和基础性

文化生活基础设施所提供的服务是所有商品与服务的生产所必不可少的,若缺少这些服务,其他商品与服务(主要指直接生产经营活动)便难以生产或提供。

(二) 不可替代性

虽然一些小型企业可以利用社会上的文化生活设施来满足员工生活文化需要,但大中型企业和生产型企业都需要必需的生活文化设施,并成为企业设施的重要组织部分。企业绝大部分必需的文化生活基础设施所提供的服务几乎是不能通过社会上的文化生活设施来替代的。

（三）整体不可分性

通常情况下，文化生活基础设施只有达到一定规模时才能提供服务或有效地提供服务，像公路、办公楼、水厂这样的设施，小规模的投资是不能发挥作用的。

（四）准公共物品性

有一部分企业的文化生活基础设施提供的服务具有相对的非竞争性和非排他性，类似于公共物品。因此，需要企业给予一定的经费投入进行保障。

四、企业文化生活设施的功能

(1) 在经济上，企业文化设施的建设能提升企业的价值，吸引其他企业加强与本企业的合作，也能更多地吸引高素质人才加入本公司。而且，企业文化设施的建设将会增添该企业的文化内涵，逐步积淀成厚重的文化底蕴，为企业提供持续发展的动力，企业有了文化内涵才更生动、浪漫且充满活力。就物质形态的层面而言，企业文化生活设施或建筑同样也具有触媒的性质，它可以激发新建筑和开放空间的产生。除了本身的功能之外，企业文化作为企业员工集聚的场所，有条件在城市形态物质空间中营造一种场所感和社区感——员工对邻里的归宿感。

企业文化设施的建设既能触发企业形态的发展，也能避免企业形态走向均质化，能激发出真正健康的企业形态和企业内部生活，为企业未来的健康发展奠定基础并提供一定的保证。

(2) 文化设施为社会提供的文化产品和文化服务，有些可以直接产生经济效益；有些虽不直接产生经济效益，却可以为现代化建设提供思想保证、精神动力和智力支持，可以提高员工的思想道德素质与科学文化素质，可以使人们身心愉悦、精神振奋，调动员工积极性，从而给企业发展以巨大的推动力。

(3) 生活设施是企业员工工作的物质基础，是确保员工生活安定、身体健康的重要保证。从而稳定员工心态和情绪，减少工作误差，提高工作效率，为企业节约成本，创造更多的利润。

技能训练

企业文化生活设施建设指导意见编制

【目的】

通过调查了解企业文化生活设施建设及运行情况，学会编制文化生活设施建设方案。

【指导】

(1) 根据老师安排由3～5人成立一个小组，将企业进行分类，然后按类别确定多个企事业单位为调查对象。选择一问题突出类型调查即可，如外资企业、民营企业等，又如制造业、采矿业等。

(2) 各小组分别对各个调查对象的文化生活设施建设运行情况进行调查，掌握单个企业相关基本情况。可采用文献法、问卷法、访谈法等进行调查。

(3) 集中研讨，分析文化生活设施建设中存在的普遍问题及原因，写出调查报告。

(4) 根据国家和当地有关企业文化生活设施建设的文件要求，结合调查情况，按照规范模式，模拟写出当地企业文化生活设施建设的指导意见，如“某市工业企业文化生活设施建设指导意见”。

第二节　企业生活设施管理

企业生活设施是用于企业文化服务的、在软硬件方面满足企业员工生活需要的活动场所、建筑物、设备及其组织机构，是整个企业文化事业的组成部分，是企化生活的物质依托和组织形式，是一个企业员工生活水准、文明程度的重要标志。

一、设施管理

设施管理是以设施为研究对象，追求设备综合效率，应用一系列理论、方法，通过一系列技术、经济、组织措施，对设施的物质运动和价值运动进行全过程（从规划、设计、选型、购置、安装、验收、使用、保养、维修、改造、更新直至报废）的科学型管理。设施管理部门的管理目的和活动要反映企业的管理经营活动对设施设备条件及运行的长期需求，但大多数情况下，设施部门更多反映的是企业的短期需求，这说明了设施管理的重要性。加强设施管理有利于培育各类组织机构中的设施管理意识，促进和强化设施管理这一职业理念得到广泛认可。时至今日，越来越多的公司开始了解设施管理的重要性，并把它视为公司整体职能管理:提高绩效的一部分。

设施管理在西方国家得到了广泛重视，军事部门、政府部门，以及北美的高等院校的官员们很早以前就开始对大型的多种设施进行管理，而且通常在工程竣工、公共事务或者工厂行政部门的名义下进行。国内一些企业也开始重视企业物业设施设备管理，但它还没能引起大多数企业的足够重视。对企业物业设施管理的重视是西方国家企业降低经营成本的重要途径，也是中国企业未来经营管理工作的一个重要方向。

国际设施管理协会（International Facility Management Association，IFMA），是一个1980年成立的、国际性的和非盈利的专业性组织。它为物业管理和设施管理的专业人员提供一个国际性的交流和资源平台。它在全世界55个国家有1.7万多名会员。协会的总部在美国密歇根州。2009年，国家人力资源和社会保障部引进了

IFMA《设施管理经理》系列国际职业培训和认证。

二、各主要管理人员的工作责任

（一）企业行政副厂长（副总经理）对生活设施管理的责任

（1）组织对本企业员工生活、生活设施的管理及使用状况的调查，掌握情况和数据，不断提高管理水平，为生活规划提供依据。

（2）组织和领导对本企业生活服务工作重点问题进行研究和处理。

（3）组织和领导本企业生活服务各岗位认真贯彻执行专业经济责任制，检查考核执行情况，达到各项标准的要求。

（二）企业生活设施专业主管部门负责人的责任

（1）直接组织部门内员工管理好生活设施，达到各项专业要求标准。

（2）组织业务人员对企业生活设施的使用情况进行调查，掌握数据，为各级领导和企业有关专业部门提供情况，保证按时填报统计报表。

（3）定期对生活设施各岗位人员进行检查考核，促使他们达到各项专业要求标准。

（三）企业生活设施管理部门工作人员的责任

（1）负责对企业内生活设施的直接管理。建账建卡，保持账物相符。

（2）按时填报统计报表，数字准确无遗漏。

（3）定期检查考核各岗位的工作，保证达到各项专业标准。

（4）加强对生活设施的维护管理，延长建筑和设备的使用寿命，充分发挥现有生活设施的作用。

三、企业生活设施管理的主要程序

（1）生活设施专业管理部、行政科（生活管理科等）的工作人员，应根据企业的生活规划方针和掌握的实际情况，拟订或修订生活设施的各项管理标准和有关制度，经专业主管部门负责人审阅后交企业领导及有关部门讨论通过后执行。

（2）生活设施专业主管部门应定期对生活设施管理工作标准的执行情况进行全面调查，根据调查结果对各项标准进行修订。

（3）生活设施的管理要逐级建立台账，专业主管部门负责总账和分户账的管理，根据生活设施变动情况随时记账，保持账物相符。部门内工作人员，负责各项生活设施管理的报表填送工作。

（4）现场生活设施用品用具，属于社控项目物资的添置，由专业主管部门的工作人员根据实际情况填写计划，经本部门领导审核，财务部门签字，报企业主管领导核准后统一筹办。

（5）一般生活设施的小修由专业主管部门负责人组织力量解决。对生活设施建

筑的大修，应根据设施的建筑年限和完整情况提出计划，由企业领导批准后，交企业基建部门执行。

（6）生活设施的调用，必须按固定资产管理办法办理，任何部门或个人都无权自行处理。

（7）现场饮水锅炉和住宅区浴室用锅炉，均为要害部门，锅炉的使用与维护必须按企业有关规定和章程执行，其岗位人员只有符合下列条件才可上岗操作，并由部门负责人监督执行。

① 必须经过安全教育和锅炉操作的专业学习，考试合格并持有证件。

② 必须经过正式体检，证明无癫痫病、精神分裂症及其他传染病。

四、安全用电管理

（一）配备合格的电气工作人员

电气工作人员应具备必要的电气知识，熟悉电业安全工作规程，经业务部门考核并取得电工执照。新参加工作的人员，需经过一年以上的培训，具备初步的知识后方可参加电业部门主办的培训班，经考试合格取得练习证后满一年才能参加电工资格考核。取得电工执照的人员可独立进行电气工作，无执照人员不准独立从事电气工作。

为了提高电工队伍的素质，主管部门应把安全技术培训工作作为一个重要的管理内容，制定培训制度、培训计划，有组织、有计划地开展培训，通过培训使电工达到“三熟”、“三能”。三熟，即熟悉设备和系统的基本原理，熟悉操作和事故处理，熟悉本岗位的操作规程和制度。三能，即能正确分析设备运行情况，能及时发现并排除故障，能掌握一般维修技能。

（二）设置保安设施

为了保证安全供电，变电所和高层建筑要有防雷设施；自备发电机组发电的应安装连锁控制装置，防止向公用电网反送电；变电所应设高压操作模拟板；变电所、配电室应配备齐全合格的保安工具（验电笔、绝缘靴、绝缘手套、拉杆等）和足够数量的灭火工具；变电所应有防鼠设施等，使安全供电在物资设备上得到保障。

（三）执行安全用电的管理制度

电气工作人员、管理人员应熟知有关电业规程、工作制度和技术措施，并认真执行《电业安全工作规程》、《电力变压器运行规程》，制定和执行各工种岗位责任制，交接班制，工作票制度，工作许可制度，工作监护制度，工作间断、转移和终结制度，停电、验电措施等。

（四）供电设备的检查与维护

供电设备检查的内容包括：设备外观有无改变；绝缘部件有无损坏，绝缘是否良

好；充油设备有无渗油、缺油；仪表是否准确、灵敏；电压是否正常；设备支行参数（温升、音响、转数等）是否符合技术要求；机械设备是否安装、连接牢固，是否运转灵活；接地和继电保护装置是否正常等。

值班人员要对运行、运转中的电气设备反复检查，发现异常及时调整，发生故障及时排除，并要经常做好除灰、注油等维护工作，保证设备正常使用。

（五）电气设备的定期检修与试验

为了确保安全，除了要对设备进行日常的维护外，还要按照有关规程、规定进行定期检修。如变电所、配电室等应每季度安排一次清扫、检修。北方地区在取暖期前应安排全面检修，整个取暖期中应增加检修次数。南方地区在梅雨季节也应加强日常维护，增加检修次数，避免因潮湿导致绝缘强度降低而发生事故。室外供电线路弛度大了要紧线，并且避免与房屋、树枝搭接。

对动力、照明配电箱（盘），要经常进行检修，并加强管理。

对电动机、移动式电气设备等动力机械设备，要定期检修，检测绝缘强度和接地保护装置。

按照规程要求，还要对电气设备和保安工具进行定期试验。电气设备试验主要指变电所高压设备的试验和接地保护的试验，应每年进行一次。保安工具的试验应每半年进行一次。试验应由供电局或经供电局认可的试验单位进行，试验结果应符合有关规程的要求。

（六）加强对单位人员的用电教育和指导

加强对本单位人员的安全用电教育和用电指导，取缔违章用电，坚持安全检查制度，发现问题及时解决。

五、节约用水管理

（一）做好节水宣传工作

使管理人员、维修工人和用户都重视节约用水工作，人人参加节约用水的活动。

（二）计量供水

对集体用水部门，如食堂、基建工地、生产车间等都要设表计量收费。还要确定最高用水量指标，对超指标用水的实行加倍收费办法。

（三）及时检修给水管路

要着重检修阀门、水门等，大便器水箱自动水门和泄水管特别容易漏水，要经常巡视、检查、维修。

（四）调整给水方式

对没有必要连续给水的地方或单位可采取间歇定时给水，尤其夜间可停止供水，减少不必要的流失，也可以省掉非必须要用的水。

(五) 尽量采取节水型设备

用水设备规格小的,够用就不用大的。建筑工地和喷洒浇花用水可采用手握式节水阀门;淋浴采用脚踏水阀;大便器可采用压把式冲洗阀,家庭用大便器高水箱可采用变水位式节水冲洗阀。

(六) 建立节水激励机制

必须改变"大锅饭大家吃,大水管任其流"的状况,建立用水责任制。首先要根据设备需要和以往实际消耗,确定各种房屋、场所、设备的用水指标,由使用部门和个人包干使用,推行奖罚制度。

六、排水系统管理

(一) 保证使用需要

排水设备的正常使用要求就是卫生器具能够接纳各种污水,通过管网顺利排出。其主要要求就是不堵塞,水流通畅。这除了安装要达到设计要求和质量标准外,重要的在于使用,要向使用者进行宣传教育。同时,要在公共的厨房、厕所等处放置杂物筒、杂物筐,在污水盆上安放篦子以防杂物进入下水道等。一旦发生管路堵塞要及时疏通,以免越堵越严重,影响使用,甚至损坏管路。

室外雨水尽量不要引入已有的下水道,而应组织地面排水。如个别区域无法组织地面排水,室外排水管道容量又允许的,可以引入已有的下水道,但中间必须设集水坑和篦子,并经常清淘。

(二) 防止排水设备损坏

要防止卫生器具、排水管冻坏、压坏、碰坏。室外排水管道要埋在比当地冰冻线0.3米以下的地方;无车辆通行处管顶覆土至少0.3米,有车辆通行处管顶覆土至少0.7米;裸露在不采暖房间的排水管要进行保温;室外地下埋管要防止地面下沉压坏;管道和卫生器具安装要牢固;在修理卫生器具和下水管时要小心,防止震坏。

(三) 减少对环境的污染

生活污水含有大量细菌和有毒物质,要加强管理,防止污染环境。

一方面,排水管漏水和堵塞时要及时修理,防止污水外漏和外溢。对室外化粪池、检查井、沉井等要定期清淘,并且尽量安排在冬季,随掏随运,减少对周围环境的污染。

另一方面,排出的污水要符合排放条件,超标的污水要经过处理才能排入城市下水道。

七、供暖设备的使用管理

(一) 暖气系统的维护和调节

1. 维护

维护,就是采取措施保证采暖设备状况完好,符合设计规定的联结方式、截面尺

寸、安装坡度、密封完好，无堵无塞、不滴不漏，能为介质的输送提供适合的条件。对蒸汽采暖的维护量更大些，这是因为热应力大，管件容易损坏。蒸汽采暖为了收集冷凝水，又阻塞蒸汽不至进入回水管，安装了疏水器(俗称"回水盒")，由于热胀冷缩，它里边的"胆"容易损坏，应该及时维修。不能将它拆除，这样会使大量蒸汽进入回水管，既浪费热量，又影响其他环路的回水进入，以致影响蒸汽的输送，影响供热。

2. 调节

调节，就是在设备允许的范围内，通过对介质量的调节和质的调节，使之达到理想的工作情况，从而均衡、连续、恰当地分配和输送热量。

(1) 对于蒸汽采暖，要调节每栋房暖气入口处的压力，使之符合设计要求，运行中要通过锅炉燃烧工作情况的调节，使输出压力保持稳定，即"顶"住压力。如果经过调节某一栋房仍达不到设计压力，就要考虑改装相关管道。如果普遍达不到设计要求，原因可能是锅炉容量小、负荷大，可采取倒管轮换送气，如不可行，就应该改造或更换锅炉。

(2) 对于热水采暖，一要调节每栋房暖气入口处的供、回水温度，使之达到设计要求。如果经调节还达不到设计要求，就要提高锅炉的出水温度。二要调节每栋房入口处的供回水压力差，使之达到设计要求。如果达不到设计要求，就要增大该栋楼前的供回水管；如果仍然达不到设计要求，就要更换较大水泵。三要排除系统中的空气，使系统一直处于满水、连续循环状态。

(二) 采暖系统运行制度的制定

运行制度是指对锅炉和采暖系统运行有关参数的规定，包括运行时间、介质压力或温度、运行方式(连续还是间歇)。对于蒸汽采暖，运行制度主要包括供气的起止时间和有效供热时间。由于锅炉出口蒸汽压力和建筑物暖气入口压力已定，主要是随室外温度变化调整有效供热时间，选择最佳供汽起止时刻。当锅炉容量小，供热负荷大时，可采取轮换供汽法，这就更要恰当安排供汽的起止时刻。热水采暖情况比较复杂，主要是合理确定供热时间和供热温度，前者是指介质的量，后者是指介质的质，变动一个方面就可变动输出热量。供热方式既可以是高温间歇运行，也可以是低温连续运行。这要根据锅炉性能、燃料质量、负荷大小等方面因素确定。对运行制度的规定，可以采取供热次数、每次的起止时刻、出回水最高温度等来表示，这样，可以大体保证输出的热量。比较科学的方法是，安装热计量仪，用以记录输出的全部热量，按供热面积和室外温度，通过计算确定供热量，同时规定供热次数和供热时间。

八、供暖锅炉安全运行管理

供暖锅炉是受热受压的容器，虽然其工作压力一般低于工业锅炉，但若管理不善也会发生安全事故。而且，供暖锅炉的技术管理现状远不如工业锅炉，所以更应对其安全运行管理加以足够的重视。

(一) 锅炉的选择、安装与登记

从安全运行的角度选择锅炉，必须选择是经过批准的设计单位设计、生产单位生产的，必须有出厂检验合格证、说明书及其他技术文件；各种安全附件也必须经检验合格；锅炉炉型要与使用单位的管理、操作、维修能力相当。

锅炉房选址、锅炉房设计须经当地锅炉压力容器监察部门及防火部门审查同意。安装锅炉必须由有承装权的施工单位承担。在安装过程中要加强质量管理，安装完要按国家相关验收规范严格进行验收。

锅炉安装完并验收之后，要向当地锅炉压力容器监察机关登记，经审查、检验后领到牌照和使用许可证方能投入运行。锅炉进行重大修理和改造后，也应进行检验和登记。

（二）锅炉启用前的准备工作

1. 全面检查

在锅炉投入使用前要对它进行一次全面检查，检查的内容包括：锅炉受压件，配管连接，燃烧设备，炉墙，安全附件，给水与排污系统，传动机构，仪表与自动控制系统，鼓、引风机与循环水泵等。

2. 水压试验

对新安装、改装、移装的锅炉，以及停止运行一年以上的锅炉和正常运行六年的锅炉，都要进行一次超水试验。

3. 烘炉

新装、移装或大修后的锅炉炉墙含有大量水分，一旦与高温烟气接触，水分便急剧蒸发，产生一定压力，可能引起炉墙裂缝和变形，所以投入运行前要进行烘炉，使炉墙缓慢干燥。

4. 煮炉

锅炉在制造和安装过程中，内部会产生氧化皮，积存杂物，应通过煮炉加以清除。

5. 安全阀定压

应按锅炉的工作压力定压，定压同时注意检查安全阀压力使用范围是否与锅炉工作压力相当。定压后将安全阀铅封，并将定压情况记入锅炉技术档案。

（三）锅炉安全运行规章制度

要保证锅炉安全运行，必须建立各项规章制度，并认真执行。规章制度应该包括：各工种岗位责任制、交接班制度、巡回检查制度、维护保养制度、水质化验制度、安全操作技术规程、事故处理规程和运行记录制度等。各项制度的具体条文应根据锅炉的炉型、容量及负荷、使用特点等具体规定，条文应该言简意赅、切实可行。

（四）对司炉人员的基本要求

司炉人员的素质与锅炉能否安全运行关系极大，对他们的基本要求有以下几点。

(1) 热爱本员工作，责任心强，忠于职守，认真进行调节、巡视、维护与保养。

(2) 有初中以上文化，肯于钻研，熟练掌握操作技术，经过专门培训，有操作证。

(3) 身体健康，无突发性疾病。

(五) 锅炉事故及事故处理

锅炉事故分为三类:① 爆炸事故,即受压部分发生破裂,压力瞬间降至外界大气压力值;② 重大事故,受压部件严重破坏,安全附件或传动部分、炉膛严重损坏,被迫停止运行;③ 一般事故,锅炉设备损坏不严重,无须停止运行进行修理。

锅炉破裂和爆炸,除了设计、制造上的原因,主要是因为管理和操作不当,要针对实际情况分析原因,并采取相应措施。

1. 超压

运行压力超过锅炉最高许可压力会造成锅炉破裂。主要可能是安全阀失灵,未开启泄压或压力表失灵而未能正确指示压力造成的。热水锅炉在高温运行中可能因循环水泵突然停转,引起锅炉汽化,来不及排出也可能造成超压,这在不定期停电中极易发生。要注意安全附件的检查与检修,运行中要注意观察。发现超压可采取停止燃烧、卸压等措施。

2. 缺陷

由于受烟、汽、水的侵蚀、冲刷,受压部件壁减薄,即在允许工作压力范围内运行,锅炉也会因强度不够而发生破裂。停炉检修时要仔细认真,发现缺陷应采取补救措施,严重的要报废。

3. 过热

锅炉会因过热烧坏而破裂,这主要是水垢太厚或严重缺水造成的。防止产生水垢,配备水处理装置,坚持水质化验制度,保证锅炉水质。停炉检修时要注意检查结垢情况,并采取除垢措施。运行中要注意随时补水,防止锅炉严重缺水。

4. 水击

水击主要由操作不当导致,使炉水发生水冲击或汽水共腾把锅炉受压元件冲破。因此,要严格按操作规程操作,要对司炉人员有针对性地进行防止发生事故和事故处理知识的教育。

发生事故后要做到以下几点:① 要判断准确,不要慌乱,要采取恰当处理方法,排除事故或防止事故扩大;② 司炉人员从事故发生起,直到事故妥善处理止,不能离开现场,管理人员和主管领导也要及时赶到现场;③ 应将事故的经过及处理方法、后果做详细记录;④ 应总结分析事故原因,吸取教训,制定措施,防止类似事故再次发生;⑤ 应书面报告主管部门,重大的事故要报告锅炉监察部门。

第三节　企业文化设施管理

一、企业文化设施管理的作用

企业文化设施管理工作包括两方面的内容,即文娱设施管理和体育设施管理,这两方面是整个企业员工活动的有机组成部分。企业文化活动也是整个社会全民健身活动的主要内容之一，从这个角度来讲，企业也应该认真抓好本企业员工的各种文化活动，健全企业的文化设施，更好地为企业的生产和生活服务。

二、企业文化设施管理的特性

文化设施的管理除了与一般意义的质量管理、进度管理、投资管理、资源管理、采购管理等九个体系的基本管理内容和管理方法不同外，还有区别于其他建设项目的特殊性管理。

（一）文化设施管理性质的特殊性

忽视文化设施管理性质的特殊性，照搬一般项目管理体系，就会造成管理失效甚至管理失败。

(1) 建设管理人员必须是既熟悉各种特定文化内容、特定文化功能，又掌握行业管理体制和项目管理科学的复合人才。所以，需要长期地进行人力培养和资源储备。

(2) 投资目的和投资价值首先是实现企业效益，又要考虑管理经营的经济效益，还要体现区域文化和地域文化的特色。这就要求文化设施建设项目可行性研究和项目储备必须有足够的、专门的、稳定的经济、管理、历史、文学等专业研究人才和机构。

（二）企业文化设施投资控制的特殊性

企业文化设施项目的真正主体是投资单位，但是，一旦项目筹建班子产生，多数情况下使用单位便成了项目法人。如果没有三级闭环管理机制，项目法人、政府管理部门和项目管理单位之间职权不清、责任不明，项目投资便无从控制。科学的投资控制和国际项目管理惯例，必须保障施工企业合理的经济效益，这就要求做到两点。① 投资控制管理必须是全过程的，从项目策划期就开始的，其中，投资估算、投资概算是比较重要的两个环节。② 要有一套科学方法控制和调节投资的分配和支出。当然，有效的投资控制还取决于准确、全面的投资估算和投资概算，完整、充分的社会效益评价和财务评价。

（三）企业文化设施质量管理的特殊性

文化设施建设的管理质量不再仅仅是建筑本体获得“鲁班奖”、“长城杯”，而是能否满足文化设施的社会效益和经济效益的要求，是否满足设施建设关系人的愿望。现代项目管理中对工程质量的评价很大程度上取决于各种关系人的满意程度。但是，我们常常忽视文化设施建成后其经营管理人员或者其他相关人员对设施建设质量的各种不同需要。文化设施项目关系人来自各个相关方面，每一方面依其“在项目中的位置”提出关于功能和质量的要求。关系人主要有项目受益人、项目投资人、项目法人、设计人、监理、施工承包单位、材料设备供货人、质量检测机构、建筑研究机构；项目地区社会关系人（受扰居民及单位、被拆迁人、土地使用者等）；政府、行业主管机构及相关机构（发展改革委员会、规划局、住建局、招标办、劳动局、环保局、税务局、防疫站、人防办、文物局、市政管理所、电信局、消防局、绿化办、供电局、自来水公司、煤气公司、无线电管理委员会、保险公司等）。兼顾各方关系人特别是项目建成后其经营管理者、使用者的质量、功能要求，是项目建设管理者的重要责任，是文化设施充分发挥其社会效益和经济效益的重要前提和途径。

三、文化设施建设管理的工作程序与工作标准

（一）文化设施管理工作程序

文化设施管理工作的程序见图 6-1。

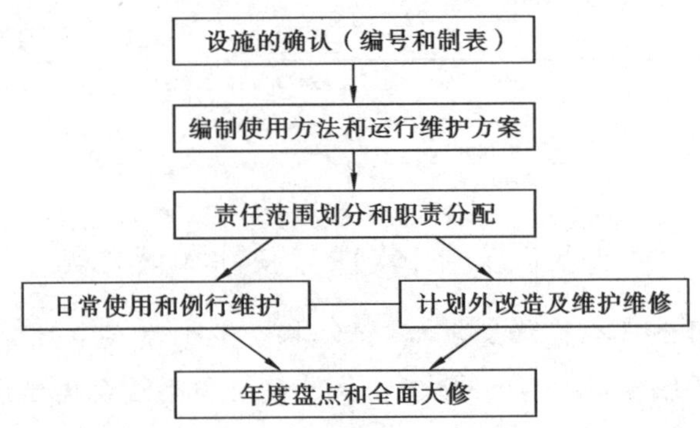

图 6-1　文化设施管理工作程序图

（二）文化设施管理的工作标准

表 6-1 是文化设施管理的工作标准简略表。

表 6-1　文化设施管理的工作标准简略表

<table>
<tr><td rowspan="3">制订文化设施管理计划</td><td>程序</td><td>（1）制定“文化设施一览表”，需要强调的是内容要重点突出，至少应包括名称、位置、责任人、确认时间、维护记录、大修记录。
（2）文化设施管理员应熟悉设施的现状，并对自己的责任范围内文化设施的使用者有解释使用说明的义务。
① 文化设施资料确认及编号。
② 设备入账并移交后即时确认。
③ 根据设备数量，设定合理长度的编号、编码长度。
④ 可以按照入账年度、所属单位、设备类别顺序编码。
⑤ 在显要位置布置警示提示和基本操作说明</td><td rowspan="3">设备管理主管</td></tr>
<tr><td>重点</td><td>制作“文化设施一览表”应重点突出，并包括相应项目</td></tr>
<tr><td>标准</td><td>（1）工作细心，有耐心。
（2）发现问题，及时通告相关人员采取必要措施</td></tr>
</table>

续表

文化设施维护管理程序	(1) 管理处主管根据“文化设施一览表”和管理人员人数、特长及工作安排，划分各管理员责任范围，并在一览表相应栏目注明。 (2) 日常巡视检查，发现问题及时通知技术人员维修。 (3) 设施管理员对自己的责任范围的文化设施在正常工作日内每天巡视检查，并填好“设施巡视记录”。 (4) 制订文化设施维修计划。 (5) 季度计划的制订：在管理处须在年度计划的基础上根据实际管理情况，于每季度末做好下一季度的维修计划，编制季度维修计划，并将计划送至上一级管理部门	管理处及设施管理人员

 案例分析

企业发展文化：软件与硬件和谐之美

大港油田集团公司在构筑发展框架时，将企业的发展观确定为“整体协调发展”，不但重视生产经营，还十分注重安全文化建设和生活设施建设，努力营造油区良好的发展环境。在安全管理上，确立了“健康至上、安全第一、环保领先”的理念，把安全生产作为企业追求的一个目标，大力推行 HSE 管理体系（HSE 是健康 Health、安全 Safety 和环境 Environment 管理体系的简称），在资金困难的情况下为施工作业单位配备了各种安全生产设施，同时加强作业现场监督，消除事故隐患，严格控制污染，使安全生产环境得到极大的改善。在生活设施和环境建设方面，他们按照油区环境共建的原则，协调大港油田分公司、大港石化分公司抓好公共设施建设工作，增加绿地面积，修建道路，改造生活小区，提升服务功能。同时，做好员工子女就业工作，丰富油区文化生活，救助生活困难家庭，让企业发展成果惠及油区广大员工家属。

【总结】

发展是企业的第一要务，同时也是企业文化的一项重要内容。向着一个什么样的方向发展，以及如何发展，是企业发展观的重要内容。生产、生活、文化建设整体考虑，软件、硬件建设一并开展，既关注生产安全和环境建设，又重视文化生活设施建设；既重视企业发展，又重视让员工享受发展成果；体现了“整体协调发展”的发展观。

 本章小结

通过本章的学习，需要掌握以下几个方面的内容。

（1）企业生活设施是指企业为满足员工日常生活的需要所提供的各种公共性、服务性设施，可分为基础设施和附属设施。其中，基础设施是指为企业生产和员工生活提供服务的物质工程设施，是用于保证企业经济活动正常进行的服务系统。

（2）文化生活基础设施的特点：① 先行性和基础性；② 不可替代性；③ 整体不可分性；④ 准公共物品性。

（3）企业文化生活设施的功能：① 在经济上，企业文化设施的建设能提升企业的价值，吸引其他企业加强与本企业的合作，也能更多地吸引高素质人才加入本公司；② 文化设施为社会提供的文化产品和文化服务，有些可以直接产生经济效益；③ 生活设施是企业员工工作的物质基础，是确保员工生活安定、身体健康的重要保证。

（4）文化生活设施是用于企业文化服务的、在软硬件方面满足企业员工生活需要的活动场所、建筑物、设备及其组织机构，是整个企业文化事业的组成部分，是企化生活的物质依托和组织形式，是一个企业员工生活水准、文明程度的重要标志。

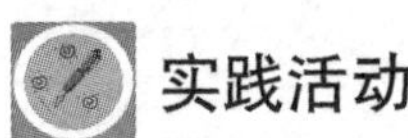

实践活动

考察单位的节约用水制度及其措施

【目的】

让学生了解单位节约用水的相关知识与实施措施，提高学生的节水意识。

【内容】

参观如食堂、基建工地、生产车间等集体用水部门，了解他们是如何节约用水的，有哪些节水措施，采用哪些节水设备，是否建立用水责任制等；访谈管理人员、维修工人和用户，让他们谈谈自己是如何节约用水的；访谈后勤管理人员，让他们谈谈是如何调整给水方式达到节约用水的。

【要求】

根据安全生产的要求做好准备工作，注意观察管理工作的细节，听从现场管理人员的安排，做好记录与总结工作。

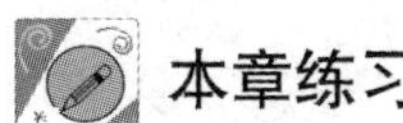

本章练习

一、判断题

1．企业的文化生活设施不能完全由社会上的文化生活设施替代。（　　）

2．文化设施按性质分，有文化工作（办公）设施、文艺活动设施、图书阅览设施、体育健身设施、广播电视设施、教育培训设施、文化产业设施等。（　　）

3. 企业文化设施的建设能提升企业的价值，吸引其他企业加强与本企业的合作，但不能吸引高素质人才加入本公司。（ ）

4. 大多数情况下，设施部门更多反映的是企业的短期需求，而不是长期的。（ ）

5. 生活设施专业主管部门应不定期对生活设施管理工作标准的执行情况进行全面调查，并根据调查结果对各项标准进行修订。（ ）

6. 一般生活设施的大修由专业主管部门负责人组织力量解决。（ ）

7. 有效的投资控制必须是全过程的，要有一套科学方法控制和调节投资的分配和支出。（ ）

8. 文化设施管理人员必须是既熟悉各种特定文化内容、特定文化功能，又掌握行业管理体制和项目管理科学的复合人才。（ ）

9. 文化设施建设的项目可行性研究及项目管理，与一般的项目管理相比，既有共性，又有特殊性。（ ）

10. 文化设施建设的管理质量仅仅是能否满足文化设施的经济效益的要求。（ ）

二、单项选择题

1. 文化设施按（ ）分，有固定文化设施（基础文化设施）和活动文化设施。

A. 形态　B. 特点　C. 功能　D. 性质

2. 下列（ ）不是企业行政副厂长（副总经理）对生活设施管理的责任。

A. 组织对本企业员工生活、生活设施的管理及使用状况的调查

B. 直接组织部门内员工管理好生活设施，达到各项专业要求标准

C. 组织和领导对本企业生活服务工作重点问题进行研究和处理

D. 组织和领导本企业生活服务各岗位认真贯彻执行专业经济责任制

3. 下列（ ）不是企业生活设施专业主管部门负责人的责任。

A. 直接组织部门内员工管理好生活设施，达到各项专业要求标准

B. 组织业务人员对企业生活设施的使用情况进行调查

C. 组织和领导对本企业生活服务工作重点问题进行研究和处理

D. 定期对生活设施各岗位人员进行检查考核，促使其达到各项专业要求标准

4. 新参加工作的人员，需经过（ ）的培训具备初步的知识后才可参加电业部门主办的培训班学习。

A. 半年　B. 一年以上　C. 两年以上　D. 三年以上

5. 科学的投资控制和国际项目管理惯例，必须保障施工企业合理的（ ）。

A. 社会效益　B. 文化效益　C. 政治效益　D. 经济效益

三、多项选择题

1. 下列（ ）是企业文化生活设施的作用。

A. 提升企业的价值　　B. 提升企业的文化内涵

C. 提供物质基础　　D. 为社会提供文化产品和文化服务

2. 在安全用电管理中，电工要能达到“三熟”，即(　　)。

A. 熟悉电路的去向　　B. 熟悉设备和系统的基本原理

C. 熟悉操作和事故处理　　D. 熟悉本岗位的操作规程和制度

3. 在安全用电管理中，电工要做到“三能”，即(　　)。

A. 能正确分析设备运行情况　　B. 能及时发现并排除故障

C. 能掌握一般维修技能　　D. 能处理危险

4. 企业文化设施投资目的和投资价值首先是既要实现企业效益，又要考虑管理经营的经济效益，还要体现(　　)的特色。

A. 历史文化　　B. 国际文化　　C. 区域文化　　D. 地域文化

5. 科学的投资控制要求两点，即(　　)。

A. 投资控制管理必须是全过程的　　B. 考虑到社会影响

C. 要控制成本

D. 要有一套科学方法控制和调节投资的分配和支出

四、简答题

1. 企业文化设施的种类有哪些?

2. 企业生活设施管理部门工作人员的责任有哪些?

3. 简述企业文化生活设施的功能。

4. 简述生活文化基础设施的特点。

五、案例分析题

一场火灾告诉我们什么?

××年，某港商独资工艺玩具厂发生特大火灾事故，死亡84人，伤45人，直接经济损失达260余万元(时价)。

该厂厂房是一栋三层钢筋混凝土建筑。一楼为裁床车间，内用木板和铁栅栏分隔出一个库房。库房内总电闸的保险丝用两根铜丝代替，穿过库房顶部并搭在铁栅栏上的电线没有用套管绝缘，下面堆放了2米高的布料和海绵等易燃物。二楼是手缝和包装车间及办公室，一间厕所改作厨房，内放有两瓶液化气。三楼是车衣车间。

该厂实施封闭式管理。厂房内唯一的上下楼梯平台上还堆放着杂物;楼下4个门，其中，2个门被封死，1个门用铁栅栏与厂房隔开，只有1个门供员工上下班进出，还要通过一条0.8米宽的通道打卡;全部窗户外都安装了铁栏杆加铁丝网。

起火原因是库房内电线短路时产生的高温熔珠引燃堆在下面的易燃物。起火初期火势不大，有工人试图拧开消防栓，并用灭火器灭火，但因不会操作，未果。在一楼东南角敞开式货物提升机的烟囱效应(指户内空气沿着有垂直坡度的空间向上升或下降,造成空气对流加强的现象)作用下,火势迅速蔓延至二楼、三楼。一楼工人全部逃出。正在二楼办公的厂长不组织工人疏散,自顾逃命。二楼、三楼约300名工人,在无人指挥情况下慌乱逃生。由于逃生要先下楼梯,拐弯,再经打卡通道,路窄人多,浓烟烈火,很多人中毒窒息,伤亡重大。

经调查确认以下事实。

(1) 该厂雇用无证电工,长期超负荷用电,电线、电器安装不符合有关安全规定要求。

(2) 厂方平时未对工人进行安全防火教育培训;发生火灾时,厂长未指挥工人撤离,自顾逃生。

(3) 该厂有多处违反消防安全规定。未按消防部门所发“火险整改通知书”认真整改,留下重大火灾隐患,以向整治小组个别成员行贿等手段取得整改合格证。该厂所在地镇政府对此完全了解,不但不督促整改,还由镇长授意给整治小组送钱说情。

根据上述材料回答以下问题。

1. 火灾造成重大人员伤亡的主要原因是(　　)。

A. 员工灭火、逃生知识不足　　B. 多处消防通道被堵

C. 厂长未组织员工疏散逃生

D. 厂方平时未对工人进行安全防火教育培训

2. 分析火灾造成重大人员伤亡的间接原因(　　)。

A. 员工灭火、逃生知识不足　　B. 消防设施差

C. 厂长领导不力

D. 厂方平时未对工人进行安全防火教育培训

3. 根据上述案例,企业应追究企业生活设施专业主管部门负责人的责任是(　　)。

A. 直接组织部门内员工管理好生活设施,达到各项专业要求标准

B. 组织业务人员对企业生活设施的使用情况进行调查

C. 组织和领导对本企业生活服务工作重点问题进行研究和处理

D. 定期对生活设施各岗位人员进行检查考核,促使其达到各项专业要求标准

4. 如果你是上述企业新上任的企业行政副厂长,你觉得你的首要任务是(　　)。

A. 组织人力对本企业员工生活、生活设施的管理及使用状况进行调查

B. 直接组织部门内员工管理好生活设施,达到各项专业要求标准

C. 组织和领导对本企业生活服务工作重点问题进行研究和处理

D. 组织和领导本企业生活服务各岗位认真贯彻执行专业经济责任制

第七章　环境绿化与清洁卫生管理

学习目标

通过学习掌握环境绿化与清洁卫生管理的基本知识，如环境绿化与清洁卫生管理的功能与作用。了解物业环境管理、工作与生产环境管理和企业精神环境管理的内容与要点。了解企业绿化管理和清洁卫生管理的一些基本知识。认识环境绿化与清洁卫生业务外包管理的好处。掌握企业环境绿化与清洁卫生外包管理工作主要内容和程序方法。

案例引导

企业生产卫生状况不好，害谁？

有记者走访了海宁市近10家榨菜食品生产企业，发现这些企业存在着严重卫生问题：车间地面上污水横流；生产车间、腌制车间内原料及半成品随意堆放，有的直接散落于泥水之中；配料被直接放于腌制车间，与满是泥水的地面没有任何隔离措施；在生产车间入口处配备的消毒池早已干涸；身着工作服的人员非常自然地在生产车间、腌制车间、厕所之间走动；更有甚者双脚踏在半成品之上吸烟。让人吃惊的是，记者在一家叫明阳食品有限公司的生产车间里竟然发现有人养狗，国家明文规定食品企业禁止喂养狗。生产卫生如此糟糕，食品安全如何保证？

然而，让人感到意外的是，这些企业都已经通过了国家食品安全认证，也就是我们通常所说的QS认证，但是从现实来看，这些企业并没有按照QS标准进行生产。

《食品企业通用卫生规范》中对食品生产厂家的卫生做出了明确的规定。作为原材料的新鲜水果、蔬菜应储存于遮阳、通风良好的场地，地面要平整，有一定坡度，便于清洗、排水，及时剔除腐烂、霉变原料，按照规定办法处理，防止污染食品和其他原料进入生产环节；原材料应离地、离墙，并与屋顶保持一定距离，垛与垛之间也应有适当间隔。但是，明阳食品有限公司存在着地面积水、原材料和半成品随处堆放的情况，有些原材料或半成品已经出现了不同程度的霉烂，污染了其他原料。更让记者无法理解的是这家企业竟然喂养了两只家犬，并且它们可以在生产车间自由出入。

此外，记者在走访的企业中发现，它们在生产过程中普遍没有运用消毒池，有的消毒池早已干涸，池底积满灰尘，有的甚至结满蛛网。更衣室内杂乱无章，厕所污秽不堪，建立的管理制度成为一纸空文。《食品企业通用卫生规范》对于卫生设施的管理也有明确规定，而这些企业竟视国家法律为空文，置消费者健康于不顾，海宁榨菜食品厂家如此生产，产品的质量和消费者的健康怎能得到保障？记者就此事向海宁市质量监督局进行了举报，海宁市质量监督局也对上述问题厂家进行了现场检查并发出整改通知书。

（案例来源：http://www.cfqn.com.cn/Article/2008n/1661q/1661e/10061512041518.htm。）

【启示】

此类事件在日常生活中频频发生，反映企业卫生管理上存在的严重问题，对企业品牌、形象都是巨大的伤害，必须引起生产者、消费者和政府部门的重视。一个企业只有在生产产品的过程中，注重每一步的卫生细节，才能保证产品质量安全。

第一节　环境绿化与清洁卫生管理的功能

一、环境绿化管理的功能

企业环境绿化的基本目的一方面是要达到使用功能，合理提高室内环境的物质水准；另一方面是抚慰人心、陶冶情趣，使人从精神上得到满足，提高室内空间的生理和心理环境质量。

（一）美化室内环境

绿化对室内环境的美化作用主要有两个方面：① 植物本身的美，包括它的色彩、形态和芳香；② 通过使植物与室内环境恰当地组合，有机地配置，在色彩、形态、质感等方面产生鲜明的对比，从而创造美的环境。

（二）净化空气，调节室内小气候

绿化具有相当重要的生态功能，良好的室内绿化能净化室内空气，调节室内温度与湿度，有利于人体健康；植物进行光合作用时蒸发水分，吸收二氧化碳，排放出氧气，部分植物还可吸收有害气体，分泌挥发性物质，杀死空气中的细菌。因此，它们具有一定的调节室内温度和湿度的功能。另外，外墙上植物茂密的枝叶可遮挡阳光，起到遮阳和调节室内温度的作用。

（三）陶冶情趣，修养身心

人的大部分时间是在室内度过的，室内环境封闭而单调，会使人们与大自然疏

远，而人性本能地对大自然有着强烈的向往，随着现代社会生活节奏的加快和工作竞争的加剧，人的精神压力也不断加大，加上城市生活的喧闹，人们更加渴望生活的宁静与和谐，所以人们都希望拥有一块属于自己的、温馨舒适的小天地。这个愿望可以通过室内绿化来实现，因为植物是大自然的产物，最能代表大自然。进行室内的绿化设计，把大自然的花草引入室内，可使人仿佛置身于大自然之中，从而放松身心，维持心理健康。此外，人们在不断进行室内绿化养护和管理的过程也能陶冶情趣、修养身心。

二、环境卫生管理的功能

(一) 发展经济必须保护环境卫生，这是企业发展经济的本质要求

城市经济发展尤其是工业化产生环境污染问题，对员工工作和生活不良影响的情况，应该保护好环境(包括工作环境和生活环境)，加强环境卫生管理，改善人民工作生活条件，调动员工积极性，从而增加企业利润。这是企业发展经济的本质要求。

(二) 发展经济必须保护环境卫生，这是企业可持续发展战略的要求

如果我们只发展经济而未保护环境卫生，造成的有些破坏例如坏的企业形象等，是无法弥补的，会影响到企业的社会形象，影响企业的可持续发展。

(三) 环境卫生管理与发展经济是企业缺一不可的两大要素

发展生产是硬道理。我们不能因为发展经济而忽视环境卫生，当然也不能以保护环境卫生为由在发展经济问题上畏缩不前，出路还在于发展经济。要加强环境卫生意识，开动脑筋。发展经济与保护环境并不是矛盾的，发展经济是保护环境的出路，而管理环境卫生可以促进生产发展。

(四) 全社会都应该重视发展经济与保护环境的问题

目前许多地方、许多部门都存在着牺牲环境而发展经济的情况。这有历史和现实的原因，但用发展的眼光来看，人们应更加深刻地认识到，在发展经济过程中保护环境的重要性，各级领导都应该树立环保意识，从战略的高度认识发展经济与保护环境的关系，立足全局，统筹兼顾，在保护好环境的同时大力发展经济，提高人民的生活水平。

案例分析

工作环境化学物质超标导致员工肾损伤

刘莹经过面试，进入了某国际大品牌公司，任公司文员。公司的办公地点设在一所高档写字楼内。刚装修好的办公室焕然一新。刘莹第一天上班，在办公室内

坐了没多久，就喷嚏不断，眼泪涟涟。刘莹以为自己感冒了，没有在意。下班回家吃了两片感冒药后感觉好了很多。第二天回到办公室没多久，第一天的情形再次出现，而且同一办公室的另外几位同事也是如此。他们都没太在意，因为那一段时间正是流感高发期。随着时间的推移，同办公室几位同事的上述症状逐渐消失了，"感冒"好了。但刘莹还是每天一到办公室就"感冒"，而且她发现自己变得容易疲劳、头晕。于是，她到医院看医生。医生听了她自述的症状后，认为她是感冒时间太长导致的，开了一些感冒药给她。服药后她的症状仍然未消失，而且她发现自己的脚开始浮肿，双腿乏力。但每天她还是坚持上班，因为她要为房子还贷、要为孩子择校准备费用。

一天早上，刘莹开始血尿，虚弱的她站不起来了。丈夫立即把她送到一家三甲医院。经检查诊断，她患了严重的肾病，双肾被严重损坏，需要住院。临床经验丰富的老主任仔细询问了她的病史及居住和工作的环境后，告诉她，罪魁祸首可能是她工作的办公室，是办公室装修材料中的有毒有害物质使她生病。为此，刘莹又咨询了大学研究机构的专家，专家证实，长时间、大剂量地呼吸有毒有害的气体，肾脏一定会受到伤害，甚至被损坏。为了搞清楚病因，刘莹自己花钱请了权威检测机构的技术人员到她工作的办公室进行污染物超标检测。检测结果是办公室中的装修污染气味超标5倍以上。于是，刘莹向公司提出赔偿医疗费和误工费的要求。

【总结】

本案例说明安全健康的工作环境对员工工作、生活和生命安全多么重要，企业不仅要考虑经济效益，还要考虑社会责任，不但要为社会创造更多就业机会，还要考虑环境和安全健康问题。出现问题时不可推卸责任，企业后勤及公关部门要及时化解矛盾，后勤部门帮助解决实际问题，公关部门做好解释和宣传工作，共同化解危机。否则，将引起社会公愤，企业将失去优质品牌和良好形象，反而影响经济效益。

第二节　环境管理

在后勤管理中提到的环境，主要是指工作环境与生产环境、物业环境、精神环境。企业物业是企业进行运作生产的前提，没有物业就没有后续的生产作业，因此这里把企业物业环境的分析放在首位。

一、物业环境管理

（一）物业环境管理的目标

物业环境管理的实质，就是遵循社会经济发展规律和自然规律，采取有效的手段来影响和限制企业物业业主、使用人及受益人的行为，以使他们的活动与环境质量达

到较佳的平衡，保证物业正常良好的工作、生活秩序，创造美丽舒适的工作、生活环境，确保物业经济价值的实现，最终达到物业经济效益、社会效益和环境效益的统一。物业环境管理的具体目标，主要有以下几个方面。

(1) 合理开发和利用物业区域的自然资源，维护物业区域的生态平衡，防止物业区域的自然环境和社会环境受到破坏和污染，使之更适合于人类劳动、生活和自然界生物的生存及发展。

(2) 有效贯彻国家关于物业环境保护的政策、法规、条例、规划等，具体制定物业环境管理的方案和措施，选择切实可行的能够保护和改善物业环境的途径，正确处理好社会和经济可持续发展与环境保护的关系。

(3) 建立物业环境的日常管理机构，做好物业环境的日常管理工作。如物业区域内的卫生保洁、绿化、治安、消防、车辆交通等方面的维护和监督工作，使物业区域内的环境得到净化、美化、绿化，保证正常的工作和生活秩序。

(4) 积极开展保护环境的宣传教育，引导公众参与物业环境管理，构建物业环境文化。环境科学和其他环境学科，如物业环境管理的提出与发展，孕育了一种新型环境文化，这种环境文化代表了人与自然关系的新的价值取向，认为人与自然本质上是一个整体，人与自然应当和谐相处。这种新型的环境文化标志着人类在现代社会中高文化水平的意识觉醒，提高和普及公众的环境意识，是现代文明进步的标志和尺度。

(二) 物业环境管理的内容

物业环境管理主要是调控业主或物业使用人与环境保护的关系，组织并管理业主或物业使用人的生产和生活活动，限制业主或物业使用人损害环境质量、破坏自然资源的行为。

环境污染主要有以下几种情况。

1. 空气污染

造成空气污染的因素主要有：① 直接燃煤，排放过多二氧化硫气体；② 机动车排放的尾气经强紫外线照射形成光化学烟雾污染；③ 基建扬尘形成尘烟污染。

2. 水体污染

工业废水和生活废水等含有大量有毒、有害污染物，进入水体后形成水体污染。

3. 固体废弃物污染

固体废弃物是人们在生产和生活中丢弃的固体物质。影响物业环境的固定废弃物主要有生产与生活垃圾、粪便等。

4. 噪声污染

噪声可分为交通噪声、生产噪声和生活噪声三种。

(1) 交通噪声。大量交通噪声存在于物业区域以外的城市道路上。机动车进入物业区域内部也会带来噪声。距离城市道路远近不同，受到交通噪声的干扰也就不同。

（2）生产噪声。生产噪声主要有工厂加工噪声和工程施工噪声两种。① 工厂加工噪声，如冲压、锻造、蜂窝煤加工点的噪声。② 工程施工噪声，如施工现场打桩机、搅拌机、切割机、振动泵等机器设备工作时所产生的噪声。

（3）生活噪声。生活噪声主要包括商业噪声、保育教育噪声和日常生活噪声三类。① 商业噪声，如商业中心叫卖声、讨价还价声等。② 保育教育噪声，如学生上学与放学的嘈杂声，学生做操、上体育课的口哨声，儿童的哭闹嬉戏声等。③ 日常生活噪声，日常生活噪声种类繁多，如居民播放音乐、家庭影院等声响，厨房噪声，家庭纠纷的争吵声，家庭聚会的喧闹声等。

5. 电磁波污染

电器、电信等具有强大电磁波污染因素的产品，如电脑、手机等走入生活、学习和工作场所，被消费者广泛使用，它们所造成的电磁波污染严重，极大地损害了人们的身心健康。

二、工作与生产环境管理

一般来说，工作与生产环境管理的内涵十分丰富。经过分析，我们把该类环境细分为十个管理细节及要点。

1. 工作环境

企业对工作环境进行明确分类，对各细分的环境管理、维护、改善等要求进行明确规定，以确定环境职责。工作环境的分类，应考虑硬件环境和软件环境的特点与环境管理目标。

2. 管理制度

工作与生产环境管理制度根据不同的环境，如厂区、办公区、车间/库区等分类来制定；制度作用对象主要包括地面、台面、墙面、料架等。每种类型工作与生产环境都应制定明确的管理要求，包括清洁、维护、改善及检查等行为。对管理制度本身也应定期检讨更新。

3. 整洁度管理

企业应对硬件环境的整洁度制定明确的要求，如厂区地面、办公室地面、办公桌面、工作台面、墙面、宣传栏等。整洁度管理可以从整理、整顿、清扫、清洁直到形成素养。整洁度强调某一时刻企业各场所角落的清洁状态。整洁度管理包括清扫、整理、保持和检查等。

4. 宣传标语

为营造良好、符合公司文化的、融洽的人际关系，建立统一价值观和理念，企业应

充分利用各种途径和方法宣传公司文化。墙面标语、宣传栏海报等，都是良好的形式。企业应对各类宣传方式、版面设计和清洁度等进行管理。

5. 内部沟通

为有效了解企业软的工作环境的状态，企业应建立各种内部沟通途径。如满意度调查、投诉/建议信箱、信息沟通方式、办公室接待日等形式。

6. 硬件环境美化

企业应根据季节变化定期进行硬件环境的调剂和美化，包括室内硬件环境美化和室外硬件环境美化。美化后的硬件环境使员工处于一个清新、优雅的环境中，其工作感受和效率会因此受到推动。

7. 满意度运用

可通过多种方式获得员工满意度信息，员工的感受是工作软环境和环境营造的满意度最有效的回馈和新改善方向的指引。

8. 环境维护投入

无论是对软环境的维护，还是对硬环境的维护，都需要投入，企业对工作环境的维护、改善应选择适当的投入量和投入方式。

9. 工作环境改善

企业应定期收集针对硬件环境和软环境的反馈信息，并汇总环境清洁和整洁度管理的检查记录，对各类信息数据进行统计分析，获得工作环境评价，通过改善来提高环境管理水平和员工满意度。

10. 设施更新

为持续维护良好的形象，企业应对各类硬件设施进行定期检查，对影响观瞻的硬件进行修复和维护，无法良好维护或修复的，应及时更新。

三、企业精神环境管理

员工工作在企业中，除了日常工作生活以外，员工与员工之间的沟通交往也是不可缺少的，如何使得员工之间的交往流畅并且与企业目标相一致，则涉及企业的精神环境方面。而企业能够给予员工精神上最大影响力的，莫过于企业的文化。

企业文化，就是企业成员共同的价值观念和行为规范。讲通俗点，就是每一位员工都明白怎样做是对企业有利的，而且都自觉自愿地这样做，久而久之便形成了一种习惯；再经过一定时间的积淀，习惯成了自然，成了人们头脑里一种牢固的“观念”，而这种“观念”一旦形成，又会反作用于(约束)大家的行为，逐渐以规章制度、道德公允的形式成为众人的行为规范。

企业文化是企业的灵魂，是推动企业发展的不竭动力。它包含着非常丰富的内

容，其核心是企业的精神和价值观。这里的价值观不是泛指企业管理中的各种文化现象，而是企业或企业员工在从事商品生产与经营过程中所持有的价值观念。

企业文化是一个由核心层、中间层和外围层构成的多层次的生态系统，根据内容大致可以分为理念层、制度层、行为层和物质层。企业文化的各个层面是和谐统一、相互渗透的。

1. 强化以人为中心

文化应以人为载体，人是文化生成与承载的第一要素。企业文化中的人不仅仅是指企业家、管理者，也包括企业的全体员工。企业团体意识的形成，首先要求企业的全体成员有共同的价值观念，有一致的奋斗目标，这样才能形成向心力，才能使企业成为一个具有战斗力的整体。

2. 表里一致，切忌形式主义

企业文化属意识形态的范畴，但它又要通过企业或员工的行为和外部形态表现出来，这就容易形成表里不一致的现象。建设企业文化必须首先从员工的思想观念入手，树立正确的价值观念和哲学思想，并在此基础上形成企业精神和企业形象，防止搞形式主义、言行不一。形式主义不仅不能建设好企业文化，还是对企业文化概念的歪曲。

3. 注重个异性

个异性是企业文化的一个重要特征。文化本来就是在自身组织发展的历史过程中形成的。每个企业都有自己的历史传统和经营特点，企业文化建设要充分利用这一点，建设具有自己特色的文化。企业有了自己的特色，而且被顾客所公认，才能在企业之林中独树一帜，才有竞争的优势。

4. 不能忽视经济性

企业是一个经济组织，企业文化是一个微观经济组织文化，应具有经济性。所谓经济性，是指企业文化必须为企业的经济活动服务，要有利于提高企业生产力和经济效益，有利于企业的生存和发展。虽然前面讨论的关于企业文化的各项内容并不涉及“经济”二字，但建设和实施这些内容的最终目的都不会离开企业经济目标的实现和谋求企业的生存与发展。

5. 继承传统文化的精华

马克思主义认为：人们自己创造自己的历史，但并不是随心所欲地创造，而是在直接碰到的从过去继承下来的条件下创造的。中国企业文化建设也是这样，它应该是在传统文化的基础上进行增值开发。否则，企业文化就会失去存在的基础，也就没有生命力了。增值开发就是对传统文化进行借鉴，弃其糟粕，取其精华。

当然，除了企业文化以外，企业还可以通过外部环境的改善、工作内容的变化来改善员工的精神环境。

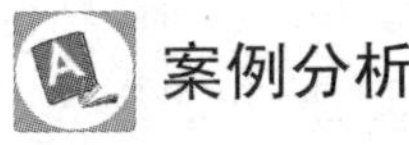

案例分析

惠普人性化的办公设计理念

惠普公司认为，能否留住人才是一个企业成败与否的关键，而良好的工作环境是留住人才的关键。这里所说的“工作环境”，是“硬件”和“软件”两个方面的综合。“硬件”包括物质报酬、办公设施等。惠普的观点是，良好的办公环境一方面能提高工作效率，另一方面能确保员工们的健康，使他们即使在较大压力下也能保持工作与健康的平衡，所以惠普倡导“以人为本”的办公设计理念，成立专门的“Environmental Healthy&safety”（环境、安全与健康）小组，对办公桌、办公椅是否符合人性化和健康原则进行严格核查。惠普还在每天上下午设立专门的休息时间，员工可以放轻松的音乐来调节身心，或者利用健身房、按摩椅“释放自己”。相对“硬件”而言，惠普更重视“软件环境”的建设。作为一家顶级的跨国企业，惠普有着成熟的企业文化。惠普信奉这样一个原则：相信任何人都会追求完美和创造性，只要给予适合的环境，他们一定能成功。这就是著名的“惠普之道”。本着这个信念，惠普着力营造和谐的工作氛围，充分信任和尊重员工，让他们时刻保持良好的情绪，充分发挥才能和想象力。

【总结】

人性化的办公环境对现代职业人来说的确是一个必要的工作条件，人们不仅追求工作结果的评价指标：工资待遇和福利，更关注工作过程中的“福利”，那就是工作场所和谐的人文环境和安全健康的物质环境。知名企业深谙此道，许多优秀人才而被留住了，他们也回报企业以饱满的工作激情和创新精神，共同做大做强了企业。

第三节　绿化管理

随着社会的进步，人民生活水平的提高，环境保护成为当今世界发展的第一要务。园林绿化工作不断上新台阶，园林式、花园式的单位、小区、学校层出不穷，这样既美化了环境，提高了人们的生活质量，又提供了大量的就业机会，而今从事园林绿化养护的队伍日益扩大。当然，企业也不甘落后，许多花园式的企业、工厂不断出现。企业中的绿化管理一般包含五个方面。

一、草地养护管理

草地养护的原则是均匀一致，纯净无杂，四季常绿。

（一）长满阶段的管理

按设计和工艺要求，对新植草地的地床，要严格清除杂草种子和草根草茎，并填上纯净客土刮平压实10厘米以上才能贴草。贴草皮有两种：一是全贴，二是稀贴。全贴无长满期，只有恢复期，7～10天。稀贴有50%的空地，需一定的时间才能长满。春季贴和夏季贴的草皮长满期短，仅1～2个月；秋贴、冬贴则长速慢，需2～3个月。在养护管理方面，重在水肥的管理，春贴防渍，夏贴防晒，秋冬贴防风保湿。一般贴草后一周内早晚喷水一次，并检查草皮是否压实，要求草根紧贴客土；贴后两周内每天傍晚喷水一次；两周后视季节和天气情况而定，一般两天喷水一次，以保湿为主。

（二）旺长阶段的管理

草地植后第二年至第五年是旺盛生长阶段，观赏草地以绿化为主，所以重在保绿。在水分管理方面，翻开草茎，客土干而不白，湿而不渍，一年中春夏干，秋冬湿为原则。在施肥方面，一年中4—9月少，两头多，每次剪草后每亩用1～2千克尿素。在旺长季节，以控肥控水来控制长速，否则剪草次数增加，养护成本增大。剪草是本阶段的工作重点，剪草次数多少和剪草质量的好坏与草地退化和养护成本有关。剪草次数一年控制在8～10次为宜，2—9月平均每月剪一次，10月至下年1月每两个月剪一次。

（三）缓长阶段的管理

植后6～10年的草地，生长速度有所下降，枯叶、枯茎逐年增多，在高温多湿的季节易发生根腐病，秋冬易受地志虎（剃枝虫）危害，工作重点是注意防治病虫害。

（四）退化阶段的管理

植后10年的草地开始逐年退化，植后15年严重退化。在水分管理方面，干湿交替，严禁渍水，否则会加剧烂根枯死；应加强病虫害的检查防治；除正常施肥外，每10～15天用1%尿素，磷二钾混合液根外施肥，或者用商品叶面保、叶面肥如大丰田等根外喷施，效果很好。对局部完全枯死处可进行全贴补植。退化草地剪后复青慢，全年剪草次数不宜超过6次。

二、绿篱的养护管理

绿篱的养护管理原则是：保证肥水供应，茂盛生长，修剪成篱成墙成形，达到观赏和隔离的作用。

（一）绿篱的肥水管理

绿篱要不断修剪，肥水条件要求较高。初植绿篱，按设计要求的篱宽，挖40厘米深的沟，填上纯净肥沃的客土，或在客土中拌入适量腐熟的有机肥或复合肥，这样植后生长快。施肥原则是：基肥足追肥速，以氮为主，磷钾结合，群施薄施，剪后必施。必要时还应进行根外施肥。水分管理，以保湿为主，表土干而不白，雨后排水防渍，以免引起烂根，影响生长。

（二）绿篱的修剪

平面绿篱、图形绿篱、造案绿篱，都是为了符合设计要求通过人工修剪而成，修剪

的作用：① 抑制植物顶端生长优势，促使腋芽萌发，侧枝生长，墙体丰满，利于修剪成型。② 加速成型，满足设计欣赏效果。修剪的原则为从小到大，多次修剪，线条流畅，按需成形。一般的绿篱设计高度为 60～150 厘米，超过 150 厘米的为高大绿篱（也叫绿墙），主要用于隔离视线。

（三）绿篱的病虫防治

山子甲绿篱，常有木虱潜叶蛾和白粉病为害，福建茶有介壳虫、白粉病为害，黄心梅抗病虫害能力较强，偶有木虱。以上虫病，用常规的杀虫剂速扑杀等和杀菌剂多托布津、多菌灵等除治均能达效。

三、绿化树木的管理

园林绿化中，树木种植面积并不是最大的，但其所占的绿化空间最大，草地、鲜花、灌木、乔木合理搭配，体现了立体绿化的效果。

（一）肥水管理

小树结合松土施液肥，大树在冠幅内地面均匀开穴干施，三年以上高大的乔木原则上可不施肥。灌木树型小，以浅穴或浅沟种植为主，丛生根系浅，视土壤和树势施用适量的复合肥，液施、干施结合，观花、观果灌木适当增加磷肥和钾肥，观叶灌木适当增加氮肥施用。绿化树木的水分管理，重在幼树，原则是保湿不渍，表土干而不白。高大乔木，根深叶茂，不存在因缺水影响生长；灌木矮小，根系短浅，盆栽地栽都要防旱保湿不渍，才能正常生长。

（二）树形管理

绿化林木，通过艺术设计、认真管理，使之有稀有密，错落有致，这是绿化成功的关键之一。成年大树要及时锯掉不规则的树枝，不锯掉冠幅大、叶多枝小的挡风枝，否则遇大风雨会折枝断干，严重时会连根拔起造成损失。灌木要求整齐有形有序。树形是树木不断生长和通过人工不断修剪而成的，可修剪成球形、方形、扇形、蘑菇形，抽象图案、线条、柱桩、椎桩等，甚至可用铁丝编织文字或双龙戏珠、狮子滚球、孔雀开屏等，让灌木的枝叶在其中生长，通过编织修剪而成。

（三）树木的病虫防治

绿化树木主要的虫害有天牛、木虱、潜叶蛾、潜叶虎、介壳虫、金龟子等。近年来，在乔木、灌木中木虱危害较严重，其次是介壳虫，采用常规杀虫剂如速扑杀、介特灵等均能达到防治效果。绿化树木主要的病害有根腐病、白粉病、炭疽病等，常用的防治药物有托布津、多菌灵等，常用浓度 800～1000 倍。除了药物防治外，栽培上要经常清理枯枝落叶，保持清洁，同时要排除渍水，必要时修剪后喷药。

四、花卉的管理

鲜花为人们带来幸福快乐，种植花卉是绿化中不可缺少的项目，目的是观赏其颜色鲜艳、形态各异的花朵。花卉有草本、木本和藤本之分，有些品种一个生长周期只开一次花，有些一年才开一次花，不同的花卉品种开花季节和花期长短各不相同。要想一年四季鲜花盛开，除了科学搭配不同品种种植外，抓好管理是关键。另外，部分花卉对土壤 pH 值要求较严，如含笑茶花等要在酸性土壤中才能正常生长，可淋柠檬酸水每月 1～3 次，土壤 pH 值保持 4.0 左右。

五、盆景的管理

园林绿化中有少量成品盆景，置于亭台楼阁内和特需的景点中，其栽培管理与木本盆栽花卉大致相同，主要的不同之处是修剪保形，不同的盆景有不同的艺术造型，生长中树干不断长高，枝叶不断增多，如不修剪会变型失型，失去原有的设计风格特点。盆景修剪，需由有专业知识和技能的技术员、园艺师操作，该剪的剪，不该剪的不剪，千万不要破坏观赏面，失去原有流派、风格和艺术造型。

第四节　清洁卫生管理

企业清洁卫生管理是对企业办公室、更衣室、电梯、卫生间、草坪、盆景等公共区域或物品的管理，是企业后勤管理制度的重要内容。企业要在公众中树立良好的形象，要为企业员工提供一个舒适的工作环境，就必须做好清洁卫生工作，建立科学合理的清洁卫生管理制度。此外，在强调“生态经营”的现代社会中，企业做好清洁卫生方面的工作，减少各种污染也是一项社会责任。

企业清洁卫生管理的内容很丰富，而且会由于企业经营业务的领域、生产组织的方式及管理措施的不同而相异。但一般来说，它主要包括企业卫生管理、公共区域的清洁管理、企业更衣室的清洁管理、企业卫生间清洁管理等，其中每一方面的内容又可各自形成一套完整的体系。这些具体的体系反映了清洁卫生管理的实际情况，因而促进了企业在这方面的有效管理。

一、企业卫生管理

企业为维护员工健康及工作场所环境卫生，应根据企业生产和工作性质，确定企业卫生管理准则，全体人员必须遵行卫生管理准则。特别是对新进员工，必须进行必要培训和介绍，让他们了解清洁卫生管理的重要性，掌握必要的卫生管理知识。

企业卫生管理要求如下。

(1) 各工作场所内，均须保持整洁，不得堆放垃圾、污垢或碎屑。

(2) 各工作场所内走道及阶梯，至少每日清扫一次，并采用适当方法减少灰尘的飞扬。

(3) 各工作场所内，严禁随地吐痰。

(4) 饮水必须清洁。

(5) 洗手间、更衣室及其他卫生设施，必须保持清洁。

(6) 排水沟应经常清除污秽，保持清洁畅通。

(7) 凡可能寄生细菌的原料，应于使用前适当消毒。

(8) 凡可能产生有碍卫生清洁的气体、灰尘、粉末，应做如下处理：① 采用适当方法减少有害物质的产生；② 使用密闭器具以防止有害物质的散发；③ 在产生此项有害物的最近处，按其性质分别做凝结、沉淀、吸引或排除等处置。

(9) 凡处理有毒物或高温物体的工作或从事有尘埃、粉末或有毒气体散布的工作，或暴露于有害光线中的工作，需用防护服装或器具的，应按工作的性质制备。从事以上工作的员工，对于本公司设备的防护服装或器具，必须妥善保管。

(10) 各工作场所的采光，应依下列的规定：① 各工作部门须有充分的光线；② 光线须有适宜的分布；③ 光线须防止眩目及闪动。

(11) 各工作场所的窗户及照明器具的透光部分，均须保持清洁。

(12) 凡阶梯、升降机的机械危险部分等，均须有适度的光线。

(13) 各工作场所须保持适当的温度，温度根据不同季节予以调节。

(14) 各工作场所须充分使空气流通。

(15) 食堂及厨房的一切用具及环境，均须保持清洁卫生。垃圾、废弃物、污物的清除，应符合卫生的要求，并放置于所指定的范围内。

(16) 企业应设置常用药品并存放于小箱或小橱内，以便利于员工取用。

二、企业公共区域清洁卫生管理

企业公共区域清洁卫生管理是指对走廊、电梯间、楼层服务台的工作间、消毒间、走廊楼梯等日常管理工作。专业卫生工作人员角度，企业公共区域清洁卫生管理主要做好以下工作。

(1) 做好走廊地毯、走廊地面的擦拭和走廊两侧的防火器材、报警器的清洁卫生等日常养护工作，保持其干净清新和正常使用功能。

(2) 必须保持电梯间的清洁、明亮、整洁。电梯间是客人等候电梯的场所，也是客人接触楼面的第一场所，保持清洁卫生是企业形象建设和文化建设的重要窗口。

(3) 搞好楼层服务台卫生工作，包括服务台面的擦拭，保证无任何杂物，清扫服务台里面的卫生、整理好各种用具，保持整个服务台周围的清洁整齐。楼层服务台卫生不仅是一个楼层各种工作好坏的外在集中表现，也是接待客户，展示企业形象的重要途径。

(4) 工作间里物品存放要分类摆放，保持整齐、安全。保持物品整洁，功能完好，物账相符。

(5) 保持防火楼梯畅通且干净，消除消防隐患。

(6) 搞好消毒间地面卫生、柜橱卫生和清洗池内外卫生、热水器擦拭等清洁卫生工作。做好各种玻璃和器皿刷洗，保证器具能卫生、安全地使用。

三、企业更衣室管理

企业更衣室清洁管理主要做好以下工作。

(1) 扫地、拖地、擦抹墙脚、清洁卫生死角等。

(2) 清洁浴室，包括洗擦地面和墙身（特别是砖缝位置）、洗抹污渍及清洁门、墙和洗手池。

(3) 清洁员工洗手间。

(4) 清洁衣柜的柜顶、柜身。

(5) 清洁室内卫生。

(6) 如有拾到员工物品，及时登记并上交企业保安部门。

四、企业卫生间管理

卫生间清洁管理应主要做好以下工作。

(1) 增强卫生意识，企业自上而下，重视清洁工作，养成良好卫生习惯。

(2) 保持清洁卫生。可放水时冲入一定量的清洁剂，或定期用清洁剂清洁；随手清除垃圾杂物，纸巾等不易天然分解物要投入垃圾箱；定期用除渍剂清除下水道口、清洁缸圈等上的污垢和渍垢；定期用清水洗净水箱，并用专用的布擦干。用中性清洁剂清洁座面水箱、座沿盖子及外侧底座等；用座侧刷清洗座面内部并用清水冲净，确保座面四周清洁无污物。

(3) 保持镜面、台面的清洁卫生。定期擦拭镜面；清洁脸盆和化妆台，如有物品放在台上，应小心移开，台面抹净后将它们复位；烟缸上如有污渍，可用海绵块蘸少许除渍剂清洁；用海绵块蘸少许中性清洁剂，擦除脸盆上的皂垢、水斑，并随即用干抹布擦亮；清洁洗脸盆下面的水管。

(4) 保持沐浴缸、沐浴器具、墙面的清洁卫生。浴缸里的橡胶防滑垫，则视其脏污程度用相应浓度的清洁剂清洗并用清水洗净，然后可用一块大浴巾裹住垫子卷干，将防滑垫卷起竖放在浴缸内沿一侧；将用过的脚垫巾放入浴缸，以便可站在上面清洁浴缸内侧的墙面，只需用中性清洁剂即可，过后随即擦干；用海绵蘸上中性清洁剂洗浴帘内侧，特别要注意浴帘下沿，两面都要清洁干净；抹净浴帘杆、晾衣绳等；拿出浴缸里垫巾，站在浴缸外侧清洁水暖器件和墙面、浴缸里面；清洁并擦干净墙面与浴缸接缝处，防止发霉；清洁浴缸外侧。

(5) 做好卫生间地面日常卫生工作。定期拖洗地面。一般是从里往外边退边抹净地面。将至门口时，转身清洁卫生间门背后，然后再退至门外将地面抹净。

(6) 定期更换用过的毛巾，补充日用品，并在工作报表上注明品种与数量。

(7) 工作完成后关灯并将门锁上，将待修项目记载下来并上报。

第五节　环境绿化与清洁卫生业务外包管理

企业物业管理机构(企业后勤部门或物业服务公司)为提高企业环境绿化与卫生管理工作效率,降低企业环境绿化与卫生管理工作成本,通过招标投标方式,将环境绿化与卫生管理专项工作外包给专业服务公司进行管理,或者在总务后勤管理工作整体外包给专业的物业服务企业后,由物业服务企业再转包给专业服务公司,如清洁服务公司、绿化公司,从而使这两个专业业务工作以相对较低的成本获取最好的服务。企业环境绿化与卫生管理外包是企业后勤管理社会化改革的产物。

一、环境绿化与清洁卫生业务外包的好处

1. 通过环境绿化与清洁卫生业务外包可降低成本

专业化分工带来了高效率,许多专业性服务企业在其专业领域拥有比企业物业管理机构更有效的资源和组织。这些公司通过承揽大量专项服务业务,通过规模经营来实现比后勤部门或单个物业管理公司经营高得多的经营效率,从而能够以优质低价为物业管理公司提供服务,帮助降低成本。

2. 环境绿化与清洁卫生业务外包可提高服务质量

专业公司通过发挥资源优势、规模优势、技术优势来提高产品质量、服务质量。专业公司由于业务相对单一而且专注,使得其专业化优势得到充分彰显。

3. 环境绿化与清洁卫生业务外包可补充人才的不足及增加服务项目

随着人们环境保护意识的增强,人们对生命健康问题更加关注,追求绿色工作环境、低碳生活,许多生物技术、高科技不断被应用到工作环境中。这样一来,在专业技术上对环境绿化与清洁卫生服务工作提出了更高要求,而实际上企业自身专业服务能力是有限的,靠企业本身及企业现有的服务人员不可能全面满足这些要求,只有通过服务业务外包,引进专业公司管理服务,才能解决这类问题。

4. 环境绿化与清洁卫生业务外包使管理相对简单化

企业物业管理机构通过专项业务外包,逐步从繁杂的专业化事务中脱离出来,成为企业物业管理的组织者、监督者和协调者,可以更好地提供优质服务,增加企业员工的“环境福利”。这样企业物业管理机构的职能变得更为单一,组织结构也变得更为简化,编制大幅缩减,从业人员也更专业。

二、企业环境绿化与清洁卫生外包带来的问题

企业物业管理机构通过业务外包的形式实施专业化管理,通过专业化、集约式经营提高服务水平降低管理成本,在一定程度上满足了企业环境绿化与清洁卫生工作

的需求，但在实际运作中也出现了很多的问题，需要注意。

1. 环境绿化与清洁卫生业务外包的服务标准难以确定

通常企业物业管理机构是作为招标方，专业公司作为投标方，双方在选择余地、服务标准条款确定、期望水平等方面有差异。首先是由于企业性质、规模、理念等诸多方面的不同，在环境绿化与清洁卫生服务需求上千差万别，特别是大中型工业企业个性要求不一样，而能提供很专业的服务又能够完全满足个性化要求的专业公司很难找到，找到的又不一定很多，没有什么选择余地，甚至于招标工作流产（因符合要求的企业少，参加投标的企业数量不足）。其次，服务标准确定难，双方都想自身利益最大化，企业物业管理机构希望得到高标准的服务，出低价格的服务费，而专业公司想高收费，低服务。专业公司即便响应企业物业管理机构的服务需求，也往往会在日后的管理服务中偷工减料，以保证赢利，结果不能履行合同标准规定的义务。

2. 环境绿化与清洁卫生业务外包的服务质量难以控制

一般的外包都是通过招标方式进行，通过对投标方服务质量、价格、资信等方面评估最终确定合作方。但是一旦决定了合作方，实际质量是难以控制的，通常只能控制对方的管理者或代表，操作作业者是较难控制的，最直接干活的人可以听也可以不听企业物业管理机构的指导与要求，使质量在第一现场难以控制。最为关键的是这些所谓的专业化公司的员工并不一定接受过专业化的培训，导致专业化的服务停留在较低水平，而达不到企业物业管理机构原来的期望。比如清洁工在清洁时遇上需要帮忙的客户，外包单位的清洁工往往没有本单位的清洁工乐于帮忙，因为本单位经常会把对“以客户为导向”的一些理念灌输给员工，使他们有主人翁的责任感。

3. 环境绿化与清洁卫生业务的外包往往较难体现企业的形象及文化

一般一些大中型企业都有自己的文化标识和服饰。穿统一制服可以形成一道靓丽的风景，并且把企业的各种服务理念灌输到日常服务中。如果将环境绿化与清洁卫生服务外包，相关工作人员只能穿专业公司的制服及按合同规定提供服务，体现不了企业的形象及企业文化。

4. 外包的环境绿化与清洁卫生业务服务时间相对滞后于企业工作需要

主要是因为承包方和发包方在沟通上一般是有一定的程序，双方一般不在同一地点。比如绿化外包给一个绿化公司，绿化公司每周派人来工作两次，但遇上企业要搞活动或其他突发事件等，企业一般是先通知绿化公司主管，然后绿化公司主管再通知他的下属员工来作业，这样至少要推迟半天以上。

三、环境绿化与清洁卫生业务外包管理工作要点

环境绿化与清洁卫生业务外包管理工作是指社会招标、选聘专业公司完成环境绿化与清洁卫生业务外包管理工作任务。主要内容有项目招标、合同签订、日常沟通

协调与监督管理、质量评价等。

(一) 清洁卫生业务外包管理工作要点

1. 清洁卫生外包工作的准备

首先要确定清洁卫生工作类型。在清洁卫生工作外包之前,企业物业管理机构有责任确定物业区域内需要和期望的清洁卫生工作类型,主要有:需要服务的区域类型,企业生产生活的共性要求,员工的非共性需要,清洁卫生程序和预算原则。理解了这些内容以后,才有建立清洁卫生程序的基础,才能够提供最好的服务以保护企业卫生环境,并使企业满意。

其次是制定清洁卫生方案。在物业管理机构与服务承包商之间需预先开列一份明确的服务要求清单,根据这份具体的清单,服务承包商可确定清洁卫生工作每天所需的工人数、为完成计划任务现场需要的器材设备类型和数量,以及物业管理处需要按合同支付的费用等。一般而言,每个清洁卫生服务承包商都应从以下五类基本清洁卫生工作开始。① 垃圾处理合同必须包括的内容,收集、清除、回收、压实、分类和运输垃圾的工作。② 烟灰清扫清洁卫生服务协议包括的内容,收集、清扫和彻底地清除所有吸烟产生的垃圾(包括吸烟区和一般办公环境)。③ 灰尘清扫包括工作场所的全部灰尘清扫工作,要尽量扫除垂直表面和水平表面上的灰尘。④ 污迹清洗,湿洗玻璃和柜台表面(水平和垂直表面),清除污迹和手印等,这些不属于第三类清洗工作,因其技术性要强得多。⑤ 地面维护包括服务范围内所有类型地面的全部维护工作,例如铺地毯的地面、塑料地面、石质地面(大理石、花岗岩、水磨石等)、瓷砖地面、木地板和高架地板等,它们都有特殊的维护要求。

再次是确定清洁卫生频率。清单上的每项工作都需要说明每年进行的工作总次数,特别是要确定哪些工作次数较多,哪些次数较少。确定频率以后,支出的预算就会较准确。规定每日、每周、每月进行清洁卫生工作的次数。在开列具体清洁卫生工作清单时,必须将服务频率作为一个重要因素加以考虑,因为服务承包商在协议期间是遵循清单上的规定来作业的。常常被估计不足的服务频率主要存在于地面维护方面,必须考虑到影响地面卫生的人流量,并在服务要求中予以注意。

在确定清洁卫生服务维护工作所需的人员时,必定确定劳动生产率,劳动生产率直接受到“要求”和“频率”的影响。若每种工作重复进行多次并且每次估算生产率,即可得出劳动生产率的平均值。根据此平均值及行业标准、专业知识和经验,可单独确定每种工作的生产率。劳动生产率一般以一项任务 1 小时所覆盖的平方米数表示。例如,在写字楼等办公环境收集垃圾的行业生产率是每小时 20 000 平方米。每种工作的生产率确定后,即可确定最适合物业清洁卫生要求的全员劳动生产率。

2. 清洁卫生服务承包商的选择

(1) 清洁卫生服务承包商的资格标准。一旦决定清洁卫生服务外包,物业管理机构就会接到许多清洁服务公司的询价书或投标书。清洁服务公司人选的标准是要

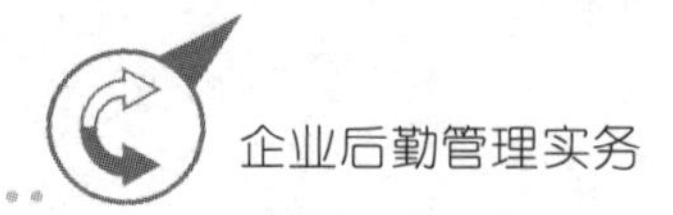

有稳定的经济保证、有多年从事清洁服务业的经验、有承包类似项目的经验、有合格的管理人员。

(2) 服务承包商的选择。接到清洁卫生服务承包商的投标书后,须进行工时数和每班时间长度的比较,以及与价格有关的其他财务数据比较,根据比较结果选择能以最有竞争力的价格提供服务的清洁服务公司。当然,不一定要选择报价最低或最高的公司,而是选择有经验、价格竞争力强、管理知识丰富和经济实力雄厚的承包商。

3. 签订合同

选中清洁卫生服务承包商后,应与之充分协商并签订服务合同。合同内容应包括发包方单位名、承包方单位名、清洁卫生服务面积、清洁卫生服务面积费用、总费用、付款方式与时间、双方责任与义务、清洁卫生服务质量标准、违约或管理不达标的处理方法等。

4. 清洁卫生外包质量管理

在一般清洁卫生服务行业里,质量管理涉及许多参数,这些参数又包含了广泛的更细小的部分,它们共同组成质量管理程序。清洁卫生服务行业的全面质量管理程序涉及以下各方面:遵守规定+保洁度+通信+执行+人员+回应+培训+跟踪监督=质量。实践证明,清洁卫生工作中,任何可能发生的事故都至少归因于上述一个方面。决定物业清洁卫生服务成败的是对全部上述各项要求的贯彻执行与否。

第一,要加强沟通。中标的清洁卫生服务承包商在开始工作前,应先与企业物业管理机构、企业单位及部门领导,乃至员工建立有效的沟通渠道。开始服务工作前应多次开会讨论以下问题:安全、钥匙、特殊工作时间、设施特殊需要、可能工作得很晚的区域、人流很多的区域、用户可能的特殊需要、日班服务员的职责(安排),以及项目管理和监督要求。现场要有通信记录以跟踪清洁卫生服务申请和意见,以期达到令企业用户完全满意的目标。

第二,要进行必要的员工培训。建立起现场清洁卫生服务队伍后,就应编写出人员培训计划,培训内容包括事故通信、各人分工区域的特殊清洁卫生要求、各工作站设施服务要求的概貌、工具和设备的正确使用方法、化学清洗剂的使用方法,以及各种器材、设备和仓库的正确维护方法等。

第三,在工作的最初几天,清洁卫生服务公司会将其队伍集合在企业服务区域,队伍中应包括管理人员,负责对清洁卫生员工进行培训。到场人员负责检查特别指定区域的工作情况是否符合要求,如果发现了不足之处,应进行进一步的培训。

第四,注意设备的正确使用。这在物业清洁卫生工作中是必不可少的,它能提高工作效率和工作质量。要求工作人员能正确使用设备,否则容易造成设备的损坏甚至发生安全事故。清洁卫生服务承包商与设备生产商代表应该保持联系,当设备出现问题时可及时请他们来解决。

第五，监测服务过程质量。服务程序要受到监测，每年要进行多次现场检查，以此评估清洁卫生服务的成绩。检查将按照标准逐项进行，以了解全面的质量情况。检查项目有：总的清洁卫生情况、业主们的满意度、设备维护和库存情况、记录输入情况、符合要求情况、定期维护安排、票据记录情况、清洁卫生人员满意度、及时发放工资情况、对服务申请的回应情况、现场清洁卫生服务管理监督情况，以及遵守安全规范的情况等。

第六，即时提交服务报告。清洁卫生服务公司可采用信息系统将报告卡分发给清洁卫生服务管理与监督人员，以便及时弥补不足之处。同时，根据报告，向工作出色的人员颁发奖金并根据需要提供再培训的机会。

（二）绿化清洁卫生业务外包管理工作要点

1. 绿化发包准备工作

在绿化管理项目发包之前，必须做好各项准备工作，包括对绿化面积、绿地类型、植物种类进行测量与数量统计，还包括管理质量标准、操作频度、处罚制度的制定、检查与纠正，同时进行管理费用的测算，以及配套设施、工具房及水电接口等的准备。

(1) 汇总绿化清单。发包之前，要对绿化面积进行测量，对绿地类型及植物的种类和数量进行统计，并汇总成绿化清单。此清单有助于管理处计算绿化外包服务费用，也便于服务承包商报价。

(2) 确定外包绿化养护作业频度。要求绿化养护作业频度是指就绿化养护应达到的标准来确定各个工作项目的频度，比如多少天浇一次水，多久除一次草。因为不同的频度要求，所耗费的人工、材料等不同，为能准确地计算服务费，以及使服务承包商能准确地报价，这项工作必不可少。同时，这也是签订合同时，要明确落实的事项，是日后绿化质量检查、监督的依据之一。

(3) 制定外包绿化养护验收标准。外包绿化养护验收标准及扣罚依据也是在与绿化服务承包商洽谈及合同签订时必须提到的，同时，也是日后绿化质量检查、监督的重要依据。

(4) 测算绿化管理费。一般来说，绿化管理费用由基本费、修剪费、施肥费、松土及除草费、病虫害防治费等组成。基本费一般包括淋水、日常清理残花落叶及绿化垃圾、绿化工人服装、植物损耗补植、意外事件（如台风、洪灾、雷、机械破坏等）造成的绿化破坏清理（不包括绿化植物恢复费用）、园林淋水用电、绿化工具损耗、行政管理等费用。修剪费、施肥费、松土及除草费、病虫害防治费指的是对所管理区域的绿化植物进行全面修剪、施肥、松土、除草、病虫害防治等发生的费用，按不同的质量级别操作要求乘以次数。

在实际测算时，除了这些费用外，还应按相关规定及分包商的资格情况，在总数基础上加一定百分比的税率（一般为5%以上）和利润（一般为2%～7%，园林公司资格越高利润越高）。园林管理中的活性费用、改造费用及建筑小品的维护费用等一般

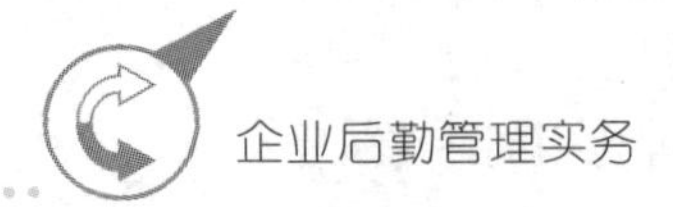

可按实际发生的情况单独划拨，一般不计入管理费内，无须测算或按使用计划测算。① 活性费用一般指的是花坛布置、节庆日临时布置、会场布置、喷泉的水电费用，以及园林灯光费用等。② 改造费用指的是一些较大型的改造项目费用。③ 按工程造价标准计价办法计算时，建筑小品的维护费用由工程造价人工费、材料费、机械费及其他费用等组成，其中材料费包括肥料、药剂、水及其他材料费用。

2. 绿化服务承包商的评定与选择

(1) 绿化服务承包商的责任。绿化服务承包商的责任是指承包商为完成服务合同约定的全部绿化维护任务在提供必要的人力、设备和材料方面应承担的责任。如提供设备的型号和状况必须能够有效地完成规定的任务并避免对资产、住户和行人造成危害，设备应保持在良好状况下操作，并在正常操作时不产生太大的噪声和烟雾。承包商雇用的人员必须经过现代园艺技术的培训。经过培训的人员可减少错误和事故的发生。工人工作时必须穿承包公司的制服，以便识别。现场应该有监督员或领班随时指挥这些工人及维护操作。监督员每次工作时应向物业管理处经理报告场地的最新状况并留下工作报告表，说明每次完成任务的情况。绿化服务承包商应遵守有关的规范和建筑规章。

(2) 绿化服务承包商评定的标准。组成评定小组在进行招标或选择绿化服务承包商前，首先要根据实际质量要求制定出切合实际的绿化服务承包商评定标准，再向专业单位发出招标函。由企业物业管理机构分管领导及专业人士3～5名组成绿化服务承包商评定小组，然后根据制定的评定标准对应标的专业公司进行评审，将评审合格的专业公司记录在合格分供商记录表中存档备用。而合格分供商中以综合评分高、价格低者当选。

一般绿化服务承包商评定的标准包括：① 绿化服务承包商专业资质、营业执照及资金实力；② 绿化服务承包商技术力量、管理经验；③ 绿化服务承包商以往的专业业绩及口碑；④ 绿化服务承包商的管理能力及管理制度、培训制度等；⑤ 绿化服务承包商的设备及工具完善程度；⑥ 绿化服务承包商的绿化管理方案。

(3) 考察了解多家供应商的经验和技术情况。在决定选择哪家绿化承包商前，要和多家承包商洽谈，客观地评估承包商的经验和技术。选择的承包商应有必需的设备和专业技术，其人员应经过必要的培训。绿化服务承包商参加评审时应提交以下资料以了解其综合实力情况：① 绿化服务承包商的资质证明、营业执照；② 主要技术人员的学历证明及个人资料；③ 绿化服务承包商以往的主要工作业绩；④ 绿化服务承包商公司主要规章制度；⑤ 绿化服务承包商主要园林绿化管理操作规程；⑥ 绿化服务承包商主要园林设备、工具名称及数量；⑦ 针对待分包项目的工作计划。

(4) 为了对不同承包商的不同建议书进行公正的比较，应制定所有承包商都要遵循的招标准则。另外，由于每处设施景观不同，要求的维护水准也不同，所以，最好

请园林专业人员来现场考察并提出维护要求，然后根据这些比较和要求编制综合维护规格说明书、维护项目与维护次数及费用表。

维护规格和其他要求确定后，应召开一次投标预备会议，请投标商们到现场考察。在这次会议上应强调对建筑物内和周边区域的专门要求。会上可提出任何有关绿化维护的问题，并应让所有的投标人按照统一的规格、任务和维护次数进行投标。如果投标前不能做到这点，而是承包商按自己想象的要求投标的话，那么并不符合物业绿化管理的需要。所以，预先做好前面所说的那些工作可避免额外的费用和误解。

（5）承包商选择评审表。可预先设定统一的评审表，方便评审小组填写意见，该评审表应归档管理。

3. 签订绿化外包合同

在选定绿化服务承包商后，经双方协商后签订承包合同。合同内容应包括甲方（发包方）单位名、乙方（承包方）单位名、管理面积、单位面积管理费用、总费用、付款方式与时间、双方责任与义务、管理质量标准、违约或管理不达标处理方法等。

4. 绿化外包质量管理

（1）委派专人负责质量管理应该是绿化服务承包商的责任。绿化服务承包商应委派现场监督员负起对现场管理的责任。绿化服务承包商应让他的全体人员熟悉场地的具体要求和维护的规格。

（2）制订绿化维护计划。编制详细的绿化维护计划安排表，并可用作检验单，以保证完成全部任务，查明不足之处并采取补救措施。此表应根据场地的具体要求和规格进行修改。

（3）运用制度管理绿化外包工作。企业物业管理机构应有制定相应的制度进行全过程的监督管理，这一制度应告知承包商；同时，在各个环节的管理中，应严格按制度执行。

（4）外包绿化监督检查。企业物业管理机构应配备专人监督管理外包业务的落实。外包绿化监督检查工作可按以下流程进行：① 检查人员按规定进行检查；② 按检验标准判断是否达到绿化质量标准，如果未达到，下达整改通知，通知绿化养护专业公司进行改善；③ 记录检查情况；④ 月末汇总检查记录，总结评估绿化质量。要求绿化公司按评估报告检讨并改善工作。

技能训练

环境卫生外包业务合同履约监督

【目的】

通过训练了解环境外包业务合同监督的要点和方法，提高环境卫生外包业务管理能力。

【指导】

(1) 选择有环境卫生外包管理模式的企业作为调查对象，并做好相关的知识和调查准备工作。

(2) 调查的主要内容有：环境卫生外包谈判签约或招标投标情况，合同及内容，合同附件(如服务标准、监督方式、纠纷处理等约定事项)，实际运行情况和出现的问题及采取的处理方法，服务满意情况，主管人员的看法等。

(3) 分析总结环境外包业务合同监督的要点和方法，并写出监督方案。

本章小结

通过本章的学习，需要掌握以下几个方面的内容。

(1) 环境绿化管理的功能：如美化室内环境、净化空气和调节室内小气候，陶冶情趣，修养身心。

(2) 环境卫生管理的功能：发展生产必须保护环境卫生是企业发展经济的本质要求，发展生产必须保护环境卫生是企业可持续发展战略的要求，环境卫生管理与发展生产是企业缺一不可的两大要素，全社会都应该重视发展经济与保护环境的问题。

(3) 物业环境管理的内容主要是对空气污染、水体污染、固体废弃物污染、噪声污染、电磁波污染等方面的防治。

(4) 工作与生产环境管理的类型及管理要点：我们可以把该类环境细分为十个管理细节及要点，分别是工作环境，管理制度，整洁度管理，宣传标语，内部沟通，硬件环境美化，满意度运用，环境维护投入，工作环境改善，设施更新。

(5) 企业精神环境的主要内容有：强化以人为中心；表里一致，切忌形式主义；注重个异性；不能忽视经济性；继承传统文化的精华。

(6) 绿化管理的主要内容：草地养护管理；绿篱的养护管理；绿化树木的管理；花卉的管理；盆景的管理。

(7) 企业清洁卫生管理的内容很丰富，而且会由于企业经营业务的领域、生产组织的方式以及管理措施的不同而相异。但一般来说，它主要包括企业卫生管理、企业公共区域的清洁卫生管理、企业更衣室的清洁管理、企业卫生间清洁管理等。

(8) 环境绿化与清洁卫生业务外包管理：环境绿化与清洁卫生业务外包有许多好处，如提高企业环境绿化与卫生管理工作效率，降低企业环境绿化与卫生管理工作成本。企业环境绿化与清洁卫生外包管理工作主要内容是项目准备、承包商的选择、项目招标、合同签订、日常沟通协调与监督管理、质量管理与质量评价等。

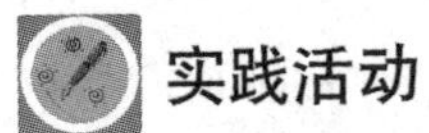

实践活动

组织绿化植树活动

【目的】

培养学生对绿化环境的重视。在植树节到来之际，组织此项活动，以进一步激发学生热爱绿化，保护环境的情感，使之树立"热爱大自然，了解大自然，保护大自然"的环保意识，为保护绿化，美化校园，作出自己的贡献。

【内容】

建立我们的绿色花坛：进一步深化上学期的"绿色校园伴我行"绿化认养活动。要求保持花坛洁净，发现花坛内的垃圾杂物能及时清理；不踩踏花坛，不在花坛边沿上走路、奔跑；爱护花坛内的所有植物，不损坏假山、盆景、石碑等景观。

建设我们的温馨教室：推荐部分可净化空气、适合教室或办公室摆放的植物，如吊兰、绿宝石、常春藤等，由总务处负责购买；在3月12日植树节，大队部组织"保护环境，感恩地球"主题活动；将绿色植物分发到各班各室，由班级进行绿化认养；各班可组织学生开展种植、观察、记录、研究等科学活动，认识所认养的绿色植物，了解其作用及生长规律。

【要求】

要求每位学生亲自种植一棵树，并了解相关植物种植养护知识。

本章练习

一、判断题

1. 企业环境的绿化，基本目的是要达到使用功能，合理提高室内环境的物质水准。（　　）

2. 加强环境绿化与清洁卫生管理，改善人民工作生活条件，调动员工积极性，从而增加企业利润。（　　）

3. 物业环境管理最终达到物业经济效益、社会效益和环境效益的统一。（　　）

4. 全社会只需重视发展经济的问题，环境问题可以等经济发展了再来改善。（　　）

5. 企业能够给予员工精神上最大影响力的，莫过于企业物业环境。（　　）

6. 在强调"生态经营"的现代社会中，企业做好清洁卫生方面的工作，减少各种污染也是一项社会责任。（　　）

7. 为提高企业环境绿化与卫生管理工作效率，降低企业环境绿化与卫生管理

工作成本，应通过招标投标方式选聘承包商提供此方面服务。（　　）

8. 大型企业自身专业服务能力较强，靠企业本身及企业现有的服务人员就能够全面满足这些要求，不需要服务业务外包。（　　）

9. 外包服务标准确定难，主要是因为双方都想自身利益最大化，企业物业管理机构希望高标准的服务，低价格的服务费，而专业公司也想高收费，低服务。（　　）

10. 在确定清洁卫生服务维护工作所需的人员时，必定触及"劳动生产率"问题，劳动生产率直接受到"要求"和"频率"的影响。（　　）

二、单项选择题

1.（　　）是指企业进行运作生产的前提。

A. 心理环境　B. 物业环境　C. 生产与工作环境　D. 精神环境

2. 为有效了解企业软的工作环境，企业应当建立各种（　　）。

A. 内部沟通途径　B. 医疗保健服务系统

C. 信息网络　D. 文化设施

3. 企业卫生管理特别要求要对（　　）进行必要培训。

A. 新员工　B. 领导　C. 管理层　D. 客户

4. 企业环境绿化与卫生管理外包工作的首要任务是做好（　　）。

A. 准备工作　B. 选择承包商　C. 测算管理费用　D. 签订合同

5. 企业环境绿化与卫生管理外包工作带来的一个重要问题是外包服务（　　）难以控制。

A. 标准　B. 质量　C. 人员　D. 进度

三、多项选择题

1. 企业环境的绿化（　　）。

A. 美化室内环境　B. 净化空气和调节室内小气候

C. 陶冶情趣　D. 修养身心

2. 环境卫生管理的地位与作用（　　）。

A. 企业发展经济的本质要求和企业可持续发展战略的要求

B. 环境卫生管理与发展经济，是企业缺一不可的两大要素之一

C. 全社会都应该重视发展经济与保护环境的问题

D. 仅仅是一般的美化作用

3. 从后勤管理角度，企业环境管理主要内容包括（　　）。

A. 工作与生产环境　B. 物业环境

C. 精神环境　D. 社会环境

4. 企业清洁卫生管理一般来说，主要包括（　　）等方面的管理。

A. 企业卫生管理　B. 公共区域的清洁管理

C. 企业更衣室的清洁管理　　　　　D. 企业卫生间清洁管理

5. 服务承包商的选择，不一定要选择报价最低或最高的公司，而是选择(　　)的承包商。

A. 有经验　B. 价格竞争力强　C. 管理知识丰富　D. 经济实力雄厚

四、简答题

1. 植物在企业绿化管理中的作用是什么？

2. 环境卫生管理对企业的功能和作用是什么？

3. 物业环境管理的目标有哪些？

4. 环境绿化与清洁卫生管理业务外包有哪些好处？

5. 如何进行清洁卫生外包质量管理？

五、案例分析题

如何让环境变效益？

材料1：软环境改善企业和“新莞人”扎根发展

创建文明城市的最终目的是要促进经济社会发展，让老百姓得实惠。当前，东莞市坚持调结构促转型让不少企业坚定了扎根东莞发展的信心，出台的一系列关爱“新莞人”的政策，让他们感觉到这座城市有了家的温暖，逐步提高的福利待遇，也增强了“新莞人”的归属感和幸福感，大家都憧憬着今后的工作和生活更美好。

李××和李×姐弟俩一年前分别在温州和贵阳工作，2010年在母亲(熊××)的介绍下来到万江，一家人在同一个厂里上班。

李××：“因为我妈妈一直在这里工作，回家和我说这里环境和人都很文明，东莞是文明城市，这里待遇都很好的。”

李×：“就是说这个厂待遇啊，环境都比别的厂好，环境、工作上都比较好。”

熊××：“工作环境是比别的地方好，这里生活比较好，待遇的话这里工资加得快，我们刚刚进厂的时候每月才700元，后来加到900，现在又到1100。”

软环境的提升，得实惠的不仅仅是“新莞人”。近年来，东莞市委市政府不断完善服务、优化企业转型升级环境、帮助企业解决实际困难，让不少企业找到了更大的发展空间。

企业负责人张×说：“我觉得政府扶持力度在加大，从企业本身而言我们前年可能只有2万元的扶持。到2009年我们拿到了总额有40多万扶持款，而且今年将会更多，我相信政府对我们这类高新技术企业扶持会更大。”

(资料来源：http://dg.people.com.cn/GB/14134828.html)

材料2：有好心情才能做好工作

今天我到汽修车间上班，干干净净的地面，摆放整齐的配件，顿时令我心情愉悦，我突然间感觉到整洁的卫生环境对一个人的心情影响如此之大。

走进××公司学习的第一课就是要拔草，学会爱护环境。之前我对此嗤之以鼻，自己堂堂大学生、七尺男儿竟然要做这些没有技术含量的活，觉得有些委屈，现在想想以前的自己实在好笑。

××公司的所有子公司都把环境建设作为工作的一个重要方面，这也是××公司企业文化的一部分。为了改变以往公司污染严重的面貌，员工们可谓是费了不少工夫。现如今该公司的各个公司绿化面积均已形成规模，山清水秀的美景再现了，这不仅使该公司的环境得到了改善，也使得员工的健康得到了保障，心情好了，工作的积极性自然也就高了。

在我们工段的操作规程里面有一条就是：保持工作场地的清洁卫生，做到文明生产。天天看着它却从没有认真体会，殊不知在这里面深深地蕴含着企业文化：建设环保型的企业，做到人与环境的和谐统一。想必这也是称××公司为"环境友好型企业"的原因吧！

有句广告词说得好：牙好，胃口就好，吃嘛嘛香。我们可以说：环境好，心情就好，干啥啥行。

为了周围的人，为了我们自己，也为了我们公司的企业文化，让我们携起手来共同维护建立起来的美好环境，为营造一个美化、和谐的工作空间而努力。

（资料来源：http://www.conch.cn/dt2111111188.asp? DocID=2111179846）

材料 3：中油二建为劳务人员营造良好生活环境

近日，在××建设公司单身公寓内，多年来为就餐不便而苦恼的 500 多名员工笑逐颜开了。原来，公司专门为他们建了食堂。这是××建设公司下属实业公司积极为劳务人员营造良好生活环境的结果。

××建设公司现有劳务合同工、劳务临时工、外聘技工共 500 多人，多年来，他们在生产建设中发挥着重要的作用，为企业发展作出了突出贡献，成为一支不可或缺的重要力量。为改善他们的生活条件，早在几年前，公司就建起了建筑面积 5 800平方米的单身楼，但由于管理缺失等原因，乱扔垃圾、楼道污染成为令人头疼的事，由于就餐不便而在宿舍内乱用电炉、乱拉电线的现象比较普遍。

为改变单身楼脏乱差现象，公司多次组织人员对单身楼的安全、卫生、居住、管理情况进行检查整治，并为单身公寓添置了热水器等设施，还粉刷了墙壁，取缔了影响大家休息的周边小卖部、棋牌桌，拆除了违章设施，给居住人员创造了一个良好的生活环境。一位农民合同工认为，现在食堂饭菜好了，楼道干净了，周围环境清净了，我们的工作积极性也高了。

（资料来源：《兰州日报》，2004-11-27，A2 版面）

根据上述案例回答下列问题。

1. 上述"材料 1"说明（　　）。

A. 环境问题只是企业自己的事　　B. 全社会都要重视环境问题

C. 企业环境主要是指精神环境问题　　D. 员工只是会考虑工资问题

2. 从“材料1”中可以看出企业(　　)环境需要政府支持才能营建起来。

A. 精神环境　　B. 物业环境　　C. 生产和工作环境　　D. 制度环境

3. “材料2”说明生产环境对(　　)有积极影响，积极性才能调动起来。

A. 员工身体健康　B. 员工心情　　C. 企业文化　　D. 以上都对

4. “材料3”中，企业单身楼楼道污染的根源是(　　)。

A. 楼房设计有缺陷　　B. 缺少管理

C. 劳务工素质问题　　D. 收入低，生活困难

5. “材料3”中，可以看出员工积极被调动的根本原因是(　　)。

A. 企业为单身公寓添置设施、粉刷了墙壁

B. 企业重视员工的生活环境

C. 取缔了影响大家休息的周边小卖部、棋牌桌，拆除了违章设施

D. 食堂饭菜好，楼道干净

第八章　场地与车辆管理

学习目标

通过本章的学习，主要掌握场地与车辆管理的基本知识，如场地的概况、场地的划分、绿化布置及其作用、车辆的概况、场地管理的基本原则、场地总体管理方法、车辆的调试管理及保养管理、在场地和车辆管理时遇到纠纷应该如何解决，了解企业日常事务中场地和车辆所要承担的责任。

案例引导

联邦快递重视车辆的管理

2009年2月25日《财富》杂志评出全世界10家最受尊敬的公司，联邦快递名列其中。联邦快递中国区副总裁陈××接受记者采访时说，很多人认为联邦快递成功是因为它有很多的飞机、有庞大的网络等，但这不是公司主要的竞争核心，重要的是如何使得这些飞机、网络成为公司的一大武器，而车辆的调度则是其关键之一。

在车辆的调度工作方面，联邦快递注重车辆调度员工自身的发展，这也是公司以人为本的文化内涵之一。陈××先生告诉记者，公司很注重对车辆调度员工的培养，每一个岗位都有一个培训计划；对于新人，公司不仅对他们进行专业培训，还会对他们进行管理培训，让员工清楚公司文化和自己未来的发展。

公司提供给车辆调度员工发展的机会，很多高职位都是首先从内部招人。陈××副总裁说，自己就是从一个销售员做到现在这个位置的，他的老板亚太区总裁以前做分拣包裹的工作，他老板的老板以前是一个递送员。

另外，公司还致力于把库房建在"车轮"上。物资供应处实施的物资配送工程，改变了传统物资供应模式，变"多家跑一家"为"一家送多家"，变被动服务为主动服务，进一步理顺了内部物流供应链，它相当于把库房建在了"车轮"上，让躺在库房里的物资流动了起来，大大提高了供应时效。实行物资配送，改变了物资供应管理人员"坐、等、靠"的旧观念，实现了库房管理者与用户面对面的交流，增进了物资供应部门与用户的理解与信任，找到了化解供需矛盾的一条有效途径。实行物资配送，还实现了物资供应部门对物资流转全过程的监管，在用料单位与供应商之间筑起了一道坚固的“防火墙”，使过去供应厂商与用料单位相互利用而形成的擅自购置、变相购置、变通走账等违规行为得到了更好的控制。这些都离不开车辆的有效合理调度。

（本案来源：中国港口集装箱网）

【启示】

一个企业的车辆保养、调度和管理是非常重要的。车辆是企业完成任务的最重要工具之一。所以，对车辆的选择、车辆的调度、车辆的布置等方面的管理是现代企业的一项重要的后勤管理工作。

第一节　场地与车辆管理概述

场地管理可分为场地安全、场地秩序、场地出租等方面的管理。车辆管理分为车辆的购置、车辆的使用与车辆的保养等管理。

一、场地管理的内容

（一）场地安全管理

“场地安全第一”是一个永恒的主题。只有场地安全，企业才能健康地发展、和谐地发展。因此，抓好场地安全工作尤为重要。抓好场地安全工作，要有切实可行的制度作保障，要建立适合自身实际的“场地安全生产责任制”。在场地安全生产工作中，我们不仅仅要制定相应的场地安全生产工作制度，而且要制定保障这些场地安全生产工作制度得以执行和落实的具体措施。我们制定制度的目的是使场地安全工作得到有效落实，从而对我们的工作起到规范、约束和指导作用，而不是为了制定制度而制定制度。

（二）场地秩序管理

场地秩序的管理，可以提高企业工作效率和质量，促进企业各项工作顺利开展。没有企业场地的井然有序，就没有高效的企业生产，有时甚至会严重影响企业的赢利。各项工作都严格执行标准化的工作程序，不能扯皮，各部门都要拿出适合各自实际情况的工作秩序，如对于生产车间而言，相应工作上班由谁管理、下班由谁管，都要明确。

（三）场地租赁管理

在企业使用场地的时候，必不可少的就是场地的租赁问题。如果租赁问题解决不好，企业的正常生产就无法进行。如果租赁活动做得不够，企业的生产成本会提高，竞争力会被削弱，从而使得企业的发展受阻。而且，企业在进行场地租赁时必须遵守国家法律。现代企业后勤管理对场地的租赁都予以了重视，所以我们也必须重视起来，这样才能切实帮助企业获得稳定的生产流程和竞争力，使企业健康发展。

总之，场地的安全、场地的秩序、场地的租赁等问题，对于企业而言都是缺一不可的，是相辅相成的。企业必须予以重视，这样才能保证企业的正常运作。

二、车辆管理的内容

（一）车辆的购置管理

车辆作为运营生产工具，应具有动力性、经济性、功能性、环保性、整体性，因此车辆购置的整个过程就是围绕上述指标进行的。现代企业的生产已经不可能离开车辆这种交通工具了，可以预知，在未来企业生产会越来越依赖于车辆的使用，因此企业采购车辆，必须予以重视。车辆的购置过程主要可以归结为信息收集、方案决策、验车使用三点。而对于具体如何进行购置，我们在接下来的小节将详细探讨。

（二）车辆的使用管理

对车辆进行购置之后，下一步则是车辆的使用管理。其目标在于防止机动车零部件发生异常磨损，延长其使用寿命，减少机械修理费用支出，提高经济效益。为此，使用者必须严格遵守说明书上的使用规定和操作规程，并进行科学的维护保养，及时排除故障隐患，从而最大限度地减缓零部件的磨损速度。当然，在车辆的使用管理中还包含了丰富的内涵，其内容应该被大家所重视起来。否则，辛苦采购回来的车辆很可能在短期内因使用不当而报废，这是严重的浪费，而且会严重影响企业本身的运作。

（三）车辆的养护管理

在车辆使用过程中，随着行驶里程的增加，零件的磨损不断增大，其结果是汽车的动力性、经济性和可靠性不断降低。为了延长车辆的使用寿命，降低零件磨损速度，防止发生机械事故，保证场地安全行车，减少燃料消耗，节约经费开支，保持车辆外表的整洁，减少车辆噪音和对环境的污染，必须及时对车辆进行养护，车辆养护主要是采取预防性技术措施。它规定了执行技术保养的分组，各级保养作业内容、技术要求和保养周期等。

企业车辆的购置、使用、保养是一个连续的过程，任何一个环节做得不好都会影响企业车辆的正常使用，所以企业必须要重视起来。

第二节　场地管理

企业场地环境的好坏，是反映该企业精神面貌、工作秩序的重要标志之一。因此，企业场地的合理配置安排，场地卫生与绿化的监督与执行是企业后勤的一项重要工作。企业场地环境配置与环境的好坏直接关系到企业各部门工作人员的工作与生活质量的高低，体现了一个企业的行政管理水平、工作作风和工作效率。

一、场地安全管理

场地安全管理，就是在生产的整个实施过程中，组织场地安全生产的场地安全管理活动。场地工作是在规定的时间、特定的空间所进行的人、财、物动态组合过程。场地工作面广点多，工程复杂，工期较长，涉及人员、材料、机械众多，要求协作性强，同时受外界干扰及自然因素影响也较严重，这就决定了组织场地安全生产活动的重要性和细致性。同时，管理工作还要达到严密性、可操作性与管理科学性等要求。工作项目要实现以经济效益、社会效益为中心的工期、费用、质量、场地安全等综合目标的管理，必须对与之相关的生产因素进行有效控制。为此，场地安全管理应处理好场地安全与生产、场地安全与质量、场地安全与危险、场地安全与速度、场地安全与效益五个方面的关系。

（一）场地安全与生产统一的关系

场地安全是为了生产，但生产必须保证场地安全。当生产与场地安全发生矛盾，生产危及员工生命或国家财产时，生产必须服从场地安全。要采取各种有效措施来消除危险因素，从而使生产更好地进行下去。“场地安全第一”是从保护生产力的角度和高度，表明了在生产范围内场地安全与生产的关系，肯定了场地安全在生产活动中的位置和重要性。因此，坚持“场地安全第一，预防为主”和“管生产必须管场地安全”的方针，是场地工作管理中一贯执行的准则，场地安全与生产是辩证的统一。

（二）场地安全与质量包含的关系

质量是任何工作项目的使用价值和适用性需要的满意程度。质量包括产品质量、工程质量和场地安全工程质量；场地安全概念也包含着质量，场地安全与质量交互作用、互为因果，这就是场地安全与质量的包含关系。“场地安全第一”，“质量第一”，两个“第一”并不矛盾。“场地安全第一”是从保护工作的角度出发，而“质量第一”则是从关心工程成果的角度出发的。场地安全为质量服务，质量则需要场地安全的保证。在工作活动中，人是生产要素中最活跃的关键要素，物是生产要素中不可或缺的物质基础，环境是生产的平台，是工作生产要素的集中地。在工作中，要依据工作中人、物、环境因素的活动规律，充分发挥其积极性，从而使事物的一切管理活动得到有利控制，场地安全得到保障，工程质量得以提高。如果人在场地工作过程中总是受到场地不安全因素的影响，其活动就会受到限制和严重影响，工程质量也必然受到影响。人们只有在工作中感到场地安全，才可能全身心地投入工作，并创造出高质量的工程，场地安全与质量是相互包含的关系。

（三）场地安全与危险并存的关系

场地安全与危险是相对的概念，是人们对生产、生活中可能遭受健康损害和人身伤亡的综合认识。场地安全是指生产系统中人员免遭不可承受危险的伤害。危险是

指系统中存在特定危险事件发生的可能性与后果的总称。场地安全与危险在工程工作中，并存于同一事物中，它们是相互对立、相互依存的关系。场地安全与危险并非是等量并存、平静相处的，而是随着事物的运动变化而不断变化的，事物的状态将向斗争的胜方倾斜。在事物的运动中，不会存在着绝对的场地安全或绝对的危险。因此，场地安全生产管理必须坚持"场地安全第一，预防为主"的原则。贯彻预防为主，就要积极采取消除场地不安全因素的有效方法和可靠措施，并在实施中经常检查预防措施的有效性，纠正其偏差，一旦发现新的不利于场地安全的因素，应尽快采取措施消除，从而杜绝危险，使场地安全得到保障。

(四) 场地安全与速度互保的关系

工期是保证工程质量和场地安全的重要条件，是设计部门经过周密细致的计算得出来的。每个环节、每道工序都有相对独立的、科学合理的时间要求。工作速度是工期的保障，也是质量和场地安全的保障。在工作中，为了追求进度，一味蛮干、乱干，在侥幸中求快，缺乏真实性与可靠性，一旦出现场地安全事故、质量事故，就必须停工，找出事故原因并采取相应处理措施后再组织工作，这自然就影响了工作进度。场地安全就是速度，速度应以场地安全做保障。合理的工程进度必须能最有效、最合理、最经济地配置和使用现有资源，使进度、费用、质量达到最佳匹配，场地安全得以保障。场地安全与速度是成正比的关系，我们所追求的应该是保证质量前提下的场地安全和速度。当速度与场地安全发生矛盾时，应暂时放慢速度，甚至停工整顿，确保场地安全之后，再重新开始工作，决不可蛮干。场地安全与速度是一种互相保证的关系。

(五) 场地安全与效益兼顾的关系

效益是企业追求的最终目标。工作项目效益好了，企业才能不断壮大与发展。企业在工作中，应采取积极有效的场地安全技术措施，按国家有关规定，创造和改善好劳动条件，这样会大大调动工作人员的积极性，使他们焕发劳动热情，带来经济效益，为保证场地安全而支出的费用也会得到回报或获得超出投入的回报。场地安全与效益是一致的，场地安全会促进效益的增长。场地安全就是效益，效益与场地安全是息息相关的，如果工作中经常出现场地安全事故，则进度、质量均受影响，投资效益就会受损，成本就要增加。在场地安全管理中，场地安全经费投入要适当、适度，要按政策和实际需要办事，要精打细算、统筹安排，既要保证场地安全生产，又要经济合理。场地安全和效益应是相互兼顾的。只有处理好二者之间的关系，才能获得双丰收。场地工作的质量、进度、成本与场地安全密切相关，它们之间存在着相互制约又相辅相成的关系，它们是有机地联系在一起的系统工程的关键要素。工作项目的质量与场地安全是工程建设的核心，是决定工程建设成败的关键；工作进度的实现必须以场地安全为保证；成本与场地安全息息相关。

只要场地安全生产管理坚持"场地安全第一，预防为主"和"管生产必须管场地安全”的原则，正确处理好场地安全与生产、场地安全与质量、场地安全与危险、场地安全与速度、场地安全与效益这五种关系，场地工作才能够得以顺利进行，工程项目的经济效益、社会效益也才会大大提高。

 案例分析

长航重工红光港机厂强化人员设备场地安全管理

近年来随着港机市场的不断做大，企业生产经营的安全风险也相应增加，中国长航重工红光港机厂在发展生产的同时，时刻将安全放在第一位，最近着重从人、设备、场地三方面出台了一系列安全管理新举措，着力构建良好的安全文化环境。

在人员安全管理上，通过强化管理制度、教育培训和严格考核等提高全员的安全防范意识和安全操作技能，并建立安全责任书制度。2007年3月份与中层以上管理人员层层签订了安全生产责任书，明确各自在生产管理中的安全职责，在年度经济责任制中将安全作为一项重要考核指标与他们的绩效挂钩。针对大型港机现场吊装安全，制定并下发了《大型港机厂内总装及其大件吊装安全管理规定》，加大了全员的安全培训力度。2007年3月12—17日，长航重工红光港机厂利用晚上业余时间组织厂领导、各基层单位中层管理人员、一线安全员、外包队安全负责人参加安全管理资质取证培训学习。厂工会组织安全巡查员进行安全知识的培训，做到“安全管理一层抓一层，层层有人抓，层层抓落实”。厂里还利用下班时间分批对厂员工、外用工进行安全思想、安全技能培训。并有针对性地召开安全座谈会，如2007年3月初组织召开了在外安装门机人员家属代表座谈会，希望员工家属做好后勤保障，使员工在外安心工作，安全、优质、高效地完成安装任务。严格安全考核，制定并下发了《安全管理考核实施办法》，对安全管理工作进行周检查、月考核，与单位的分配挂钩。树立安全生产典型，通过广泛宣传和表彰奖励，在全厂营造学习先进典型的良好氛围。

在设备的安全管理上，制定并下发了《红光港机厂特种设备重大事故应急预案》，建立完善特种设备安全管理制度和岗位安全责任制度，严格执行特种作业人员持证上岗制度；并且加大了设备检查考核力度，坚持每周进行设备安全检查，并在生产调度会上通报检查情况，提出整改要求，还将检查结果纳入工作考核中，奖罚月度兑现。

在生产场地安全方面，严格实施现场“5S管理”考核，即对生产现场进行整理—整顿—清扫—清洁—素养的考核，每周检查施工现场工件摆放安全、通道畅通安全、工作场所的卫生清洁度、安全区域的划分标识，以及员工的安全文明施工行为等，每月汇总考核结果，与单位的月度收入挂钩。

（资料来源：陶春琼，《长江航运报》，2007-5-1）

【总结】

场地安全管理是一项基本后勤管理工作，但是许多企业对此方面的重视往往只是停留在口头上，并没有落实到位、落实到人，深入到细节、深入到心，因而安全事故时常发生。红光港机厂强化人员设备场地安全管理的做法，改变了这一习惯，值得关注。

二、场地秩序管理

场地秩序的管理，可以提高企业工作效率和质量，促进企业各项工作顺利开展。没有企业场地的井然有序，就没有高效的企业生产，有时甚至会严重影响企业的赢利。就企业后勤工作方面的范畴，一般来说分为三个部分的要求。

（一）场地卫生方面

企业各部门卫生要做到地面无痰迹、污垢，无烟头、纸屑，无积尘、积水，无其他废弃物；墙壁无积尘、污迹，无蛛网、虫网，无乱涂乱画；门窗无积尘、污迹，窗明门净；办公物品要摆放整齐，桌面、柜顶无杂物存放，灯具光洁明亮，无积灰。

搞好场地卫生管理，可从“5S管理”（整理、整顿、清扫、清洁、素养）入手。整理，将工作场所内的任何物品分为有必要的和无必要的，有必要的留下来，无必要的清除掉，腾出空间、场地，保持一个清爽的工作场所，可有效避免误送、误用的不良后果。整顿，把物品依专用位置摆设整齐，并加以标示，如此既可清除过多的积压物品，又能节约寻找物品的时间，整齐的工作环境令人耳目一新、心情愉快。清扫，把工作场所彻底清扫干净，保持环境干净整洁。清洁，每天维持以上成果。素养，每位员工养成良好习惯，并自觉按规则办事，培养积极主动、团结协作的团队精神，进而形成一个优良的企业文化氛围。

（二）企业办公楼的秩序

1. 车辆停放方面

企业各员工要按照企业车辆管理规定，有序出入企业大院。汽车要按照规定停放在指定停车位，在企业大院内停放车辆的应遵守企业保安人员安排，做到有序出入、文明停放。摩托车、自行车也要统一停放在指定位置。

2. 人员出入方面

统一办理IC卡式工作证，企业全体工作人员凭证出入，无证登记，以区分办事群众，进一步规范企业考勤秩序。

3. 会议室使用方面

企业会议室实行8小时值班制，各部门使用会议室时，应提前一天与值班人员联系登记，填写统一印制的“会议室使用单”，由会议室工作人员协调安排。使用完毕后由使用部门有关负责人和会议室工作人员共同签字，以确保会议室各种设施完好。

各使用部门要自觉爱护会议室各种设施设备，不准在室内墙壁及桌椅、器具上乱写乱画。损坏物品者应等价赔偿。

（三）企业场地安全保卫方面

1. 用电场地安全方面

如果企业供电线路已投入使用多年，室内照明线路存在老化、风化现象，动力线路超负荷运行，就会存在场地安全隐患。不管有没有出现这种情况，从提高企业场地使用寿命的角度来看，各部门应尽量不使用大功率电器；空调设定夏季不能低于26℃，冬季不高于20℃；空调开启时尽量不要开窗户，员工离开时应随手关闭空调；白天尽量利用自然光照明办公，养成“随手关灯，人走灯灭”的良好习惯。

2. 内部保卫方面

各部门、科室夜间不存放现金、有价证券，手机等贵重物品要随身携带，下班后办公室要锁好，避免人为因素造成不必要损失。

加强内保组织机构和制度建设，增加必要的智能安全监控设施设备投入，完善治安人员值班制度，加强全员安全保卫和保密知识教育，增强安全防范意识，将内保工作制度化、智能化、群众化。

三、场地出租管理

（一）以登记备案制度为主线，全面提升场地租赁的管理水平

1. 制定合同是基础

租赁是一种民事法律关系，在场地租赁关系中出租人与承租人之间所发生的民事关系主要是通过租赁合同确定的。因此，在租赁中出租人和承租人应当对双方的权利和义务都做出明确的规定，并且以文字形式形成书面记录，成为租赁双方都要共同遵守的准则。合同是处理场地租赁纠纷的重要依据。

2. 做好细致的备案

备案登记是场地租赁各项工作开展的前提，没有备案登记，后续工作无从谈起。备案登记制度也是出租场地进入场地租赁市场的准入制度，它不是简单的登记和收费，而是对出租场地的主体资格审查，对不符合法规和政策的场地不予登记，对进入租赁市场的场地进行信息录入和数据统计。做好备案可以防止非法租赁，减少纠纷，促进社会稳定。

3. 内容要准确

在场地租赁合同中，出租方和承租方应就出租面积、租金的标准、租金给付的方式做详尽的约定。场地租赁合同是备案登记、征收房产税款的重要凭据。过去，承租方来租赁开票，往往简单地自报出租面积、租金要求，缺乏真实性，租赁方难以掌握真

实情况。登记备案制度仅是被动应付、流于形式。实行登记制度改革后，将原来的“合同备案”调整为“出租场地备案”，这是出租人申请出租场地手续的唯一凭证，杜绝了承租双方任意申报面积和提出不合理租金要求的行为。

4. 做好原始台账的登记整理工作

原始台账要准确，需填写的内容应包括：住所地，户主年龄、工作单位、家庭人口状况，租赁时间，租赁用途，租金及收缴情况等，并要有专人进行登记、整理和保管。

（二）以房产管理的资源为平台，发挥企业租赁优势

1. 开展租赁场地信息普查，规范企业场地租赁管理

信息是决策的主要依据，也是做好场地租赁工作的基础。新的租赁登记办法的核心是掌控准确到位的信息。这就要求我们不能简单地等人上门，而是要依靠自身，借助各方力量和资源优势，对属区进行详尽的出租房源普查，取得相对静止的一手数据。场地的租赁许可制度规定，只有取得场地租赁许可证的房源或场地才可以出租，否则就是违规，要杜绝违规出租行为。

2. 参考政府建立场地租赁价格指导，合理利用市场

租赁市场属于市场经济的范畴，必须按照市场规律办事，价格放开，租金随行就市，由租赁双方根据市场情况自行议定。公司场地管理部门应在充分市场调研的基础上，采取科学的测算办法，定期制定和公布不同地段、不同结构、不同用途的场地的阶段性租金，进而制定出企业场地租赁指导租金（报政府物价部门审批），每半年公布一次。企业可充分利用这方面的信息来进行租赁选择。

（三）加强协作，与政府共建租赁市场

房屋租赁管理不是简单的租赁管理，而是一项复杂的社会工程。经营性房屋涉及工商、税务，居住性房屋涉及承租人户籍、流动人口、治安、社区、物业等，甚至涉及政府的多项职能。单靠房产部门一家管理是不够的，建议采用地方法规形式，明确政府企业相关部门与房屋租赁的协作关系。应与派出所共同探索“房产合一”管理，形成租赁方、派出所、物业公司“三位一体”管理模式。

（四）规范管理，照章纳程

逃税是违法行为，要受到法律的惩处。当前有许多企业内部部分单位或个人以“联营”、“承包”为借口来逃税；“黑租”现象严重，企业外来务工人员剧增，“一户多房”较为普遍，多余房、自购房作为投资的收益已成为部分居民的收入来源。由于多数出租房没有登记备案，也成为逃税的“黑洞”；隐秘变相出租掩盖了租赁关系，多数用“亲戚借用”、“朋友借住”的方式达到逃税目的。许多刑事案件都与非法出租有关，给社会治安带来隐患。现代企业必须意识到，为了蝇头小利铤而走险是不可取的，必须遵纪守法，这样才能从根本上维护企业的生产稳定。

案例分析

杨家坪地下商场场地出租率连续四年保持100%

杨家坪地下商场，在严峻的市场竞争中，连续八年保持市级“文明市场”、“消费者信得过企业”荣誉，场地出租率连续四年保持100%，取得了“四连冠”的好成绩，保证了国有资产的保值和增值。

建场十五年来，杨家坪地下商场管理站把思想教育和规范管理有机地结合起来，进行了科学的探索和实践。一是引进ISO9001国际质量管理体系，坚持规范管理，提升商场对外形象；二是坚持搞好经营人员的教育培训，切实提高思想素质和职业道德，培养“讲文明、讲道德、守纪律”的经营人员队伍；三是坚持开展“诚实守信”、“文明礼仪”等活动，增强团队精神和凝聚力；四是把安全管理列为企业的一项重要工作，坚持抓好防火、防盗等工作，确保商场和谐、平安，增强了广大经营户的信心；五是搞好优质服务，通过承诺服务等方式，维护消费者合法权益，为经营户办实事，集聚人气，创造良好的经商环境。

【总结】

从此案例可以看出：杨家坪地下商场，在严峻的市场竞争中，之所以取得场地出租率连续四年保持100%的好业绩，主要得益于对商场的规范管理和对员工的规范管理，得益于它的优质服务和维护消费者权益的实际行动。

四、场地规划管理

（一）场地规划管理的基本原则

1. 场地的局部环境与企业的整体环境相适应

设计时要根据企业的环境、立地条件、植物的分布、经济的可行性、设计场地的类型，研究场地的位置分配和质量水准。在环境优化的角度看来，对于构成全企业厂区的场地底色和背景，应该设计为粗放型管理的场地，不宜过多地采用价值昂贵、管理精细的场地。这样既能保证场地美化，又可以尽量减少场地的布置费用。

2. 场地的布置要满足各种功能要求

在进行场地总体设计时，先要明确企业厂区的场地的首要作用是什么，到底是为了满足最基本的生产需要，还是要在原有环境的基础上进行改善或优化。在此前提下，再审度该场地设计应该具有的其他功能。如厂前区的休闲场地应该尽量满足美化等要求，而车间场地则要适应工间休息的需要等。

3. 结合总体布局，形成场地系统

按功能分区来进行具体布局，各区域的成片场地在保证基本功能的前提下，既要

各具特色，又要多样统一。重点场地要布置适当，通过场地系统，把各片场地串联起来，形成有分隔、有联系，点、线、面结合的大场地系统。

4. 局部有特色，全局要统一

结合局部地形、条件对场地进行布置改造。要有主、有次、有特色，同时也要与全厂区、全企业的场地风格有联系、相统一，做到既有分隔，又互相渗透。

5. 借企业建筑物创造景观

各种建筑物，是企业环境的主体部分。在总体设计时，巧借其中造型美观、独特的部分，精心修饰处理，使得场地本身与其适当地组合，形成既实用又独特的企业场地。

（二）场地总体规划方法

场地总体规划时要先进行整体布局，将厂区场地布置的总体设计目的、功能分别以一定形式赋予各个场地空间。

1. 根据企业厂区场地总体规划进行设计

规划时，要首先核对总体设计确定的厂区和城市规划的关系，不要因与城市总体规划产生矛盾而前功尽弃。一个车间周围的场地布局，要与全厂总体规划相结合，不要与生产、工艺及发展发生矛盾。

2. 摸清内外情况，进行合理的功能区分

在确定改造借景方案以后，在摸清内外情况的前提下，对整个场地地段的功能进行切块划分，其要点有以下几方面。

(1) 根据设计任务书的要求和现状分析，先将用地规模最大的区域划出，然后再布置小块的功能分区。

(2) 人员密集的区域与文化活动区域相互分隔，避免互相干扰，保证各自的使用功能。

(3) 厂区中作为大型场地的布局要根据用地大小、周边形状和现有内容来确定各功能分区的相互分割与结合。

(4) 布置场地中的用水、排水、用电、取暖设施时，在满足功能的前提下最好相对集中布置，以减少工程量和费用支出。

3. 根据环境条件确定场地形式

企业厂区场地布局形式可以参照园林三大类进行设计。但具体采取类型，应根据企业的环境情况，从有利于生产、场地安全和满足员工需求等方面出发，综合考虑。

4. 根据内外联系确定场地的位置和方向

在经过翔实的调查后，确定可利用的各种条件。阻隔、封挡噪声和污染源，解决排水流向及企业外观现有物体与企业内在物体的衔接问题。

5. 利用和改造原有地形，创造最合理、最佳视觉效果

结合规划区的现状和设计要求，确定有特色并可加以利用的地形，哪些可以改造利用，哪些要移走替换。这一工作要反复推敲，以发挥拟建场地的最大优势，利用最佳景观视野，最具特色的地形、地物，不拘一格进行设计，以最少的投资取得最大的实际效果和最佳的视觉效果。

(三) 企业场地规划中的总体布局

场地的总体布局对整个环境具有一定影响。它关系到企业环境布局及环境管理的方向。企业办公区的环境对办公区工作人员的身心健康和工作效率非常重要。

厂区各类建筑和设施的布局，首先应满足生产的需要，使原料进厂直至成品入库等一系列有关过程有条不紊地进行，与卫生防护、生产场地安全紧密联系，在管理上能及时、有效地指挥调度。厂区场地管理是否能达到预期的效果，也同样取决于全厂区的合理布局。

一般企业采用规则式的布局。企业中心采用往复式或环式布局，干道旁行列式分布各主要生产车间，在其周围布置相应的辅助车间。动力设施通常设在厂区的下风位置，并接近应用动力的车间。各车间之间均应用支道和干道连接。行政楼、俱乐部、食堂等管理建筑一般与空地、广场结合在一起，邻近城市道路构成厂前区。员工居住区要与厂区隔开，形成独立的地段，并与城市道路相接。

第三节　车辆管理

车辆是企业生产、经营、管理，以及企业人员工作中不可缺少的物质条件。企业的汽车运输，担负着生产、销售、管理、员工生活等各方面的繁重任务，是企业各项工作的重要物质保证。它具有作业分散、时间性强、技术性强、场地安全要求严格等特点，做好企业车辆管理，是企业行政事务管理中一项大而艰巨的任务。

既然车辆是企业开展各项工作的重要交通工具，那么必须对它们进行统一合理管理。车辆的调度与保养管理是后勤主管进行车辆管理的重要内容。

一、车辆的购置管理

车辆作为运营生产工具，应具有动力性、经济性、功能性、环保性、整体性，车辆购置的整个过程就是围绕上述指标而进行的。其主要过程可以归结为信息收集、方案决策、验车使用三个方面。

(一) 信息收集

信息收集应分为内部信息收集与分析和外部信息收集与分析两部分。其中，内部信息收集与分析主要是根据企业规划，确定对所购置车辆的综合要求，包括车辆更新计划、更新车辆投放的线路情况、车辆新技术新装备的要求、同类车型前次购置主要问题、保养维修能力和使用单位的特殊要求。外部信息收集与分析则主要是针对新车要求，从客车及配件市场上评价供货商，包括客车产品目录、对制造厂评价（生产能力、市场信誉、产品周期状况、质量、售后服务）、客车市场调查（结构分析、现有客户使用情况评估）、重要配件制造厂评价和配件供应市场调查。

（二）方案决策

方案决策就是在信息处理过程中，紧密围绕车辆的动力性、经济性、功能性、环保性、整体性进行综合分析与认证，确定供货商并签订合同，实施购车。方案的选用与认证：由专业部门提出基本配置、辅助配置的意见，购置部门提出对供应商的评价意见，企业最高管理机构决策。签订合同，实施购车：购置部门根据企业最高管理机构的决策同供货商签署合同，专业部门同供货商签订技术协议。

（三）验车使用

车辆购置以后，应对车辆交货前后实施有效的质量监督与跟踪，从而确保购置质量。应该根据实际情况，分别制定车辆总装过程用户质量抽检标准和车辆交货验收标准，并对检验、验收记录进行分析，确定质量追溯要求。建立使用信息反馈记录，内容包含质量状况、配置合理性、主要问题和改进措施/建议。该使用记录既是处理现有问题的依据，又是今后决策的参考依据。

二、车辆的调度管理

（一）车辆调度的分类

车辆调度问题（visual-schedule problem，VSP）被提出后，国内外各学科的学者从不同角度对它进行了各种研究，并各自按不同的标准对它进行了分类。

1. 按车场数目分

按车场数目，车辆调度问题分为单车场车辆调度问题和多车场车辆调度问题。单车场车辆调度问题指配送系统中仅有一个配送中心，多车场车辆调度问题指配送系统中存在多个配送中心。

2. 按配送任务特征分

按配送任务特征，车辆调度问题分为纯送货问题、纯取货问题，以及取送混合问题。其中，纯送货问题指仅仅考虑从物流中心向客户送货，而不考虑从用户向配送中心送货；纯取货问题指单纯考虑从各客户供应处取货到配送中心，而不考虑配送中心给客户供货问题；取送混合问题是上面二者的有机组合，既要考虑将客户需要的货物从物流中心送到各个客户手中，又要考虑将客户提供的货物从客户处取货到物流中心。

3. 按车辆载货状况分

按车辆载货状况，车辆调度问题分为满载问题、非满载问题，以及满载和非满载混合问题。满载问题指的是货运量不小于车辆容量，完成一项任务需要不少于一辆车；非满载问题指的是货运量小于车辆容量，多项货物合用一辆车，在实际的车辆配送过程中经常会出现这种非满载的情况；满载和非满载混合问题是上述二者的有机组合，既存在一部分客户需求、供应的货物数量大于或等于车辆的载重量，又存在另一部分客户需求量或供应的货物数量小于车辆的载重量，上述情况就造成一部分配送车辆满载运行，而另一部分运行在非满载的状态下。

4. 按客户对货物处理时间的要求分

按客户对货物处理时间的要求，车辆调度问题分为无时间约束问题和有时间约束问题。其中，无时间约束问题指的是客户对货物的取走和送到时间没有严格的要求；有时间约束问题指的是客户要求将他需要的货物在一定的时间范围内送到，并且将供应的货物在一定的时间范围内取走。有时间约束问题又分为硬时间窗问题和软时间窗问题。硬时间窗问题指的是对任务的完成有硬性的时间限制，或者说时间要求。软时间窗问题指的是有一定的时间约束，但是相对比较宽松，应尽量在用户规定的时间范围内将货物送到或者取走，如果超越了规定的时间限制，可能要有一定的处罚机制。

5. 按车辆类型分

按车辆类型，车辆调度问题分为单车型问题和多车型问题。单车型问题指所有配送车辆类型和容量相同，方便统一管理和装卸。多车型问题指在执行任务过程中的配送车辆类型和容量不完全相同，这种情况处理起来比较复杂。

6. 按车辆对车场所属关系分

按车辆对车场所属关系，车辆调度问题分为开放式车辆调度问题和封闭式车辆调度问题。开放式车辆调度问题指的是车辆完成配送任务后可以不返回发出的车场；封闭式车辆调度问题指的是车辆完成配送任务后必须返回发出车场。

7. 按优化目标数分

按优化目标数，车辆调度问题分为单目标问题和多目标问题。单目标问题指的是仅考虑一个配送目标；多目标问题指的是同时考虑多个配送目标。

（二）车辆调度的优化目标

车辆调度是否合理对配送速度、成本、企业效益的影响很大，如何有效、合理地对车辆调度问题进行优化，就成了非常现实的问题。在进行车辆调度优化时，必须遵循基本原则，有明确的目标。可以只选用一个目标，也可以选用多个目标。

（三）车辆调度的基本要求

1. 车辆调度的总体要求

各级调度应在上级领导下，进行运力和运量的平衡，合理安排运输，直接组织车辆运行并随时进行监督和检查，保证月度生产计划的实现。

(1) 根据运输任务和运输生产计划，编制车辆运行作业计划，并通过作业运行计划组织企业内部的各个生产环节，使它们形成一个有机的整体，进行有计划的生产，最大限度地发挥汽车运输潜力。

(2) 掌握货物流量、流向、季节性变化，全面细致地安排运输生产，及时反映运输工作中存在的主要问题，并向有关部门提出要求，采取措施，保证运输计划的完成。

(3) 加强现场管理和运行车辆的调度指挥，根据调运情况，组织合理运输，不断研究和改进运输调度工作，以最少的人力、物力完成最多的运输任务。

(4) 认真贯彻汽车预防保养制度，保证运行车辆能按时调回进行保养，严禁超载，维护车辆技术状况完好。

2. 车辆调度人员的责任

为了做好各项工作，调度部门一般会设置计划调度员、值班调度员、综合调度员和调度长。

(1) 计划调度员的责任。① 编制、审核车辆平衡方案和车辆运行作业计划，并在工作中贯彻执行，检查总结。② 掌握运输计划及重点物资完成情况，及时进行分析研究，提出措施和意见。

(2) 值班调度员的责任。① 正确执行车辆运行计划，发布调度命令，及时处理日常生产中发生的问题，保证上下级调度机构之间的联系。② 随时了解运输计划和重点任务完成进度，听取各方面意见，做好调度记录，发现情况及时向领导汇报。③ 随时掌握车况、货况、路况，加强与有关单位的联系，保证单位内外协作。④ 签发行车路单，详细交代任务和注意事项。⑤ 做好车辆动态登记工作，收集行车路单及有关业务单据。

(3) 综合调度员的责任。① 及时统计运力及其分布、增减情况和运行效率指标。② 统计场地安全运输情况。③ 统计运输生产计划和重点运输完成进度。④ 统计车辆运行作业计划的完成情况及保养对号率。⑤ 及时做好有关资料的汇总和保管。

(4) 调度长的责任。全面领导和安排工作，在调度工作中正确地贯彻执行有关政策法令，充分地发挥全组人员的积极性，确保运输任务的完成。

3. 调度工作的“三熟悉”、“三掌握”、“两了解”

调度人员通过调查研究，对客观情况必须做到“三熟悉”、“三掌握”、“两了解”。

(1) “三熟悉”。① 熟悉各种车辆的一般技术性能、技术状况、车型、技种、容积、车身高度、自重、使用性能、拖挂能力、技术设备、修保计划、自编号与牌照号、驾驶员姓名。② 熟悉汽车运输的各项规章制度、场地安全工作条例、交通规则、监理制度的基本内容。③ 熟悉营运指标完成情况。

(2) “三掌握”。① 掌握运输路线、站点分布、装卸现场的条件及能力等情况，并加强与有关部门的联系。② 掌握货物流量、流向、货种性能、包装规定，不断地分析研究货源物资的分布情况，并能加强与有关部门的联系。③ 掌握天气变化情况。

(3)“两了解”。①了解驾驶员技术水平、思想情况、个性、特长、主要爱好、身体状况、家庭情况等。② 了解各种营运单据的处理程序。

4. 车队的工作要求

车队在生产上的工作应围绕和服务于汽车运行，为使运行安排和调度命令能够顺利实施，应做好如下工作。

(1) 加强对驾驶人员的服从调度指挥的教育，对不服从调度指挥的驾驶员应进行帮助教育。

(2) 车队应经常和调度室取得联系，及时将车队的车辆技术状况、驾驶员身体状况和完成任务等情况告诉调度室，并出席有关业务会议。

(3) 驾修合一，车队应按计划保修车辆，提高保修质量。

(4) 及时收集和反映对调度工作的意见，帮助改进调度工作。

(5) 车队应主动配合调度部门的工作，不要干预车辆运行。驾驶人员应服从调度指挥，严禁无调度行车。如对调度安排有意见，应向车队和调度室反映，在调度未作更改以前不得拒绝执行。

三、车辆的使用管理

(一) 重视车辆磨合期

新车或大修以后的车辆，由于其零件表面都有凹凸不平的加工痕迹，影响了零件表面良好润滑油膜的形成，因此必须进行磨合才能投入正常的使用。车辆磨合期的特点是磨损速率高，摩擦阻力大，摩擦表面温度高。做好车辆的磨合工作，可大大改善零件表面质量，提高耐磨性，为延长车辆使用寿命奠定基础。磨合必须按照厂家的规定进行，一般先进行冷磨合，即由其他动力带动车辆进行运转(也有的不进行冷磨合)，然后启动发动机进行热磨合，转速由低到高，负荷由小到大，直至额定转速下满负荷运转。有些驾驶员不重视车辆磨合，认为那既浪费时间又耗费油料，一接新车(或大修后的车)就满负荷投入作业，这种做法是极其错误的，它将使各机件在使用初期就严重磨损，为车辆的后期使用留下了故障隐患。

(二) 正确启动发动机

统计表明，在发动机的总磨损量中，启动磨损约占50%，而冬季启动发动机磨损更大。一般情况下，启动发动机一次，活塞环和缸壁的磨损量相当于正常工作1～2小时。影响发动机启动阶段磨损的主要因素有以下几个。① 停车时间长短。停车时间越长，启动磨损就越大。这是因为停车时间越长，机油从摩擦表面流失越多，而新的润滑油膜又需要发动机启动一段时间后才能形成。在这种情况下，相互运动的表面处于干摩擦状态，故大大加速了其磨损。② 启动时发动机温度的高低。启动时发动机温度越低，磨损越大。因为机油在低温下黏度大，流动性差，不易进入摩擦表面，难以保证润滑。再者，冷车启动燃油燃烧不充分，未雾化和燃烧的燃油沿缸壁流入油底壳，会冲掉缸壁油膜并稀释机油。试验表明，在－10℃时启动一次发动机，相当于车辆行驶200～250公里的磨损量。为减少发动机启动磨损量。① 应在启动前用手柄摇转发动机曲轴，使机油尽量先期到达各摩擦表面。② 短时间停车时，不要熄火，因为熄火后频繁启动所造成的机件磨损、蓄电池损坏带来的损失远比不熄火所耗费的油料大得多。③ 注意做好发动机启动前的预热工作。在冬季或深秋启动发动机前，一定要预热发动机，千万不要冷启动，通常可采用加注热水、机油预热等方法，严禁不经预热而连续多次使用发动机。还有些驾驶员习惯使用低温启动液或拖拉启动，这两种办法都会加剧发动机的磨损，缩短车辆的使用寿命。

（三）保持发动机正常的工作温度

发动机工作时，应保持冷却液温度在80℃～90℃，温度过高或过低，对其使用寿命影响都很大。温度过高引起金属膨胀量增大，破坏正常工作间隙，容易产生活塞咬死、拉缸等危害。高温还会加速机油氧化变质，加剧机件磨损。温度过低会使发动机磨损加剧。据试验，冷却液在50℃时发动机磨损量是冷却液90℃时的2～3倍；冷却液40℃时磨损量比90℃时大4～5倍。也就是说，如果发动机经常在90℃下工作，发动机使用寿命可达10万公里，而经常在40℃下工作，则寿命只有2万公里。有的驾驶员错误地认为，“温度宁低勿高”，这种认识要杜绝。另外，深秋和冬季要特别注意发动机保温，切不可拆除节温器或将小循环管道堵塞，以免影响发动机正常工作，加剧磨损，降低其使用寿命。

（四）坚持中速行车

行驶速度对发动机的磨损影响较大，低速行驶时配合件间难以形成良好的润滑油膜，零件磨损较大；随着转速增加，润滑油膜形成较好，磨损逐渐减少，在中速即经济转速下的车速不仅耗油率低，且润滑油膜形成良好，磨损也最小；但发动机高速运转时，机件温度高，机油黏度低，油膜形成变差，磨损加剧。此外，如果经常猛轰油门，或行驶中不能适时换挡，使车辆长时间在大负荷低转速下拖行，也会加剧发动机的磨损。

（五）防止车辆超载

试验表明，当发动机转速不变而负荷增大2倍时，发动机磨损也增加接近2倍。车辆装载过大、道路崎岖不平，行驶中冲击载荷加大，不仅加速发动机磨损，而且容易造成车架变形，甚至引起爆胎，导致半轴、钢板弹簧等机件变形或断裂。因此，为了延长车辆使用寿命和行车场地安全，切不可超载使用。

（六）防止发动机爆燃

发动机爆燃时，燃烧室内局部温度急剧升高，活塞、气门等机件过热，汽缸、连杆和曲轴承受较大的冲击载荷，易于损坏。试验表明，爆燃严重时，可使汽缸上部的磨损增加3～5倍，并可使轴瓦的轴承合金早期疲劳脱落，或冲坏汽缸垫，甚至使活塞和连杆损坏。发动机爆燃的原因有供油时间过早，燃烧室内积炭过多，发动机过热等。为减少爆燃的发生，在使用时一是要及时变换挡位，减轻发动机负荷增加转速。如上坡时适时换入低挡，切忌使发动机长期在低速大负荷情况下运转。二是要调整好供油（点火）提前角。三是及时清除燃烧室内积炭。

（七）加强车辆保养

加强保养对延长车辆的使用寿命至关重要，实践证明，经常保持空气、燃油、机油清洁，各配合间隙合理，可有效延长车辆使用寿命。一是保持进入汽缸内空气清洁。空气滤清器是确保尘土不进入汽缸内的重要屏障，试验表明，发动机不装空气滤清器，汽缸磨损增加 8 倍，活塞环磨损增加 9 倍，其他机件磨损也大大加剧。二要保证燃油清洁。燃油中杂质和水分进入供油系统和汽缸内会引起三大精密偶件早期磨损，加速发动机磨损和损坏。三要保持机油清洁。发动机工作过程中，金属磨屑、水分、胶质等会加速机油变质，润滑性能恶化。为此必须保持机油滤清器状态良好。四是各润滑部位和不同季节使用规定的润滑油。如后桥要使用双曲线齿轮油，如使用一般齿轮油会使主传动齿轮很快磨损报废，还可能发生严重事故。五要及时调整各部配合间隙，如锥形轴承间隙、转向和制动装置间隙、气门间隙、中央传动齿轮啮合状态等，只有保证正常的配合间隙，才能保证各机件工作可靠，从而减少异响、振动、冲击的产生，延长其使用寿命。

四、车辆保养管理

对车辆保养主要是采取的预防性技术组织措施，它规定了执行技术保养的分组，各级保养作业内容、技术要求和保养周期等。

车辆技术状况下降，使用性能变差，主要表现有以下几方面。

(1) 经济性变坏，燃料与润滑油的消耗量增多。

(2) 动力性下降。汽车的最高行驶速度降低，加速时间和加速距离增加，汽车最大爬坡能力下降，牵引性能变坏。试验表明：汽车接近大修里程时，其最大行驶速度比一般新车下降 10%～15%，加速时间增加 25%～35%。

(3) 工作可靠性变差。行驶途中发生技术故障增多，小修频率和停驶修理时间增加，运效低，成本高。

汽车技术状况变化的原因是多方面的，主要有以下几个方面：汽车零件结构的影响，汽车使用合理程度的影响，保修质量的影响等。

为了方便车辆管理人员对车辆进行更好的保养管理，参照车辆保养的相关岗位要求，本着严要求、高标准、规范化、优质服务的管理理念，提高车辆保养人员的操作水平和工作效率，可参照下述行为规范。

1. 车辆保养工作人员的行为规范

(1) 工作人员按规定着装，保持仪容整洁，不喧闹或嬉戏。

(2) 使用文明用语,谦和待人,对司机要真诚、热情,讲礼貌。

(3) 工作人员在工作场合严禁吸烟,杜绝各种不讲卫生的行为发生。

(4) 站在车辆使用者的角度考虑问题,对所有车辆要爱护。

(5) 对开车人员所提出的车辆保养问题要耐心细致地解答。

2. 保养中心环境和设备的管理要求

(1) 保持保养中心的环境干净、整洁,做到地无油污,墙无尘土。

(2) 换下的旧件和新件包装等杂物不得随意堆放,保养完成后及时清理。

(3) 工作人员对保养中心的各种设备的性能要完全了解,操作方法要熟练掌握。

(4) 严格按照设备使用规程对设备进行维护和操作,确保设备、车辆和人员场地安全。

(5) 工具要摆放到指定区域,做到标准化、规范化,使用后要及时归位。

(6) 加强场地安全防范意识,做好保养中心的防火、防盗工作。

3. 实施操作的管理规范

(1) 根据车辆行驶里程、使用年限及车辆运行状况确定各项保养内容,细致检查,认真工作,保证保养效果。

(2) 熟悉车辆每项保养工作的操作规范、操作流程,并严格执行。

(3) 车辆保养过程中发现问题要及时处理,对超出保养范围的问题,应及时告知司机。

(4) 车辆保养操作过程中,严禁野蛮违章操作,要按正确的流程落实好每个操作步骤。

(5) 尊重开车者提出的车辆保养要求和意见,对开车者遗漏的保养项目及时提醒与说明,征得司机同意后方可进行遗漏项目保养。

4. 保养后检查,交付车辆的管理要求

(1) 车辆保养项目实施完成后,再次对所做的保养项目检查核实,确认项目无遗漏,质量没问题后,车辆方可交付司机。

(2) 车辆的保养状况和保养过程中发现的问题,要及时向司机说明,并做好保养记录。

(3) 在保养过程中,发现属于驾驶习惯或操作不当造成的车辆性能降低等情况,要及时提醒司机注意,并告知正确方法。

(4) 根据司机需要,耐心细致地向司机介绍车辆保养的相关知识和正确方法。

(5) 做好司机车辆保养后的回访工作,并认真做好回访记录。

第四节　场地与车辆管理中常见纠纷与化解

工商企业在将场地和车辆管理委托给专业物业服务公司管理时,通常会产生围

绕场地和车辆管理的经营行为；在企业自建综合服务公司的情况下，也会有经营行为的产生。随着场所和车辆管理范围的逐步扩大，物业管理服务涉及的利益主体日益增多，造成场地与车辆管理矛盾突出，恶性纠纷时有发生，数量虽少但影响较大。管理存在的矛盾和纠纷，不仅仅是管理服务问题，从中还折射出企业管理体制改革、规制建设、员工素质以及企业收益分配等许多深层次的社会矛盾。

场地与车辆管理中的常见纠纷目前主要表现为服务公司服务不到位，服务行为亟待规范。由于服务企业管理水平和培训工作没有及时跟上，服务意识、服务水平还有待提高，主要表现在：① 服务不规范、不到位，有的服务企业服务理念有偏差，收费至上，盲目追求利润，忽视了对员工的服务，收费与服务不相符；② 服务观念尚需改变，由于服务企业中有一部分是从部门转制而成或开发企业派生出来的，实行管理后，不少企业在思想上准备不足，服务观念没有从“管理型”向“服务型”转变；③ 财务收支不透明，企业在日常维护上收支不透明，员工对企业管理的服务缺少客观的评价依据，服务水平难以量化。

面对着种种问题，我们必须做到以下几点。

(1) 积极解决企业在场地与车辆管理上的问题。企业中场地与车辆管理与员工的日常生活息息相关，管理的好坏，直接关系和影响到员工内部能否安定团结，是构建和谐社区的重要组成部分。

(2) 规范企业管理，严格市场监管，对场地建筑、公共设施、设备保养维修的专业化管理，是确保企业和员工资产保值、增值的基础工作。

(3) 通过业务外包，建立专业物业服务运行机制，提高管理水平和管理效率，为工商企业经营管理活动提供良好的物业环境。

选择业务外包应注意以下几个方面。

首先，要选择专业化程度高、资质高、服务信誉好的专业服务公司提供企业区域场地和车辆服务工作。

其次，要细化企业服务标准。确定服务项目的分级服务标准，做到“质价相符、优质优价”。

再次，要依法及时处理管理企业违规行为，加大执法和监督力度，对违规企业严肃处理并公开曝光，维护群众利益和企业形象。

最后，还要畅通投诉渠道，建立纠纷调解机制，形成政府部门、服务企业、员工委员会、行业协会、社区居委会等多元化协调解决企业管理纠纷的机制。针对不同类型的纠纷，设立不同的调解路径。可在办事处设立管理纠纷专业调解机构，为员工提供便捷周到的法律服务，对居民、员工之间的管理纠纷进行调解，及时化解矛盾，维护社会稳定。

总之，只有这样，才能更好地化解在场地与车辆管理中，以及企业管理中的各种纠纷，从根本上维护企业本身的稳定，更好地发展生产。

技能训练

企业车辆高度信息管理演练

【目的】

通过训练了解车辆调度方面的信息化管理技术，掌握一种车辆调度管理软件的操作方法，提高车辆调度能力。

【指导】

(1) 选择一家大型企业的物流部门或在学校物流实训中心，进行车辆调度演练。

(2) 请实践导师讲解车辆调度基本知识和实际使用的车辆调度软件的基本功能、主要模块和操作方法。

(3) 学生观看教师演练车辆调度软件的实际操作，教师讲解并解答学生提问。

(4) 学生动手操作车辆调度软件。

本章小结

通过本章的学习，需要掌握以下几个方面的内容。

(1) 场地管理又可以再细分为场地安全、场地秩序、场地出租等管理。车辆管理则可以再细分为车辆的购置、车辆的使用与车辆的保养等管理。

(2) 场地管理主要内容有：场地安全管理、场地秩序管理、场地出租管理。场地管理应遵循的基本原则是：场地的局部环境与企业的整体环境相适应；场地的布置要满足各种功能要求；结合总体布局，形成场地系统；局部有特色，全局要统一；借企业建筑物创造景观。

(3) 场地总体管理方法：根据企业厂区场地总体规划进行设计；摸清内外情况，进行合理的功能区分；根据环境条件确定场地形式；根据内外联系确定场地的位置和方向；利用和改造原有地形，创造最合理、最佳视觉效果。

(4) 企业场地管理中的总体布局：首先应满足生产的需要，使从原料进厂直至成品入库等一系列有关过程，有条不紊地与卫生防护、生产场地安全紧密联系。

(5) 车辆管理的主要内容有：车辆的购置管理、车辆的调度、车辆的使用管理和车辆保养管理。车辆的调度管理和车辆保养管理是车辆管理的重要内容。

(6) 场地与车辆管理中常见纠纷与化解：积极解决企业的管理问题；规范企业管理，严格市场监管，对场地建筑、公共设施、设备保养维修的专业化管理，是确保员工资产保值、增值的基础工作；通过业务外包，建立专业物业服务运行机制，提高管理水平和管理效率，为工商企业经营管理活动提供良好的物业环境。

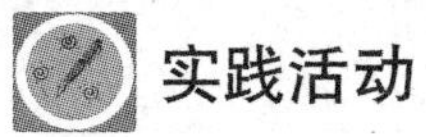

实践活动

参观考察工业场地的规划与设计

【目的】

让学生了解场地规划的理念与设计思想，了解场地设计布局的功能作用。

【内容】

参观新建工业园区、工业区的场地；请规划设计人员介绍场地规划设计的理念与思想，讲解场地设计布局的功能作用；采访相关管理人员进行相关情况的深度了解等。

【要求】

让学生分小组，安排各自行程和任务；对学生进行场地安全、守纪、文明礼仪教育；进行收集、考察、采访设计方案的指导、培训；引导学生精心进行活动的策划；备好数码照相机或摄像机、准备好记录的笔记本；部分组长先行参观，了解本次参观的内容、地点以便在班级开展参观前的宣传；聘请各参观点负责人进行介绍，条件不具备的点或由学生自行讲解；进行撰写有关参观或考察报告，录像资料的刻录及宣传展板编集资料的指导。

本章练习

一、判断题

1. “场地安全第一”是一个永恒的主题。只有场地安全，企业才能健康地发展、和谐地发展。（　　）

2. 车辆购置的整个过程就是围绕动力性、经济性、功能性、环保性和整体性指标而进行的。（　　）

3. 企业场地环境的质量好坏，与企业精神面貌、工作秩序关系不大，关键在于降低成本。（　　）

4. 场地总体规划时要先进行整体布局，将厂区的场地布置总体设计目的、功能分别以一定形式赋予各个场地空间，但也可按设计师的喜好随意设计。（　　）

5. 动力设施通常设在厂区的下风位置，并接近应用动力的车间。（　　）

6. 车辆是企业生产、经营、管理，以及企业人员工作生活中可有可无的物质条件。（　　）

7. 车辆调度是否合理对配送速度、成本、企业效益的影响很小。（　　）

8. 车辆调度的总体要求：各级调度各自为政，运力和运量的大致平衡。（　　）

9. 为了做好各项工作，一般调度部门设置计划调度员、值班调度员、综合调度员和调度长。（ ）

10. 有的驾驶员认为发动机工作时，“温度宁低勿高”，这种观点是错误的。（ ）

二、单项选择题

1. 场地的局部环境与企业的（ ）相适应。

A. 整体环境 B. 卫生环境 C. 绿化环境 D. 学习环境

2. 场地的布置要（ ），这是最基本的。

A. 满足各种功能要求 B. 招人喜欢 C. 实用 D. 成本低

3. 总体管理时要先进行（ ），将厂区的场地布置总体设计目的、功能分别以一定形式赋予各个场地空间。

A. 整体布局 B. 局部布局 C. 协调一致 D. 激励鼓舞

4. 企业的生产是连续性的，其运输部门也实行两班或三班连续作业，因此调度工作也必须有相应的（ ）。

A. 卫生管理制 B. 人员调动制 C. 工作时间制 D. 工资分配制

5. 货物流量、流向、货种性能、包装规定，不断地分析研究货源物资的分布情况，属于调度工作的（ ）的内容。

A. “三熟悉” B. “三掌握”

C. “两了解” D. “三熟悉”、“三掌握”、“两了解”都有

三、多项选择题

1. 场地管理可分为（ ）等管理。

A. 场地安全 B. 场地秩序 C. 场地出租 D. 场地规划

2. （ ）是后勤主管对车辆管理的重要内容。

A. 车辆的调度 B. 保养管理 C. 车辆的购置 D. 车辆的使用

3. 企业环境的质量好坏，是反映该企业（ ）的重要标志之一。

A. 精神面貌 B. 工作秩序 C. 团结一致 D. 气氛和谐

4. 场地管理的基本原则是（ ）。

A. 场地的局部环境与企业的整体环境相适应

B. 场地的布置要满足各种功能要求

C. 结合总体布局，形成场地系统

D. 局部有特色，全局要统一

5. 服务公司服务不到位，服务行为亟待规范，主要表现在（ ）等方面。

A. 服务不规范、不到位 B. 服务观念尚需改进

C. 服务活动干扰了企业生产 D. 财务收支不透明

四、简答题

1. 场地工作安全管理应正确处理好哪些关系？

2. 请简述场地管理的基本原则。

3. 请简述场地的管理方法。

4. 请简述车辆调度的优化目标。

5. 请简述场地与车辆管理中，我们解决纠纷的努力方向。

五、案例分析题

重庆 GPS 车辆管理系统实施

随着社会的进行和经济的发展，很多车辆需要跨地域作业，车辆也将越来越多地走近个人生活。同时，社会治安也面临许多新局面，危害社会治安、影响社会稳定的各种矛盾和纠纷剧增，劫车、盗车等现象逐年增多。随着 GPS 全球定位系统技术的发展，对移动目标的实时定位成为可能，同时无线通信技术也得到了长足进展，使我们对移动目标（车辆）进行远程监控、调度成为可能。

为了提高公安部门对社会治安的动态控制和管理能力，提高打击犯罪活动、处理突发事件的快速反应能力，同时为了对大区域范围内的车辆进行有效的管理，提高有限资源的有效利用率，北京、上海、成都等地相继建立了功能强大的 GPS 车辆管理系统，并在车辆管理、调度、防盗等方面发挥了重要作用。重庆市公安局在近期也建立了 GPS 车辆管理系统。

GPS 车辆管理系统的建设，希望能为未建或准备建设 GPS 系统的城市提供一些资料。车辆防盗、调度、监控综合管理系统，采用世界领先的 GPS 全球卫星定位技术、GSM 全球移动通信技术、GIS 地理信息处理技术和计算机网络通信与数据处理技术，是在现有 GSM 通信系统的基础上建立起来的。

整个网络系统分为三个部分：控制中心局域网、110 分控中心、联通和移动 GSM 公用网。控制中心局域网采用 1000 M 交换机和 HUB 混合使用的星形总线式拓扑结构，此结构能有效地避免因某一终端故障而造成整个系统瘫痪的情况。传输电缆使用双绞线，通信协议采用 TCP/IP。各管理主机和监控终端共享中心数据库服务器里的数据，实现对车辆的监控、调度与管理。

GPS 监控管理系统由中心数据库和五大软件模块组成，这五大软件模块分别是 GSM 通信数据模块、GIS 地理信息系统、系统资料管理模块、录音监听模块和接警处警模块。中心数据库是整个监控管理系统的核心，采用大型数据库 SQL Server 来实现，以保证对大流量数据的处理。该数据库系统运行在两台中心数据库服务器 HPC-L2000 上，主要存放监控管理系统中各车载台的基本属性和车载的历史数据（包括轨迹数据、报警数据和监控终端下发的命令数据等）。

车载终端是整个系统的组成部分之一，主要安装在车辆上，由 GPS 卫星接收机、GSM收发模块、主控制模块及汽车防盗器和外接探头等组成。GPS卫星接收机用来接收卫星发来的信号,GSM模块负责无线信号的收发传输,以便随时向控制中心提供定位信息、运动状态等。话音控制部分用于控制免提通话、自动拨号、接听等功能。数字逻辑控制部分用于各种输入、输出的电平,脉冲信号的缓冲与驱动。电源及省电控制部分用于对汽车电瓶与后备电瓶的自动切换,稳压滤波并通过车匙及报警器的触发控制车辆的睡眠与苏醒。汽车防盗器部分负责对各探头数据的采集分析完成盗车报警的所有功能。控制熄火/断油路控制器受控于监控中心及汽车报警器。液晶终端可以显示控制中心发来的各种中、英文信息。

随着GPS全球卫星定位技术、GSM全球移动通信技术、GIS地理信息处理技术和计算机网络通信与数据处理技术的不断进步与发展,GPS将像目前汽车、无线电通信等产业一样形成产业化。

我国目前已有自行开发生产的车载GPS系统,它将带来更多更完善的服务功能。GPS的应用将逐渐进入人们的日常生活。有人预言,GPS就像移动电话、传真机、计算机互联网对我们生活的影响一样,人们日常生活将离不开它。

根据上述案例回答下列问题。

1. 由案例中的车辆管理的发展,我们可以推断出:车辆将像企业生产、经营、管理,以及企业人员工作生活中的地位一样(　　)。

A. 不可缺少　　B. 可有可无

C. 常用,有时候可以不用　　D. 大部分时候不需要

2. GPS已经成为车辆的重要部件,车辆调度对(　　)不会构成太大影响。

A. 配送速度　　B. 成本　　C. 企业效益　　D. 企业环境

3. 从案例来看,车辆调度的总体要求不包含(　　)。

A. 各自为政　　B. 合理安排运输

C. 保证计划实现　　D. 随时进行监督检查

4. 为了做好各项工作,一般调度部门设置和职位不包括(　　)。

A. 计划调度员　　B. 值班调度员　　C. 综合调度员　　D. 调度监察员

5. GPS车辆管理系统,在(　　)方面发挥了重要作用。

A. 车辆管理　　B. 调度　　C. 防盗　　D. 其他都是

第九章　安全管理

学习目标

通过本章的学习，了解我国企业在安全管理中所应承担的任务，为以后的工作实践以及深入学习打下基础；掌握企业安全管理的基本知识，如企业治安管理的特点、基本原则和内容，消防管理的基本要求和工作标准，我国企业治安管理面临的困难、挑战及其解决措施，消防管理中的要素及其对策，安全风险与危机管理的概况。

案例引导

沃尔玛的消防管理

为整顿消防隐患，沃尔玛公司决定对其中国各分公司设备进行消防隐患整顿工作，这作为消防管理的一部分，将为公司后续的消防管理打下良好的理论基础。如，加强沃尔玛××分店员工对新《消防法》和消防安全知识的学习，让员工及顾客对消防安全知识有更深刻的了解，增强员工的消防安全意识及消防责任，提高员工的防火自救及消防安全技能。另外，××消防支队联合沃尔玛××分店在超市三楼举办了消防安全宣传系列活动。支队领导、沃尔玛主要负责人，以及沃尔玛近50名员工参加了活动。

在活动现场，支队领导通过火灾案例教学，使沃尔玛的员工对火灾的危害有一个直观的认识后，着重强调了消防工作的性质和消防工作的重要性，并提出了三点意见：① 充分认识开展单位消防安全管理活动势在必行；② 深入推进单位消防安全标准化管理责无旁贷，借鉴一些好的经验和做法，认真做到"一到位，两加强，三统一"，即消除火灾隐患要到位，加强学习、加强培训，档案、制度、标识统一；③ 狠抓落实单位消防安全标准化管理，力求实效。

随后，沃尔玛公司又请有灭火经验的特勤中队士官为员工上消防安全教育课。从如何报警到初期火灾的扑救，从火场逃生到各种火灾的危险性，从灭火器的性能到使用方法等一一讲解。员工们被生动的讲解深深地吸引了，并将一些实用的消防知识记录在笔记本上。接着，由沃尔玛员工组成的各个参赛小组参与了此次新

《消防法》知识竞赛。竞赛内容包括必答题、抢答题、风险题、观众题和加赛题等。产品展销组的选手在抢答题中反应敏捷，对消防知识掌握准确，回答流利，不时赢得在场观众的阵阵掌声和欢呼声。

活动结束后，消防支队领导在沃尔玛××分店负责人的陪同下检查了超市疏散通道、安全出口、应急照明、室内消防栓等。检查中，沃尔玛××分店负责人表示：沃尔玛在"帮顾客节省每一分钱"的宗旨前，首先会做到保护每一位顾客的生命财产安全，做到向顾客提供超一流服务的新享受。沃尔玛一贯坚持"服务胜人一筹，员工与众不同"的原则。走进沃尔玛，顾客便可以亲身感受到宾至如归的周到服务，但这些原则和理念都是在消防安全得到保障的前提下才能实现的，所以沃尔玛会特别注重超市的消防安全。

（案例来源：http://www.jx-Fire.gov.cn/html/zhudunyuan/200906/03-5939.html）

【启示】

沃尔玛为了防火而进行消防安全宣传活动，其目的及内容就是本章所要介绍的基本内容之一。一个企业要安全稳定持续地生产，消防安全是最基本的要求。如果消防搞不好，再好的赢利模式也有可能在瞬间化为乌有。

第一节　治安与消防管理概述

一、治安管理概述

企业治安管理，维护企业各种工作的正常秩序，不仅是企业自我安全的需要，也是保障企业每一位成员有一个安全、舒适的工作和生活环境的基本条件。搞好企业治安管理是管理好企业各种具体工作事务的前提，也是企业后勤事务管理的重要内容。企业治安管理在整个企业安全管理中占有举足轻重的地位，它是整个企业安定的基础。同时，良好的治安管理能增加企业管理的信誉。

（一）企业治安管理的特点

1. 管理难度大

某些大型企业不仅所辖区域广，楼多，部门多，建筑面积大，企业进出口多，而且各企业类型不尽相同，因而企业区域内人流量大，所有这些都给企业厂区内的治安管理带来了较大的困难。另外，企业各自又有自己的主管部门，这也增加了企业治安管理的难度。

2. 保安管理人员素质要求高

保安部是企业安全管理中的一个综合执法部门，对其管理人员的素质要求较高。保安管理人员不仅要具有较好的品德，还要知法、懂法，并会用法。不仅要坚持原则，依法办事，还要讲究处理有关事件（特别是突发事件）和有关问题的方法和艺术。治安管理人员除了要与违法犯罪分子作斗争外，更多的是与违反规章制度的员工打交道。管理人员一定要区分清楚，区别对待与处理。否则，一件本来很小的事件，因处理不当，可能造成不良影响甚至严重后果，影响保安管理人员在安全保卫方面功能的发挥。

（二）治安管理的基本原则

1. 坚持“安全第一，预防为主”的管理方针

治安管理的关键是做好预防工作，防患于未然。企业中的治安工作的根本目的就是保障每位企业成员和企业财产的安全，维护企业正常的工作，确保企业各种物资设备的正常使用及免受破坏。最基本的要求是企业范围内不发生任何刑事案件，不出治安事故。做好各项预防工作是治安工作的关键，保安员应时刻提高警惕，防止可疑人员进入厂区或综合大楼，防止各类刑事案件和治安事故的发生。

2. 坚持企业内治安管理与社会治安工作相结合的原则

无论一个企业的封闭程度有多严重，其治安工作也是城市社会治安的一部分，企业管理中的治安工作有赖于社会力量和公安部门的支持。因此，企业中的保安部应与当地公安机关保持密切的联系，及时了解社会治安情况，掌握犯罪分子动向，积极配合公安部门搞好企业周围的治安工作，打击不法分子的违法乱纪行为，确保企业的安全，为社会治安工作作出贡献。

3. 坚持治安工作硬件与软件一起抓的原则

企业管理中的安全工作的好坏，既要靠治安工作的软件管理，也要靠治安防治的硬件设施。因此，一方面要抓好队伍建设，认真完善并落实各项治安防范措施；另一方面要搞好企业治安防范的硬件设施建设，建立并完善电视监控系统、消防报警系统等，购置充足的对讲机、巡更器及其他治安工作所需的设备等。

（三）企业治安管理的内容

1. 建立健全保安组织机构

在国外，企业管理由专业的保安机构负责；在我国，企业治安主要是由企业自行负责的。因此，企业应建立健全安全保卫组织，加强对保安部门的领导和管理，配备充足的保安人员。

2. 制定和完善各项保安管理制度

企业应根据自身的实际情况，建立并完善保安岗位责任制和各项治安保卫制度，针对客户的有：客户非办公时间出入登记管理制度、大件物品出入管理制度等。针对内部保安员的有：保安员交接班制度、保安员值班（岗）责任制等。

3. 制定巡视值班制度

企业应根据内部实际情况，每天 24 小时安排保安巡视值班，具体工作可分为门

卫、守护和巡逻三个方面。

4. 加强企业厂区内车辆管理

企业应加强厂区内车辆的安全管理，做好车辆停放和保管工作，确保车辆按规定行驶和停放，保证厂区内道路畅通，路面平坦，无交通事故发生，无车辆乱停放现象。

5. 完善厂区内安全防范措施

企业的治安管理除了靠人防力量外，还应注重治安硬件设施的技术防范。如在厂区四周修建围墙或护栏，安装闭路电视监控系统，在企业内的一些重要部位、重点单位安装防盗门、防盗报警系统等。

6. 密切联系厂内员工，做好群防群治工作

企业治安管理是一项综合的系统工程，要保证企业的安全和员工与客户的人身财产安全，仅靠保安员的力量是不够的，必须把企业内的员工发动起来，强化员工的安全防范意识，建立各种内部安全的防范措施。

7. 维护治安，打击违法犯罪活动

企业应贯彻和执行公安部门有关安全保卫工作的方针、政策，积极配合公安部门打击企业内和企业周围的违法犯罪活动，并负责维护企业内部治安秩序，预防和查处治安事故，打击违法犯罪活动。

8. 建立联防联保制度

与企业周边单位建立联防联保制度，与企业所在地公安机关建立良好的工作关系。

9. 定期对保安开展各项培训工作

只有常抓不懈地开展培训工作，提高保安的思想素质和业务能力，才能提高其治安防范能力。对保安培训的内容包括法律知识、礼貌服务意识、基本的保安管理知识、企业内的规章制度、治安保卫知识和消防知识等。特别要认真学习自 2010 年 1 月 1 日起施行的国务院《保安服务管理条例》。

二、消防管理概述

（一）企业消防管理的基本要求

1. 新建或改建建筑要遵照一定要求

企业新建或改建建筑物时，一定要遵从“建筑设计防火规范”的要求，不得擅自搭建易燃违章建筑，不得随意改变使用性质，不得在防火间距内堆放可燃物品，不得破坏建筑物内已有的消防安全设施，消防通道、安全门、疏散楼梯和走道应时刻保持畅通无阻。

2. 对易燃易爆厨房、设备、电器的要求

企业内贮存、运输、使用易燃易爆物品的厨房、设备和电器等，必须符合防火和防爆要求。其生产、贮存地点和运输车辆要严禁烟火。试制易燃、易爆新产品、新工艺要经过鉴定，必须符合安全要求。设备要经常保养，经常维修，防止“跑”、“冒”、“滴”、“漏”现象的发生。贮存易燃易爆物品要有专门的库房，并且实行分堆存放。性能相抵触的物品要分开隔离储运。危险品仓库要有可靠的管理人员，运输时要防止剧烈震动和撞击倾倒。

3. 对电气设备的要求

企业电气设备安装要符合有关电气安装规范的要求，对于建筑物所安装的电气设备，绝缘损坏的要及时进行更换。不要超负荷，不要使用不合规格的保险装置。对避雷、防静电、电气自动断闸等安全装置要经常检查，使用电加热器必须遵照有关规定，并要符合防火要求。不要在电气设备附近堆放可燃物品，工作结束后要切断电源。

4. 对设备安装的防火要求

企业设备安装时的明火作业，要有防火安全措施。在安装设备(如锅炉、炉灶等)及装修房屋时使用焊接、切割、电热、烘烤等明火作业的，一定要有防火安全措施，并须经本企业消防安全管理部门检查。要清除监控的可燃物品，隔离相邻的可燃材料。维修易燃、易爆设备和容器管道，须经有关劳动保护、消防安全、技术监督等部门审批，消除火灾、爆炸危险和隐患后，方能动工。

5. 对消防设备与火灾报警设施的要求

企业要具有较完善的消防设备和火灾报警设施，具有适应各类情况和数量的消防火灾报警设施，分别布置在明显和便于使用的地点。同时，应加强维修保养和改进，保持其使用方便和有效。

6. 发生事故时的要求

企业厂区内发生火灾或爆炸事故时，必须向当地消防、公安等部门报警。

(二) 消防管理工作的原则和标准

搞好消防安全管理可推进生产工作的进步，提高经济效益。消防管理工作必须遵循一定的原则和标准，才能进行科学管理。

1. “谁主管，谁负责”原则

“谁主管，谁负责”的基本意思是，谁主管该项工作，谁就对该项工作中的消防安全负责，具体可简述为：一个地区、一个系统、一个企业的消防安全工作要由本地区、本系统、本企业负责。企业的法人代表要对本企业的消防安全工作全面负责，是当然的防火责任人。分管其他工作的领导和各业务部门，要对分管业务范围内的消防安全工作负责。车间、班组领导，要对本车间、班组的消防安全工作负责。

实行“谁主管，谁负责”原则，可使消防安全管理工作纵向上层层负责，横向上分口把关，形成纵横交错的消防安全管理网络。

2. 科学管理的原则

企业消防安全管理要实行科学管理原则，使之科学化、现代化。首先，消防安全管理要按照客观规律办事，这样才能富有成效。例如，火灾发生、发展的规律；火险因素随着经济的发展，生产、技术领域的扩大和物质生活水平的提高而增加的规律；火灾成因与人们心理和行为相关的规律；火灾的发生与行业、季节、时间相关的规律等。其次，要学习和运用管理科学的理论和方法提高工作效率和管理水平，并与实践经验有机结合起来。还要逐步采用现代化的技术手段和管理手段，以取得最佳的管理效果。

3. 依法管理的原则

依法管理就是企业的领导和主管或职能部门依照国家立法机关、行政机关制定颁发的法律、法令、条例、规定等，对消防安全事务进行管理。我国将逐步形成以《消防法》为基本法律，行政法规、技术标准、规范和地方性法规相结合的消防法规体系，这是任何单位建立消防安全秩序的重要根据，它不仅具有引导、教育、评价、调整人们行为的规范作用，而且具有制裁、惩罚违法犯罪行为的强制作用。因此，任何企事业单位都应组织群众学习相关法规，从本单位的实际出发，依照消防法规的基本要求，制定相应的消防管理规章制度或工作规程，并严格执行，做到有法必依、执法必严、违法必究，使消防安全管理走上法制的轨道。

4. 依靠员工的原则

企业消防安全管理工作的基础是做好企业每一位员工的工作，要采取各种方式方法，向员工普及消防知识，提高员工的消防意识和防灾抗灾能力，要组织员工中的骨干建立义务消防组织，开展广大员工的防火、灭火工作。

5. 综合治理的原则

消防安全管理在其管理方式、管理手段、管理所涉及的要素，以及管理的内容上都表现出较强的综合性。企业消防管理不能单打独斗，要与行业、企业和企业各部门的整体管理统一起来。管理中不仅要运用行政的手段，还要运用法律的、经济的、技术的和思想教育的手段进行治理。管理中要考虑各种有关安全的要素，即对人、物、事、时间、信息等进行综合治理。

案例分析

安全是我们矿业企业文化的核心

奇迹！简直就是奇迹！72 名加拿大矿工遭遇火灾后，迅即被撤离到就近的

"特别隔离室",经过6个营救小组一天多紧锣密鼓的营救,所有矿工毫发未损地回到地面。加拿大萨斯喀彻温上演的矿难经典让我们又一次看到企业文化核心理念在关键时刻的巨大作用。

矿井发言人汉密尔顿在宣布营救成功时不无骄傲地说:"安全是我们企业文化的核心。"他还特别强调,被困矿工之所以毫发未损,很大程度上是因为"平时安全生产训练搞得好"。火灾发生后,在各个工段作业的矿工立即通过无线电将险情报告地面人员,并根据地图,以最快速度撤到就近的"特别隔离室",那里有足够让避难矿工坚持近40小时的水、氧气和食物。接到报警后,6个营救小组在2小时内全部到位,并展开了紧锣密鼓的营救行动。整个营救过程跟平常模拟训练差不多。

【总结】

假使被困矿工和营救人员在面对突发灾难时手忙脚乱甚至不知所措,假使没有设施先进的"特别隔离室",假使没有完备的安全生产法规来支撑这种"安全至上"的理念……恐怕世上又会多出72个冤魂。由此,我们在庆幸加拿大遇难矿工获救的同时,不禁想到了自己国家那多灾多难的煤矿。"他山之石,可以攻玉",好的做法值得借鉴。

第二节　治安管理

"治而不乱,安则不危",此二事为行政之至计,故恒并举以成言。而在现代,治安管理的概念已经跟过去大为不同了。治安管理是治安行政管理的简称,是指公安机关依照国家法律法规,依靠群众,运用行政手段,维护社会治安秩序,保障社会生活正常进行的行政管理活动。国家为维护社会秩序和社会治安而进行的行政管理工作包括公共秩序管理、户政管理、道路交通管理、消防管理、出入境管理、内部单位治安保卫工作等。虽然企业没有国家的范围大,但其内容也基本包括这些方方面面。可谓"麻雀虽小,五脏俱全"。

一、治安管理的特点

(一) 社会性

所谓治安管理的社会性,主要有三个方面的含义:① 治安管理工作的客体主要是社会化的人,而对人的管理又分为个体管理和特定对象的整体管理,管理的目的是让人们遵守社会规范;② 治安管理的内容有广泛的社会性;③ 治安管理的效益有着强烈的社会性。

(二) 相关性

相关性即治安管理工作与社会其他领域某些方面存在互相关联、共同变化的关系。治安管理成效的高低,治安问题的增多或减少,违法犯罪率的上升和下降,治安管理手段的先进和落后，治安管理工作的发展趋势等，都要受到社会诸因素的制约和影响。

（三）区域性

区域性是指不同的行政区域在人口密度、人口素质、职业结构、生活方式、居住条件、地理位置、地理环境、生产布局、商业分布、交通运输、民风民俗等方面的差异。治安管理是按行政区域来实施的，这就使治安管理工作具有很强的区域性。

（四）系统性

治安管理是一个开放系统，是社会管理整体中的一个要素。治安管理工作自身是一个组织系统，其中任何一项工作都可视为一个独立的系统。

（五）群众性

治安管理具有很强的群众性，从整体上来说，群众是治安管理的客体，又是治安管理的主体。群众中蕴藏着参加治安管理的愿望和要求。群众性治安组织是构成治安管理主体的一部分。治安管理的效能很大程度上取决于群众的支持和帮助。

（六）法治性

治安管理的法治性是指治安管理活动是一种行政执法活动。治安管理的职权是国家赋予，并以法律形式确认的。治安管理活动的实质是执法，即对法律、法规的贯彻、执行和运用。

治安管理的主体也要用法律、法规约束自己的行为。治安管理的执法活动必须受党、政府和广大人民群众的监督。

二、企业治安管理工作面临的问题与挑战

治安保卫工作要全面、协调开展，就要用科学的、可持续发展的工作方法贯穿整体工作，这是解决当前治安保卫工作诸多新情况、新问题的正确方法。现在企业治安管理工作主要面临八个方面的问题与挑战。

（一）企业员工流动性增加

市场经济条件下，企业员工的流动性比以往加大。人员的流动性表现出的突出问题就是，企业治安保卫人员必须与越来越多的陌生人交往，治安保卫工作的不确定性增加。市场经济改变了企业传统的劳资关系，社会化的养老保险和医疗保险机制使员工有更多理由选择企业和适合自己的工作岗位，企业进出人员随之增多。事情都有相对性，员工的选择多了，增加了企业的活力，但也给企业治安保卫工作增加了工作量和复杂因素。

（二）企业用工层次复杂

多元化的社会、多元化的用工选择，使企业中“海归”和农民工可能同时存在，这种现象在传统的国有企业中是很少见的。不同文化程度、不同意识形态、不同价值观、来自不同地区的员工群体，给企业治安保卫工作带来复杂性。

(三) 企业涉外案件增多

改革开放后,企业与国际的交流进一步增多,涉外案件也呈现出增长的趋势。企业治安保卫所涉及的工作主要是保护外籍人士的人身安全和财产安全,配合公安机关完成涉外保密工作。但目前企业治安保卫人员自身的专业素质,与涉外工作的要求有差距,这也给治安保卫工作带来了难度。

(四) 依法履行职权的依据不够明确、细化

企业保卫部门工作职权的依据,一是国务院 2004 年 12 月 1 日颁布的《企事业单位内部治安保卫条例》,二是企业内部制定的相关规定。但在真正遇到企业内部治安保卫事件时,我们会发现,有时较难将事件与《企事业单位内部治安保卫条例》和企业内部制定的相关规定准确“对号入座”。由于条例与规定不够细致,企业治安保卫部门很难把握。

(五) 对社会发展中问题的认识有滞后性

治安保卫事件或案件的发案特征,有很多是随社会和企业变化而变化的,很多发生的情况在我们制定的规定或条例的限定之外。随着社会和企业的发展,以及企业经营模式的改变,针对内部治安保卫事件的特性及时修正相关的管理条例,是企业治安保卫工作需要注重的现实问题。事实上,众多企业对此认识有滞后性,或者没有重视如何研究新情况的特性。

(六) 监守自盗、团伙作案、内外勾结问题更加突出

由于法规不够细致,执行力度不够,监守自盗成为久治不愈的顽疾,相关责任人很少受到应有的处罚,这就是人们常说的违法违规成本低廉问题。在企业中,团伙作案主要表现为同岗位或相关岗位人员协作作案,他们形成了“关系网”并带有隐蔽性。破解团伙作案,需要加强惩治力度、加强法制教育等,但目前这方面的专项整治力度不够。

(七) 突发事件及其不确定因素难以预防

企业在发展过程中,不可避免会遭遇一些突发事件,这些突发事件可能会给企业带来损失。社会突发事件也会殃及企业,例如地震、水灾、经济危机等。这些突发事件的不可预见性和破坏性都非常强,以至于“非市场原因的天灾人祸”能够使一个原本很有竞争力的企业突然死亡或者陷入深度休克。

(八) 防恐防袭任务更加突出

在社会转型期,民众烦躁、焦虑、不安的心态还会持续,急剧的社会变迁可能使社会充斥着在不安全、不稳定、不确定的心理感受和诸多矛盾。极端势力及少数道德品质低下的人可能采取极端的如投毒、纵火、突然袭击等恶劣手段进行破坏,释放不满。又由于制造恐怖袭击用的工具、剧毒化工试剂、爆炸材料通过不法手段可以弄到,企业治安保卫对恐怖袭击的防范难度增加,防恐防袭任务更加艰巨。

三、改善企业治安管理工作应采取的措施

（一）企业内部治安保卫管理制度需不断完善和细化

自2004年12月1日起施行的国务院《企事业单位内部治安保卫工作条例》是适应国内所有企业的方针性条例，要贯彻执行，并根据本企业自身特点制定更加详细、覆盖企业每个地方、无漏洞的管理细则和方法。要根据实际需要完善适合本企业治安保卫工作的治安巡逻、人员（物资）进出、关键装置要害（重点）部位治安管理、剧毒品放射源危险品治安管理、定期自查、承包商治安管理、治安保卫培训、治安保卫考核奖励等制度，使企业内部治安保卫工作的开展在制度的规范下有序进行。

（二）健全企业治安保卫体制

尽可能建立企业治安保卫准军事化体制。企业治安保卫人员大多为退伍或转业军人，实行准军事化并非难事。企业治安保卫体制实行准军事化有几大好处：① 能使保卫人员提高士气，强化治安保卫人员的纪律和效率；② 对不法人员起到震慑作用；③ 一旦遇到突发性事件，准军事化治安保卫队伍能够快速反应，将事件控制在可控范围，最大限度地降低损失。

（三）将治安保卫工作列入部门业绩考核范畴

在企业中，如果治安保卫出了事故，采取行政、经济制裁已司空见惯。如果没有具体细则约束和奖励部门管理者，事故仍然会发生。所以，业绩考核应该纳入治安保卫内容，并有效、定期地进行检查，检查结果记入业绩考核内容，作为部门总业绩的组成部分，做到有奖有惩。其中，经费的落实十分重要。

（四）强化技术防范措施

许多企业都有相应的治安技术防范措施，比如报警、感应、摄像监控等，但能做到全覆盖、无死角的不多。建立企业治安保卫的科学预防体系，就是要建立一个监督无死角的现代化预防体系，它不应只是治安监控和防火防盗，它还应该与生产工艺控制系统有效连接，将生产中的动态纳入企业治安保卫防范体系中，成为一个全覆盖的保险控制体系。特别是对于一些高危险性作业企业来说，如果企业治安保卫体系能在第一时间对突发性事件做出反应，事故损失就可能会降低到最低程度。

（五）提高治安保卫工作人员的管理水平和技术素质

企业治安保卫工作的从业人员基本上是高中文化或低于高中文化，与现代治安保卫工作要求相比，文化程度偏低。为使现代治安保卫监控系统更好地应用，也需要对治安保卫工作人员进行专业培训，使现代化监控、报警体系始终完好有效，从而成为保卫企业安全的忠诚“卫士”。有了现代化监控工具，还必须有适应现代化管理的专业人才，所以，提高治安保卫工作人员的专业素质十分必要。除加强培训外，还应积极鼓励治安保卫工作人员提高技能，对通过努力达到相应技能等级的及时聘任，从

而不断提高治安保卫工作人员的管理水平和技能素质。

(六) 加强与辖区公安部门的合作

联保联防联动的企业是个小社会,而企业这个小社会的安定团结需要大社会的良好环境作保障。企业内部治安保卫工作并不是独立的,需要社会各部门,特别是辖区公安部门的专业配合才能取得长治久安。加强与辖区公安部门的有机互动和合作,可以有效控制内外勾结、团伙作案,以及外部环境导致的突发性事件等,也可以较好地震慑或制止犯罪实施。

(七) 做好防恐防袭的应急措施

根据各种恐怖袭击事件的特征做好技术防范和装备防范措施。加强对企业治安保卫专业人员防恐防袭的专业训练。教育企业全体成员,面对突发性恐怖袭击事件时,要控制事态,配合专业人员制服恐怖袭击者。良好的企业治安保卫环境是企业全体成员努力的结果,是企业治安保卫管理体系合力运作的结果。要善于发现问题、解决问题,要用科学的手段和有效的管理方法预防治安事件的发生。不发生事故、不造成或少造成损失就能得到许多边际效益,这不仅仅是经济效益,更大的是社会效益。

第三节 消防管理

火灾是当今世界上严重威胁人类生存和发展的灾害之一。火灾的发生频率高,时空跨度大,造成的损失与危害也触目惊心。据联合国世界火灾统计中心(WFSC)的不完全统计,全球每年约发生火灾600万~700万次,20世纪90年代每年死于火灾的人数有65 000~75 000人,火灾造成了数亿美元的财产损失。因此,消防安全作为社会公共安全防控体系的一个重要组成部分,不仅是经济和社会发展的保障,也是衡量一个城市、一个地区,乃至一个国家文明程度的重要标志。目前,我国的消防工作取得了较大的发展。但是,消防现代化水平整体较低,社会抗御火灾的能力仍然较弱,表现为特大火灾特别是群死群伤恶性事故频繁发生,火灾形势十分严峻。随着新技术、新工艺、新材料的不断出现,引发或蔓延火灾的不安全因素也在不断增加,这些都给企业消防安全管理提出了紧迫的要求。

企业消防安全工作仍是我国消防安全工作的重点和难点。企业中的消防管理也是企业管理工作的一部分,消防管理的成功与否,关系到能否有效减少或防止火灾的发生,以及有效减少火灾的损失。

一、影响企业消防安全管理工作的要素分析

我国消防法制建设不断健全和完善,《中华人民共和国消防法》和《机关、团体、企业、事业单位消防安全管理规定》都明确规定了企业自身所应履行的消防安全职责,

为消防安全管理工作的开展和深入创造了有利时机。但在企业消防安全管理工作中也存在着一些问题,主要表现在三个方面。

(一) 企业消防安全的责任主体意识没有真正树立,消防安全责任制落实不到位

社会上普遍认为消防安全工作由公安消防机构管,企业管理者认为消防工作是消防职能部门的事,尤其是一些企业改制后,在经济利益的驱动下忽视了消防管理工作,将原有的消防安全制度简化,甚至取消,即使有也只是写在纸上,落实不到行动上。没有把消防安全看成经济建设中不可分割的一部分,没有把消防工作纳入到管理工作中。

(二) 企业专(兼)职消防员的业务素质普遍较低,自防自救能力不强

随着下岗分流、减员增效等改革举措的实施,有的企业的消防管理人员是兼职的,有的企业的消防管理人员素质较低,从而影响了企业员工消防意识和自防自救能力的提高。现今,虽然企业员工的岗位操作技能有了较大进步,但由于消防知识欠缺,缺乏辨识火灾风险是否存在的能力,对本岗位及生产和施工环境的危险辨识风险评价意识不够,容易造成工作上盲目性和野蛮性。在生产、检修、施工中不采取防范措施,等到发生火灾时,又由于自防自救能力较差而不能及时控制火灾,将给企业和社会造成重大损失。

(三) 企业安全防火宣传教育培训走形式

在教育培训过程中,授课教师经常采用照本宣科的教育方式,很多培训对培训对象不分专业和层次,不管受教育者能否听懂,只是一味地灌输,多采取"上大课"的方式,所讲防火知识与听者工作岗位、工作环境不相符,造成学习人员在学习过程中敷衍了事,所学知识也不能运用到工作中,学习效果很差。

二、改进企业消防安全管理的对策

(一) 树立安全第一的思想和科学的可持续发展观

在建设、生产过程中,全体员工必须牢固树立"以人为本、安全第一"的思想,树立消防安全"责任重于泰山"的思想和科学的可持续发展观,从思想上深刻认识消防安全事故对企业发展的危害(轻则停产停业,影响企业的正常生产;重则造成人员伤亡及巨额财产损失)。因此,企业要做好消防安全工作,首先必须树立"安全第一"的思想和科学的可持续发展观,严格按照《中华人民共和国安全生产法》、《中华人民共和国消防法》和《机关、团体、企业、事业单位消防安全管理规定》及国家的有关法律、法规和规章制度实施建设和生产,从根本上预防消防安全事故的发生。

(二) 加大消防安全技术和保障投入

目前,很多企业重短期经济效益,轻消防安全,这导致消防安全技术和保障投入

过少，“胎里病”现象严重。因此，企业要做好消防安全工作，建设时一定严格把消防规划、建设纳入企业的发展规划、建设中，做到“三同时”，即消防安全设施与主体工程同时设计、同时施工、同时投入生产和使用；对设施要严格按照国家法律、法规和技术标准进行设计和选择，加强技术手段。不能抱侥幸心理，不能盲目地为了追求短期经济效益而放弃或降低消防安全技术和保障投入，要提高企业防御和抵抗消防安全事故的能力，为企业的消防安全打牢基础。

(三) 设计及实施消防绩效管理

消防绩效管理的目标是企业消防管理目标的辅助，即通过有效的消防管理目标分解和逐步逐层地落实，帮助企业实现消防管理目标，并在此基础上理顺企业的消防管理工作流程，规范消防管理手段，提升消防管理者的管理水平，提高员工的消防工作能力。依据绩效管理的理念，企业应设计系统化全过程的绩效管理理念，用以指导团队的工作，使之顺畅。分解消防绩效管理目标，明确各个角色应承当的绩效消防管理责任，并明确实施方法和措施，一定要将绩效提高到管理的层次，使之成为部门责任人和员工对话的过程。

(四) 强化消防教育培训，提高员工素质

消防教育是指对企业各类人员在消防法规、安全知识、安全技术等方面有计划、有步骤地组织教育培训，以全面提高各类从业人员的安全素质。消防教育是企业为了提高从业人员安全技术水平和防范事故能力而进行的工作，是企业消防安全管理的一项重要内容，在企业消防安全中占有重要地位，有助于实现“要我安全”变为“我要安全”的目标，使员工自觉地做到“三不伤害”(不伤害自己、不伤害别人、不被别人伤害)。

(五) 建立健全消防安全生产制度，制订应急救援预案

消防工作的方针是“预防为主，防消结合”，要做好企业消防安全工作，必须考虑消防安全事故发生后怎么办。要做好这项工作，还应制订应急救援预案，建立应急救援机构。在发生事故后，调动应急机构，启动应急救援作战预案，在最短的时间内处置完事故，避免事故进一步扩大，把事故的损失降到最低。当然，平时还要加强演练，保证战时能最大限度地降低事故的损失。

案例分析

生活中的消防误区

误区 1：液化气钢瓶置于灶台下壁橱内。质量、使用时间以及管路阀门的开启是否连接等因素都有可能造成液化气钢瓶漏气或慢性漏气。而液化石油气成分大多为碳三碳四，即丙烷、丁烷、丙烯、丁烯等，且比空气重，由于在壁橱内空气不流

通,很容易积聚沉淀在地面,一旦遇明火极易造成燃烧爆炸事故。经计算,当房间里泄漏出的煤气、液化气和空气混合达到4.5%~35.8%时,遇到火种就会产生爆炸燃烧。因此,液化石油气钢瓶应置于远离灶台、空气流通又便于人们操作和观察的地方。

误区2:电线不穿管预埋。人们在装修过程中,为了追求装修的美观,往往将电线不经穿管保护而直接预埋于墙体中。而一些从未经过电工培训的人员,在安装电器线路时不管线径、负荷等,就直接将电器线路埋于墙体内。随着使用时间变长,家用电器的增多,一旦线路故障或损坏,你想要维修整改也找不着门路,轻者造成短路,影响家用电器安全,重者则会引起火灾。

误区3:家用电器不拔插头。随着科学技术的进步和发展,家用电器也越来越多样化、智能化,遥控器一拿,轻轻一按,开关自如。殊不知,在设计家用电器时,有些电源开关被设计在电源变压器的副边,当你使用遥控器关闭电视机等时,变压器原边仍在通电,虽然它通过的电流很小,但如果长时间通电,电流会使电源变压器继续升温,电源变压器的线圈和绝缘性就会因短路或炭化而起火,或者“吸引”雷电的侵入,引起电视机等家用电器短路过载而发生火灾爆炸事故。因此,在使用完家用电器之后,还是应该切断电源,以防万一。

误区4:阳台作仓库。家庭总有一些不肯舍弃的杂物和日常需要使用的物品。因此,储藏室和阳台也就成了有些家庭的杂物仓库,有的甚至把油漆、车用汽油等易燃易爆物品都放在阳台上,使阳台成了火险丛生之地。夏季阳光的直射以及小孩玩火等因素,都可能造成阳台火灾。同时,现代家庭几乎都装有防盗门窗等设施,一旦发生火灾,万一门窗等逃生通道受阻,阳台就成了最好的避难之地,因此不应将阳台作为杂物仓库。

误区5:楼道作停车地。虽然现在一些城市新建的大楼都建有停车场地,但依然还有一些居民图方便,经常将自行车等停在楼梯或低层楼道上。在一些老楼里这种情况尤其突出,甚至影响了人们的正常行走。万一有火灾等突发事件,通道的阻塞便可能致人死亡。

【总结】

生活中的消防误区很多,这里只是总结了一部分,希望大家都来关注生活中的消防问题,注意消防意识的培养。只有强化消防意识,才能在工作中注意消防问题,这才是本案例所要告诉大家的真谛!

第四节　安全风险与危机管理

一、安全风险管理

我们可以从“木桶理论”探讨起,它是指用一个木桶来装水,如果组成木桶的木板参差不齐，那么它能盛下的水的容量不是取决于这个木桶中最长的木板，也不是取决于全部木板长度的平均值，而是取决于木桶中最短的木板。要提高木桶容量的整体效应，不是增加最长的那块木板的长度，而是要下工夫加长最短的那块木板。“木桶效应”借用到安全管理工作中，就是要从思想高度上充分认识到“安全工作无小事”，“隐患险于明火，防范胜于救灾，责任重于泰山”；就是要在管理工作中养成雷厉风行的作风，重视加强安全生产薄弱环节的建设，强化隐患的检查与治理，强化安全硬件建设和物质保障，采取有力措施，把安全工作中的每一块“短板”都加长，从根本上杜绝不安全因素的存在，推进安全工作整体协调、平稳发展。

由此，我们需要寻找企业安全管理中的“短板”。一般“短板”会发生在以下一些方面。

(1) 已有管理制度流于形式，只做表面文章，注重经济效益。

(2) 由于缺乏对现代企业安全管理本质的理解，照搬照抄他人管理模式十分明显，致使原有的制度与“新制度”碰撞，应用效果不佳。

(3) 安全基础投入与经济增长比例不协调，生产现场的管理处于静态之“事”。

(4) 没有科学系统的管理标准、事故应急预案、安全预警机制，一旦出现问题，显得束手无策，安全工作难以落实。

(5) 基层安全员素质不高，考核处罚力度不够，企业安全管理难以提高到战略高度，仍然停留在日常行政事务中，由此找不到企业所需的安全管理的策略。

(6) 缺乏建立有效的安全生产责任制和技术培训工作机制，缺乏安全管理创新理念，“以人为本”的安全管理思想难以真正建立，不能调动人的主动性和积极性。

尽管产生上述问题的原因是多方面的，但最根本的原因是没有一套完整又适合于本企业的具有激励和约束功能的安全管理机制。只有制定和应用先进的安全管理措施、理念、经验，结合本企业的实际，制定出适合企业特点的安全管理制度，才是正道。

在查出安全管理的“短板”之后，我们要怎么样排查治理“短板”，提高“桶”的本质管理呢？

1. 安全管理的核心是人本管理

安全管理的效果，在某种意义上讲，取决于企业管理者和广大员工对安全的认识水平和责任感。只有人人都认识到，搞好安全生产是切身利益所在，是与自己本身和家庭幸福息息相关的大事，是义不容辞的责任，全体员工才会积极行动起来，自觉地参与安全管理。安全管理成败的关键在于领导，应强调最高领导层的重视和参与，要求管理者对企业安全管理方针的制定与安全措施的筹划、开发、实施和改进的决策负最终责任。管理人员的工作也是举足轻重的，管理人员要真正起到管理作用，不能仅仅安排任务、告诉工人如何处理发生的问题，而应该参与到员工的工作中，不断改进工作方法和提高工作质量。

2. 安全管理的基础是“全员参与”

直接从事生产和服务的一线工人，在工作岗位上获得的专业知识和实际操作经验是别人无法比拟的。他们在自己的工作范围内是真正的专家，往往能提出一些极有价值的问题和建议。工人的智慧和力量是不容忽视的。

3. 建立安全预警工作机制

生产规章中需要有一定的冗余措施（多重保险），纠正违章行为、维护安全是企业每个员工的责任。建立企业安全预警工作机制的方法有许多，如建立健全企业安全生产责任制，开展查隐患、查制度、查应急预案活动，组织开展反“三违”（违章指挥、违章作业、违反劳动纪律）活动，落实安全监管、隐患整改责任制，从源头上把住安全生产关，层层构筑安全生产的一道道防线。

4. 重视激励作用，把情感融入安全管理

人的情感往往影响着人的行为目标、行为方式等多方面。企业的每一位员工，都拥有自己的感情世界，管理者只有深入了解、沟通和激发员工的内心情感，才能在管理工作中起到事半功倍的效果，从而激发员工的工作热情和创造力。因此，应在企业安全管理中引入多种激励机制，也可以采取“感情投资”，解决员工的困难，于细微处见真情，这样才能感化人，从而有助于员工团结协作，促进安全管理，消除管理中的抵触情绪。

5. 树立生产、安全双赢的观念

传统的企业安全管理往往强调最大限度地释放人的能量，以实现事业发展的目标。现代企业安全管理应该树立生产、安全双赢的理念，由人及物，使人与事物得益彰。同时，把企业安全工作渗透到生产工作中去，通过经济建设、生产运行实践来锻炼安全干部，使安全与生产相互结合、相互促进，克服为安全而安全的自我循环做法。

6. 创新能力是核心竞争力这一观念，必须在企业安全管理工作中得到加强

首先是企业安全管理干部自身要更新观念，从思想上应对新时期安全管理的新情况、新问题。

全面风险管理是企业前瞻性的管理。把企业全面风险管理理念应用于企业安全生产管理中，体现了管安全就是管控危险源，企业要通过管控危险源来降低安全风险，搞好安全生产，要全员、全过程、全方位控制安全风险。

企业全面安全风险管理，就是要识别风险、评估风险、应对风险、控制风险，实施风险过程管控，全员参与，全面落实安全责任。企业安全风险管理的步骤可以分为如下三个方面。

（1）事前预控。要先进行危险源辨识，然后将辨识出的危险源分级、分类，制定各级、各类与危险源相对应的管理和预控安全措施，并事前落实到各项工作之中，达到防患于未然之目的。例如，企业进行的基准危险源辨识、风险评估、编制事故应急预案、制定安全技术措施等。

(2) 过程监测。首先进行对危险源的监视与测量，如煤矿安全监测监控系统的在线监测、瓦斯检查员的监测、顶板离层监测仪的监测等。其次进行危险源的动态风险评估(又称为持续风险评估，就是每位员工在生产现场随时随地进行的风险评估)，确认安全风险的危险程度，提出风险预警，立即通知相关人员，要求相关人员立即采取针对性的安全预控措施，防范事故发生，将事故消灭在萌芽状态。

(3) 事后处理。要采取措施尽最大努力将事故的损失降到最小，尽快地消除安全隐患。一切措施都要以人为本，不惜一切代价救治伤员。企业要及时启动已有的事故应急预案，救护队应尽快实施应急救援。

二、危机管理

市场竞争日趋激烈，危机时刻威胁着企业的经营和发展。危机处理得好，企业就能因祸得福，化危机为契机；危机处理得不好，企业就可能一蹶不振，甚至陷入绝境。危机管理已成为企业生存发展不可或缺的要素。然而在实际中，危机管理的重要性与必要性并没有得到企业应有的重视。正因为如此，各种企业危机事件才屡见不鲜。本节通过对企业危机问题的研究引出企业危机管理的重要性与必要性，并进一步展开对企业危机管理的阐述。

风险和机会是彼此紧密相连的，有风险才有机会，而机会出现时，往往带有一定的风险。风险与机会是一个事物的两个方面，到底是风险还是机会，这取决于当事者的主观意志与处事能力。当危机爆发时，企业处于上升和下沉的转折点。据美国有关部门统计，有85%的企业在危机发生一年后倒闭或从市场上消失。为什么会有这么多企业无法渡过危机呢？这与许多公司对危机管理持敬而远之的态度有密切关系。很多企业害怕别人看穿自己的不足而一味掩饰或否认危机，最后甚至相互推卸责任，既没有面对危机的勇气，也没有解决危机的智慧，坐任危机一再扩大，最终导致整个企业被危机吞噬。所以，企业无论大小，“危机管理”都是必学的课程。对企业个体而言，科技日新月异，内外环境变迁极为迅速，当企业危机发生时，常因未曾考虑到或完全出乎意料而导致混乱，企业决策者处于惊恐与茫然之中，无所适从，从而导致企业蒙受巨大的损失，甚至导致企业经营失利并最终破产。对社会而言，企业是社会经济安全、家庭安全及个人安全的总枢纽，一旦这个枢纽瓦解，必然威胁社会的安定。由此可看出，企业危机管理对于企业及整个社会都有重大的意义。企业管理人员理应对其高度重视并进行深入学习。

(一) 危机的定义和特征

在企业危机管理领域，对危机的界定不是非常一致的。归纳一下，危机之所以是危机，是因为：① 危机的反映时间有限，它具有突发性；② 危机发生时，必须马上做出决策，具有时间的压力；③ 危机威胁到企业的基本价值或目标，具有破坏性。以上的解释也许并不能让我们对危机有非常明确的了解，下面我们将对企业危机的特征进行详细介绍。总体来说，企业危机常常有以下五个方面的特点。

(1) 程度方面。了解了企业危机的轻重，在处理时就能掌握资源投入的多寡。

(2) 破坏方面。如危机不能得到妥善处理，轻者可能会损害企业形象，降低企业信誉度；重者可能使企业破产或倒闭。

(3) 复杂方面。危机很少是由一个因素造成的，它通常是由内在经营结构及外在市场条件的变化等错综复杂的因素共同造成的，只有全盘性、多角度地认识危机，才能有效地解决危机。

(4) 动态方面。危机一旦发生，就绝不会静止不动，它会随着企业处理的正确性与及时性而变化，或加重，或减轻。

(5) 扩散方面。如果缺乏必要及时的处理，危机的波及范围和程度都会扩大。甚至有可能引发其他的危机，产生连锁反应。认识并掌握企业危机的特征，是进行危机管理的核心。

(二) 危机的危害

当企业面临危机时，不同的危机处理方式将会给企业带来截然不同的后果。成功的危机处理不仅能成功地将企业所面临的危机化解，而且还能够通过危机处理过程中的种种措施增加外界对企业的了解，并利用这种机会重塑企业的良好形象，即所谓“因祸得福，化危为机”。与此相反的是，不成功的危机处理或不进行危机处理，则会将企业置于极其不利的位置：① 以新闻媒介为代表的社会舆论压力将使企业形象严重受损；② 危机来源一方的法律或者其他形式的追究行动将使企业遭受巨大的经济损失；③ 企业员工因为无法承受危机所带来的压力而信心动摇，甚至辞职；④ 新老客户纷纷流失等。

(三) 危机的分类

企业危机通常情况下有两个主要来源，一个是从属性的原因，另一个是根本性的原因。通常情况下，危机可以分成以下几类：① 由国际或本国政治、经济、社会、法律、科技、文化等环境的冲击所造成的企业外部危机；② 企业内部或企业本身所引发的企业内部危机。具体而言，企业可能遇到的危机有以下五大类。

(1) 政治危机。政治危机的主要来源有革命、政变、战争或其他对外军事冲突，它们使得企业无法在当地生存发展而产生危机。危机也可能来自于政府企业政策的不稳定性，如出口关税的变化等。

(2) 法律危机。企业忽视法律规范的存在，将有增加成本、损失人力、损坏企业形象甚至承担高额诉讼成本等经营风险，如倾销和反倾销等。

(3) 经济危机。经济危机主要指价格管制、贸易限制、购买力、财政、货币政策改变所带来的企业危机，尤其在 21 世纪，经济全球化导致一国的金融危机、经济崩溃、贸易条件等改变所产生的危机像传染病一样迅速扩散，影响到其他国家。

(4) 自然危机。降雨量、台风、地震及其他自然危机不断,很可能直接冲击到企业的运营,没有掌握到这种趋势的企业就可能在危机发生后产生亏损。

(5) 社会危机。社会因宗教、民族、意识形态等因素而产生对立冲突,最后直接或间接地波及企业运营,使企业发生亏损或无法经营的现象都属于社会危机。

(四) 加强危机管理,改善企业经营环境,把握机会,实现企业的顺利运营

必要的危机管理可以杜绝或者降低危机的危害。对于企业来讲,良好的危机意识和管理将会帮助企业预防危机、克服危机,使企业能够从容应付发展过程中的各种事件。

管理者要有效地对危机进行管理,就必须了解危机的形成过程。危机是由不平衡和混乱状态引发的特殊情况。企业危机的形成和发展,大致可分为四个阶段:潜伏期、爆发期、后遗症期、解决期。相应地,企业的危机管理可以分为三个重要阶段:事前(潜伏期)、事中(爆发期)、事后(后遗症期、解决期)。

1. 危机的事前预防

要有效地管理危机,第一步就是要确认危机的来源,即确认潜伏的风险,我们要评估危机对于我们企业可能会带来的风险、威胁或危险,这就是所谓的风险评估。竞争对手日益强大、库存增加、产品积压、客户投诉索赔增加、财务指标恶化、人力资源费用负担过重等都是危机发生的预警信号。销售额的变化、媒体负面报道、传闻和谣言、产品的质量等方面的问题也往往是危机产生的前奏。如果能够正确判断企业的风险状况,可以防患于未然,这是危机管理的至高境界。

2. 危机的处理与化解

尽管在危机的识别与预控阶段采取了多种防范措施,但是仍然无法彻底避免企业危机的发生。一旦危机爆发,就必须妥善处理与化解,需要及时做好隔离、转嫁、分散、消除不良后果等工作,减少危机所造成的损害,使企业能够在激烈的市场竞争中生存、发展和壮大。危机处理的主要步骤如下。

(1) 确认危机。通过搜集各方面的信息,对危机的类型、来源及可能造成的损害的严重程度等做出判断。

(2) 编制并不断修正危机处理计划。编制危机处理计划的目的是指导危机处理活动,使它有计划、有步骤地进行。危机处理计划主要包括信息的发布、沟通善后工作等。危机处理计划要明确、具体、有针对性,并形成书面文件。

(3) 隔离危机。隔离危机是限定危机造成损害的范围,将引发危机的部分与整体区分开来,减少危机扩散的程度。

(4) 分散和转嫁危机。将危机进行隔离后,就要针对引发危机的根源采取措施,将危机分散或转嫁出去。常用的方法有:① 注销严重亏损的分支机构;② 停止滞销产品的生产;③ 推出新产品;④ 将投资转向其他行业或领域;⑤ 有分寸地减薪与裁员;⑥ 转移目标受众等。也可以通过债务重组、向责任人或保险公司索赔、进行多元

化投资等方式进行危机的转嫁。

(5) 消除危机后果。可通过媒体及其他的公关活动，将企业的态度和努力告诉消费者，消除其误解，同时展现企业良好的产品与服务，以实际行动重新赢得公众的信赖。

3. 危机的事后管理

危机的事后管理要做的第一件事就是总结经验教训。这里面包含两个层次的总结：① 针对所发生的危机本身的总结，即调查问题是怎样发生的，查明问题的原因，采取必要的措施，以防再次发生；② 针对公司的危机管理的总结，即反思、检查公司应对整个危机的全过程，检查公司在应对危机中所做的决策与所采取的行动，从中发现公司危机管理的不足之处，进一步完善公司的危机管理程序与制度。通过对企业危机及企业危机管理的研究，我们发现，其实危机并不可怕，可怕的是缺乏科学的管理理念和方法。随着市场竞争的日趋激烈，危机时刻威胁着企业的生存，各种危机事件的出现给了我们一个深刻的启示：危机管理是企业的必修课之一，它已成为任何企业生存发展不可或缺的要素，企业的经营者应该时刻"居安思危"。

技能训练

企业安全管理演练

【目的】

通过训练了解企业安全管理方面的基本情况和管理的要领，掌握安全管理方面的操作技术，提高安全管理能力。

【指导】

(1) 选择安全管理科目进行演练，如消防演练。最好是结合某企事业单位的安全演练活动，安排学生参加或观摩。

(2) 参加安全演练科目的培训和学习，掌握相关知识和操作要领。

(3) 参与实际操作，注意操作事项，及时与导师沟通，防止出现事故。

(4) 写好演练总结报告。

本章小结

通过本章的学习，需要掌握以下几个方面的内容。

(1) 企业治安管理的特点：管理难度大，对保安管理人员素质要求高。

(2) 治安管理的基本原则：坚持"预防为主，防治结合"的管理方针；坚持企业内治安管理与社会治安工作相结合的原则；坚持保安工作硬件与软件一起抓的原则。

(3) 企业治安管理的内容：建立健全保安组织机构；制定和完善各项保安管理

制度；制定巡视值班制度；加强企业厂区内车辆管理；完善厂区内安全防范措施；密切联系厂内员工，做好群防群治工作；维护治安，打击违法犯罪活动；建立联防联保制度；定期对保安员开展各项培训工作。

(4) 企业消防管理的基本要求：新建或改建建筑要遵照一定要求，对易燃易爆厨房、设备和电器的要求，对电气设备的要求，对设备安装的防火要求，对消防设备与火灾报警设施的要求，发生事故时的要求。

(5) 消防管理工作的原则和标准："谁主管，谁负责"原则、科学管理的原则、依法管理的原则、依靠员工的原则、综合治理的原则。

(6) 治安管理的特点有：社会性、相关性、区域性、系统性、群众性、法治性。

(7) 企业治安管理工作面临的问题与挑战，一般有以下几个方面：企业员工流动性增加，企业用工层次复杂，企业涉外案件增多，依法履行职权的依据不够明确、细化，对社会发展中的问题的认识有滞后性，监守自盗、团伙作案、内外勾结问题更加突出，突发事件及其不确定因素难以预防，防恐防袭任务更加突出。面对如此多的问题和困扰，企业的应对策略有：企业内部治安保卫管理制度需不断完善和细化，健全企业治安保卫体制，将治安保卫工作列入部门业绩考核范畴，强化技术防范措施，提高治安保卫工作人员的管理水平和技术素质，加强与辖区公安部门的合作，做好防恐防袭的应急措施。

(8) 影响企业消防安全管理工作的要素：企业消防安全的责任主体意识没有真正树立，消防安全责任制落实不到位；企业专(兼)职消防员的业务素质普遍较低，自防自救能力不强；企业安全防火宣传教育培训走形式。改进企业消防安全管理的对策有：树立安全第一的思想和科学的可持续发展观；加大消防安全技术和保障投入；设计及实施消防绩效管理；强化消防教育培训，提高员工素质；建立健全消防安全生产制度，制定应急救援预案。

(9) 安全风险管理策略：安全管理的核心是人本管理；安全管理的基础是"全员参与"；建立安全预警工作机制；重视激励作用，把情感融入安全管理；树立生产、安全双赢的观念；创新能力是核心竞争力这一观念，必须在企业安全管理工作中得到加强。

(10) 加强危机管理：危机的事前预防、危机的处理与化解、危机的事后管理。

实践活动

组织消防知识普及宣传活动

【目的】

让学生了解企业消防方面的相关知识与实践准备，提高学生的防火意识。内容包括用电用火安全知识、常用灭火小知识、发生火灾的应急措施等。

【内容】

邀请校保卫处消防及交通安全办公室老师为园区学生代表和管理督导员开展消防安全知识培训讲座，介绍宿舍的用电安全知识、火情发生时的应对方法和措施，并通过楼长宣传校内防火注意事项，号召学生在楼内展开自查互查，排除消防隐患。会后现场指导管理督导员和学生检查和正确使用灭火器等设备的方法。

【要求】

经过活动之后，学生们要对消防安全管理有一定的了解，并且培养出对企业安全管理的重视。

本章练习

一、判断题

1. 企业治安管理、维护企业各种工作的正常秩序，仅仅是保障企业每一位成员有一个安全、舒适的生产工作、生活环境的基本条件。（　）

2. 只要企业足够封闭，其治安工作就是独立的，不属于城市社会治安的一部分，但企业管理中的治安工作又有赖于社会力量和公安部门的支持。（　）

3. 企业管理中的安全工作的好坏只需要靠治安工作的软件管理。（　）

4. “谁主管，谁负责”的基本意思是，谁主管哪项工作，谁就对那项工作中的消防安全负责。（　）

5. 搞好消防安全管理可以推进生产工作的进步，促进经济效益的提高。（　）

6. 依法管理就是企业的领导和主管或职能部门依照自己的想法，对消防安全事务进行管理。（　）

7. 消防安全管理在其管理方式、运用管理手段、管理所涉及的要素，以及管理的内容上都表现出较强的综合性。（　）

8. 治安管理具有很强的群众性，从整体上来说，群众是治安管理的客体，但不是治安管理的主体。（　）

9. 要使治安保卫工作全面、协调地开展，就要用科学的、尽量节省成本的工作方法贯穿整体工作，这是解决当前治安保卫工作诸多新情况、新问题的正确方法。（　）

10. “三同时”，即消防安全设施与主体工程同时设计、同时施工，同时投入生产和使用。（　）

二、单项选择题

1. 搞好企业治安管理是管理好企业各种具体工作事务的（　），也是企业后勤事务管理的重要内容。

A. 前提　　B. 结果　　C. 最初因素　　D. 主导因素

2. 企业管理中的安全工作既要靠治安工作的软件管理，也要靠治安防治的(　　)。

A. 管理制度　　B. 管理委员会　　C. 员工　　D. 硬件设施

3. 要有效地管理危机，第一步就是要(　　)。

A. 确认危机来源　　B. 采取措施　　C. 检讨自己　　D. 鼓舞员工

4. 企业危机通常情况下有两个主要来源：一个是从属性的原因，另一个是(　　)。

A. 表面原因　　B. 内存原因　　C. 本质原因　　D. 根本性的原因

5. 企业这个小社会的安康需要(　　)的良好环境做保障。

A. 大社会　　B. 企业本身　　C. 国家　　D. 政府

三、多项选择题

1. 企业治安管理的特点是(　　)。

A. 管理难度大　　B. 保安管理人员素质要求高

C. 管理简单　　D. 管理范围大

2. 治安管理的基本原则是(　　)。

A. 坚持"预防为主，防治结合"的管理方针

B. 坚持企业内治安管理与社会治安工作相结合的原则

C. 坚持保安工作硬件与软件一起抓的原则

D. 一切从简原则

3. 以下属于消防管理工作的原则和标准的是(　　)。

A. "谁主管，谁负责"原则　　B. 科学管理的原则

C. 依法管理的原则　　D. 依靠员工的原则

4. 企业消防安全管理工作中也存在着一些问题，主要表现在(　　)。

A. 企业消防安全的责任主体意识没有真正树立，消防安全责任制落实不到位

B. 企业专(兼)职消防员的业务素质普遍较低，自防自救能力不强

C. 企业安全防火宣传教育培训走形式

D. 消防设施太多

5. 有效的危机管理需要做到(　　)。

A. 移转或缩减危机的来源、范围和影响

B. 提高危机事前管理的地位

C. 改进对危机的事中管理

D. 完善修复管理，以能迅速有效地减轻危机造成的长期损害

四、简答题

1. 请简述企业治安管理的特点。

2. 请简述企业治安管理的基本原则。

3. 请简述企业治安管理的基本内容。

4. 消防安全管理的标准有哪些?

5. 我们应该如何应对企业危机?

五、案例分析题

丰田的召回危机

沸沸扬扬的丰田汽车召回事件引起了全球汽车行业的动荡和调整,使人们对素以精细和质量管理著称的"日本制造"产生了怀疑和信任危机,影响了日本的产业竞争能力和制造业形象。

应认真观察丰田汽车的发展历程和召回事件始末,不应把关注的目光仅仅停留在召回事件本身,更应深刻分析召回事件发生的深层次原因,特别是企业文化对快速扩张的跨国公司保持持续性健康发展能力等方面产生的重大影响,从而为自身的国际化进程提供有价值的经验借鉴和能力储备。

丰田汽车召回事件发生的深层次原因主要有三个方面。

(1) 企业无限制地追求生产规模和降低成本,其创业之初一贯坚持的品质理念和质量管理能力受到影响,带来了产品安全性能方面的不确定性。

(2) 管理层对服务理念和服务行为建设方面的重视和推动滞后于企业业务发展速度,企业对客户的投诉无法做出及时处理和反馈,这极大地推动了危机的影响范围和处理难度,并损坏了企业长期建立的品牌形象。

据有关媒体报道,丰田公司开展汽车召回行动以前一段时间内,就已经接到了多起客户关于行车安全方面的投诉,但直到美国政府施压,丰田公司才开始对存有安全隐患的汽车进行召回。如果有关报道是可靠的,那么丰田汽车的售后服务体系则存在重大缺陷。在服务文化的建设和管理方面,丰田公司未能及时有效地对客户投诉信息进行收集、分析、沟通、反馈和处理,这改变了各国政府、舆论和社会公众对丰田公司的正面认知,对丰田公司进行危机沟通和管理工作产生了恶劣影响,从而使得丰田公司在危机管理过程中付出了更多有形和无形的代价,并将对丰田在危机后建立正面的品牌形象产生不可估量的影响。

(3) 企业决策沟通机制的不足严重影响了公司开展内部外部沟通工作的成效,使社会舆论和利益相关者对企业的社会责任形象产生怀疑,提高了企业的危机管理难度和成本。

丰田汽车安全隐患事件发生后,丰田公司决策层对于如何处理出现的危机未能及时有效地做出决策,导致处理危机的决策摇摆不定。丰田公司的决策沟通机制存在严重不足,使公众广泛怀疑丰田公司解决问题的诚意和能力。

真诚沟通对危机带来的负面影响有最好的化解作用。一般来讲,企业高层的直接参与和领导是有效解决危机的重要措施。沟通工作对内涉及后勤、生产、营销、财务、法律、人事各个部门，对外则涉及政府、媒体、消费群体、供应商、渠道商等方方面面，如果没有企业决策层的统一决策、有效沟通，很难做到口径统一、步调一致、协作支持并快速行动。

纵览丰田汽车的发展历程及召回事件到目前的发展状况，我们可以有以下几点认知。

(1) 企业发展战略应该具备正确的企业文化导向。快速扩张的发展模式无所谓对错，但在无限追求企业规模的过程中应该控制好快速发展和稳健发展之间的关系，在长期形成的优秀企业文化指导下，客观分析和处理外部威胁和机会、内部优势和劣势之间的相互关系，科学预测外部环境的发展变化，合理整合企业内部资源和能力，有效平衡、协调生产经营管理的各环节，才能使企业的快速扩张立足于坚实的土壤之上。

(2) 无论在国内外哪种市场环境中，对法律、质量、服务、品牌、社会责任的关注和追求都不应有任何的懈怠和麻痹。在当今的国际化市场环境中，对法律、质量、服务、品牌、社会责任的关注和追求都已经成为成功企业的显著标志，并深刻而长期地影响着企业的发展目标和发展成就，对以上任何一种因素的忽视和懈怠，都将对企业产生不利影响。

(3) 企业风险管理文化和危机管理机制的建立成为影响企业可持续发展的重要因素。危机发生的具体时间、发生范围、发展态势和影响深度，是很难完全预测的，它往往会在短时间内对企业或品牌产生恶劣影响。当今企业发展环境日益增多的不可预测因素要求企业培养强烈的风险管理意识，并建立均衡有效的危机管理机制。

根据以上案例回答下列问题。

1. 从丰田召回危机中可以看出，企业无限制地追求生产规模和降低成本，其创业之初一贯坚持的品质理念和质量管理能力受到影响，带来了(　　)方面的不确定性。

A. 管理制度　　B. 管理机构　　C. 技术创新　　D. 产品安全性能

2. 从本案例可能看出(　　)对快速扩张的跨国公司保持持续性健康发展能力等方面产生的重大影响。

A. 企业文化　　B. 企业领导　　C. 技术创新　　D. 优秀员工

3. 从本案例可能看出丰田公司在危机到来时(　　)没有处理好。

A. 无限制追求规模和降低成本　　B. 服务理念和服务行为重视不够

C. 企业决策沟通机制不足　　D. 其他都是

4. 从丰田事件中的处理中，可以看出(　　)方面做得不够好。

A. 事前控制　　B. 过程监测　　C. 事后处理　　D. 其他都是

5. 本案例说明(　　)成为影响企业可持续发展的重要因素。

A. 企业规模扩张和成本降低

B. 企业风险管理文化和危机管理机制的建立

C. 企业技术创新

D. 做好公关工作

第十章　饮食接待管理

学习目标

本章旨在使学生了解基本的行政接待工作的规范及食堂管理改革的内容，掌握行政接待管理工作的要领，以及饮食管理工作的内容和方法。

案例引导

前台接待初萌错了吗？

天地公司的初萌是一个新员工，她在前台负责接待来访的客人和转接电话，还有一个同事小石和她一起工作。每天上班后1～2小时是她们最忙的时候，电话不断，客人络绎不绝。一天，有一位与人力资源部何部长预约好的客人提前20分钟到达了。初萌马上通知人力资源部，部长说正在接待一位重要的客人，请对方稍等。初萌转告客人说："何部长正在接待一位重要的客人，请您等一下，请坐。"正说着电话铃又响了，初萌匆匆用手指了一下椅子，赶忙接电话。客人面有不悦。小石接完电话，赶紧为客人送上一杯水，与客人闲聊了几句，缓解了客人的情绪。

【启示】

本案例说明，前台工作看似简单，但关系着公司的利益，处理不好会影响顾客对公司的评价，从而影响公司效益。因此，搞好接待工作，可以有条不紊地安排好各项业务活动，处理好各种客户关系，及时沟通，化解矛盾和纠纷，为公司正常运作创造良好环境。

第一节　饮食接待管理工作的原则与作用

对外接待是公司行政事务和公关活动的重要部分，为使对外接待工作规范有序，具有统一的公司形象，我们有必要遵循一定的规范进行。

饮食接待管理，顾名思义，就是以接待外来宾客并提供综合服务为己任。它的工作性质，就是服务。具体说，就是接待部派出行政人员作为地方陪同或全程陪同，为满足来访者食、住、行、游、购等方面的需要而服务。这种接待服务复杂而繁重，需要公司行政人员付出相当的体力、智力和精力，全力以赴地完成全过程。接待人员必须充分理解这一点，并力求从服务态度、服务方式、服务技能、服务项目等诸多方面使客人满意。

一、饮食接待管理工作的原则

（一）接待工作要始终坚持为企业生产经营工作服务

接待工作是一个企业对外的“窗口”，直接影响一个公司的形象和声誉。做好接待服务工作，发挥好接待部门的作用，给来宾留下美好而深刻的印象，对于扩大影响、招商引资、促进经济建设发展十分重要。因此，必须把接待工作放在经济建设大环境中考量。接待人员必须牢固树立大局意识、责任意识，要通过周密细致的接待安排、热情周到的接待服务、务实高效的接待作风，为顾客提供方便、舒适的工作和生活条件。

（二）做好接待工作应实行集中管理

接待工作实行归口集中管理，有利于强化公司接待工作领导，能够有效避免接待机构分设造成的管理无序、多头签批、各行其是等弊端；有利于整合接待资源，充分利用各种接待服务设施、设备条件，节俭经费开支，避免重复建设、重复购置造成资源闲置、财力浪费；有利于加强接待工作管理，强化组织协调，指导接待服务工作，提高工作质量和服务水平。对接待经费集中使用，实行统一标准，能够有效控制相互攀比行为，避免接待单位随意开支，造成管理失控。经费统一使用，也有利于监督审查违规开支，杜绝超标准、超规格接待现象，促进企业健康发展。

（三）做好接待工作应强化接待手段

要做好接待工作就应当具备必要的接待服务手段，增强接待能力，强化服务手段，提高服务水平，通过自身运作加大投入，扩大规模，提升档次，既保证接待任务的圆满完成，又吸引更多外来客户，取得良好经济效益。

二、饮食接待管理工作的作用

饮食接待管理工作是企业为接待宾客或安排来企业联系工作的人员食宿而设立的服务单位，是企业对外服务的窗口。企业所办招待所是通过招待所工作人员的服务性劳动，满足宾客的需求，为宾客提供饮食、住宿，提供文明、礼貌、周到、热情的服务。饮食接待管理工作就是通过制定各类人员岗位责任制和其他各项规章制度，加强对各类人员的管理，按照招待所管理目标的要求，使服务质量标准化、服务方法规范化、服务过程程序化，通过优质服务，为企业取得更大的经济效益和社会效益，为企业赢得信誉。

总之，饮食接待服务是一种人际交往，是互相交流思想感情、寻求共同语言的过程，是互相达到了解、理解、谅解的基础。这有助于客我双方和谐相处，从而使客人感到愉快，同时也便于企业开展工作。因此，行政后勤部门主动搞好人际交往是优质服务的重要内容。

第二节 接待管理

接待工作是一个企业对外交流的窗口。行政人员不仅要为来访者提供各种服务,还应努力成为他们参观考察过程中值得信赖的伴侣。接待管理工作就是使客我双方通过交谈、娱乐等方式,增进了解,交流感情,建立友谊。接待部工作量大,接待服务质量的高低关系到公司的声誉与效益,也关系到整个企业的形象。因此,加强接待工作的管理十分必要,要做好接待部的管理。

招待所是企业的"窗口",而接待服务工作又是招待所工作的首要环节。要通过接待服务人员热情、周到的服务,为来自天南地北、五湖四海的顾客提供食宿安排,使他们消除旅途的疲劳,获得生产、工作和学习后的安静休息,取得进行工作、学习的便利,享受到生活上的方便舒适,得到精神上的安慰和鼓舞。对接待工作的基本要求是,主动、热情、耐心、周到。接待工作的质量标准是服务质量标准化、服务方法规范化和服务过程程序化。

一、服务质量标准化

应根据接待的管理目标要求,结合各岗位的任务职责,分别制定各项工作质量标准,使接待的各项工作实现服务质量标准化。

(一)服务态度标准

服务态度是服务人员在接待宾客时所持有的态度。服务态度的标准是主动、热情、耐心、周到。

1. 主动

主动就是自身主观能动作用在工作中的反映,即自觉行动。只有在招待工作中积极主动,才能掌握宾客的心理特征,只有主动摸索接待规律,才能提供良好的服务,达到使宾客满意的预期效果。相反,如果工作中失去主动,就会消极应付,手忙脚乱,处处陷于被动,不可能使客人满意。要做到主动服务,就要树立正确的人生观,以主人翁的态度和高度责任感对待自己所从事的服务工作。要有严格的组织性、纪律性,坚守工作岗位,履行岗位职责,严格按服务程序、操作规程工作。要养成良好的工作习惯,不断改进工作方法,做到眼勤、口勤、手勤、腿勤,掌握宾客的心理特征,及时提供良好服务。注意总结工作,发现问题及时纠正。虚心听取客人意见,不断研究改进服务方法,提高工作效率和服务质量。

2. 热情

热情是对工作和客人热烈而真挚的感情。服务人员在接待工作中要满腔热情,态度和蔼,语言亲切,待客如亲人。在服务工作中要仪容整齐、端正,举止大方,给客人以观感上的良好印象。要礼貌待人，不以衣貌取人，要一视同仁，不厚此薄彼，一律热情接待，对老幼妇孺、病残客人要特别关心照顾，为他们排忧解难。

3. 耐心

耐心就是不急不躁，是良好修养的外在表现。客人来自四面八方，他们的性情脾气、生活习惯、工作经历、文化素质、个性修养等都有所差异，这就要求我们服务人员具备高尚的品德修养，善于控制自己的感情，约束自己的言行，不急不躁、平心静气、冷静理智地说明解释，消除误会，解决矛盾。要做到耐心，必须加强对自身修养的磨炼，以礼待人，尊重他人，严于律己，宽以待人。发生矛盾时主动承担责任，虚心听取客人意见，不断改进工作。

4. 周到

周到就是对客人照顾周详、细致入微、面面俱到，客人想到的，努力办好，客人未想到的，主动替客人想到、办到。服务人员要积累和掌握丰富的服务业务知识和经验，处处为客人着想，想得细致周详，并以熟练的业务技术认真做好每一件普通的服务工作。要做到周到服务就要及时掌握客人的心理特征及需求，根据客人需要及时准确地提供服务。工作态度要诚恳，工作作风严肃认真，处处替客人着想，才能使客人处处感到方便，事事感到满意。主动、热情、耐心、周到的服务标准，是统一的整体，在服务工作中，四个方面是相辅相成、密切联系的。只有主动、热情、耐心、周到地为宾客服务，才能不断提高服务质量，达到服务标准。

（二）客房卫生标准

客房是客人休息的主要场所，客房条件和卫生状况是招待所等级划分的重要依据之一。根据服务质量标准化的要求，客房卫生标准主要有以下几点。

(1) 客房内经常保持空气清新，无异味。

(2) 客房内做到“六净”，即四壁净、床上净、地面净、物品净、家具净、卫生洁具净。

(3) 客房内实现“九无”，无蚊、无蝇、无鼠、无虱、无臭虫、无蟑螂、无跳蚤、无蛛网、无灰尘。

(4) 用具保持洁净、平整、无味，叠放规格一致、整齐。

(5) 被套、床单、枕巾一客一换，病人用过的卧具要单独消毒。

（三）安全标准

接待处是宾客之家，服务人员在照顾好宾客日常饮食起居生活的同时，还必须保障接待处内宾客的人身及财产安全。接待处安全保卫工作主要是消除隐患，以防为主，做好“四防”，即防火、防盗、防毒、防事故。安全保卫工作的标准主要有以下几点。

(1) 严格执行公安部制定的《旅馆业治安管理办法》，并制定相应的规章制度。

(2) 登记工作做到“三清”、“四对”。“三清”即问清旅客从哪儿来到哪儿去，验清宾客证件，记清宾客基本情况；“四对”即对客人的年龄与相貌，对籍贯与口音，对职业与外表,对证明与身份。

(3) 保管工作做到“三有”、“三对照”。“三有”即有寄存处、有保险箱(柜)、有寄存告示和须知;“三对照”即领取物品时对照物品与取物凭证是否一致,对照房号、床号与登记是否一致,对照笔迹与存物签字是否一致,防止冒领或错领。

(4) 门卫工作要制定会客登记制度和出入验证制度。

(5) 消防设施齐全,防火组织健全,防火宣传深入,防火措施落实。

(四) 文明用语标准

语言是交流思想的工具,是心灵的反映,接待服务人员必须学习文明用语。

(1) 文明礼貌用语有“您好”、“请”、“谢谢”、“对不起”、“再见”等。做到早晨见面问“您好”,与人交往说声“请”,礼貌办事说“谢谢”,歉意说声“对不起”,分手告别说“再见”。

(2) 服务员与客人谈话或接电话时,声音要和蔼亲切,咬字准、吐词清,声调优美,语言朴实。

(3) 服务员称呼客人时应用尊称。

(4) 日常应用敬语和标准语言服务,切忌谈吐粗鲁和语言不净。

二、服务过程程序化

服务过程程序化就是按照服务工作质量标准的要求,依照先后次序进行某项服务工作,既适于正常服务的过程又能达到服务质量标准的一套方法。

(一) 总服务台工作程序

总服务台是招待所的第一窗口,其主要职责是为住宿人员办理预约订房、住房安排住宿手续和结账手续等。

(1) 预约订房。承接预约订房,要明确住房天数、种类、时间安排,明确预约者姓名、单位、电话号码、需预约定房的性质、定房人的性别、人数、订房的种类及结算方式等。

(2) 住房安排。安排住房要充分考虑接待处的效益,最大限度地提高住房周转率和使用率。

(3) 住宿登记。办理住宿登记时,首先要认真检查证件,做到“三清”、“四对”。绝对不能办理无证人员住宿。人员较多时,一定要按次序登记,做到一视同仁。

(4) 办理结账手续。

(二) 楼层服务台工作程序

楼层服务台在服务工作中与宾客接触最多,时间最长,责任最重。

1. 宾客到达前的准备工作

(1) 了解和掌握各种会议的类型、人员架构、身份、风俗习惯,做到心中有数。

(2) 认真检查客房卧具、家具,看是否达到客房卫生标准。

（3）检查各种灯具和电器设备是否完好，能否正常运行。

2. 宾客到达时的迎接服务

（1）到楼门口或楼梯口迎接客人，主动问好，帮助拿行李，将客人迎入房间。

（2）给客人递毛巾和茶水，向客人做简明扼要的“五介绍”，即介绍厕所、洗脸间、电话、餐厅、淋浴设施的具体位置；说明开设的服务项目；宣传安全、防火等级；住宿结账时间及办法，周围环境、交通情况和开饭时间等。

（3）回答客人询问，尽量解决客人提出的要求。

（4）发现宾客带有易燃、易爆等危险品时，劝告客人妥善处理。

3. 宾客住宿期间的日常服务

（1）保持房间整洁，每天对房间整理清扫三次。

（2）定期整理空房，每天检查、清扫一次，保证房间处于“六净”状态，以便随时可以接待客人。

（3）每天送开水三次。

（4）承办客人委托事项，如递送报刊和信件，尽量为客人提供各种方便。

（5）做好来访客人的接待、传呼工作，严格办理会客手续，搞好安全服务。

4. 客人离开时的服务

客人离开时，楼层服务台要与总服务台密切配合，协助办理结账手续。清点房间设施，提醒客人不要遗忘物品，帮助客人提行李物品，将客人送出接待处。

三、服务方法规范化

服务方法规范化是根据服务质量标准，在服务工作中应该达到的质量目标。推行规范化服务有利于提高服务人员的服务技能，也有利于对工作绩效的考核，促进服务水平的提高。

（一）语言规范

（1）常用敬语规范。称呼敬语如“您”、“首长”、“老大爷”、“老大娘”、“小朋友”；迎送敬语如“欢迎”，“欢迎您再来”，“祝您一路平安”；问候敬语如“您好”、“早晨好”、“晚安”；歉意敬语如“对不起”，“打扰了”，“请原谅”，“请您稍等”，“给您添麻烦了”；感谢敬语如“谢谢”，“感谢您的诚恳提醒”；答谢敬语如“不用谢”，“没关系”。

（2）工作用语规范。接待用语如“您好，您住宿吗”，“请到总服务台办手续”，“您好，请出示一下您的证件”，“您好，请交××元押金”，“请随身带好住宿证，进所时请主动示证，有包裹请寄存”，“您好，实在对不起，没有空闲床位了”等。

（3）服务用语。服务用语，如“您好，您在食堂就餐吗，请兑换餐券，请记住开饭时间”，“您好，现在清理房间可以吗”，“您好，请不要在大厅喧哗”等。

（二）职业道德规范

在接待服务工作中，每个服务人员必须遵守和维护服务职业道德规范。服务职业道德规范的具体内容有以下几点。

(1) 热爱服务工作,具有从事服务工作的责任感和光荣感。

(2) 树立优质服务、礼貌待客的职业风尚。

(3) 具有大公无私、无私奉献的优良品德。

(4) 坚持服务宗旨,信誉第一。

(5) 爱岗如家,廉洁奉公。

(6) 团结友爱,互相协作。

(7) 遵纪守法,执行政策。

(8) 严格遵守涉外人员守则,做到不卑不亢,不做有损于国格、人格的事。

(三) 着装、仪表、举止规范

着装、仪表、举止是服务业的职业要素。举止有礼、仪表端庄、礼貌待客,给客人以愉快感、亲切感,这是工作的需要,是服务质量的体现。

1. 着装

服务人员的衣着打扮,常常给客人留下深刻的印象。服务员衣着打扮和精神面貌等在一定程度上标志着服务态度和精神文明程度。

服务人员上班时,应按规定统一着装,左胸佩戴显眼的服务员证号标志。服装要干净平整,衣扣齐全。不能赤背光脚,敞胸露怀。

2. 仪表

仪表是指服务人员的外衣和容貌。服务员要做到仪表端正,举止有礼;做到直率而不鲁莽,活泼而不轻佻,持重而不呆板,热情而不过分,轻松而不散漫,紧张而不失措。要经常理发、剪指甲,男服务员不留胡子,女服务员不披头散发,不浓妆艳抹,不过分打扮。

3. 举止

举止是指人的一举一动,即人体的自然体态和动作。

服务人员接待宾客时,应精力集中,态度自然,微笑相待。平时姿态端正,站要直、坐要正;不嬉笑打闹,不做鬼脸、不出怪声、不吹口哨;不在客人面前吸烟、剔牙、抓痒等。上班前不饮酒,不吃葱、蒜等异味食品。与客人并行时,不抢道,出入门口、上下楼梯必须礼让。与客人握手姿势端正、自然,时间不宜过长。

技能训练

接待礼仪演练

【目的】

通过训练了解接待礼仪的要领,掌握接待工作的技巧,提高接待工作能力。

【指导】

(1) 请校方组织学生参加一次会议接待工作,或选择接待任务较多的企业进行训练。

(2) 首先请策划会议方的司仪主管或导师进行礼仪知识培训,并针对专项接待工作设计的接待流程和礼仪规范要求进行讲演、训练。

(3) 实践开展接待工作,注意观察和体会接待工作方式、方法和礼仪,领会要领,发现问题及时纠正,事后与导师进行交流,分析存在的问题,在接下来的接待工作中进行改进。

(4) 接待任务完成后,组织专门的研讨会,对接待工作期间的经验教训进行总结,并写出心得体会。

第三节　员工饮食管理

员工食堂的服务对象主要是本企业的员工及其家属,特别是独身员工。因此,它不像社会饮食业那样整天开放,面向社会,就餐人员流动性大。企业食堂的服务对象比较明确,比较稳定,员工就餐也具有一定的规律性。

社会饮食业要按照价值规律和国家有关规定,取得合法利润,并依法向国家缴纳税金。企业员工食堂不以营利为目的,不向国家上缴利润和税收。因此,员工食堂的根本宗旨和主要任务是为员工及其家属提供优质服务,满足员工日益提高的饮食需求。加强员工食堂管理不仅与员工生活息息相关,而且对于调动员工积极性、促进企业安定团结和企业发展都有重要意义。

一、加强员工饮食管理工作的意义

(一) 提高员工生活水平,增强员工体质

员工食堂就是根据广大员工、家属的需要,作为食品加工的重要场所而建立起来的。虽然现代家庭仍然是员工饮食、起居的主要场所,但是不少员工,特别是单身员工以食堂为家,以食堂为饮食的主要来源。因此,几乎所有的企业都有自己的员工食堂,用以解决广大员工及其家属的饮食需要。

员工食堂管理就要从满足员工新陈代谢需要和增强员工身体素质出发,研究食品营养学、烹饪学、食品加工方法等,搞好主副食加工,提高烹饪技术,提高饭菜质量,保证员工营养需要,促进员工身体素质的提高。

饮食水平是人们生活水平的一个侧面。应通过食堂的科学管理,千方百计地提高广大员工的饮食水平。应充分利用现有物质条件,通过食堂员工的努力,不断增加食品花色品种,合理科学地配餐,增加营养,降低成本,减少员工支出。不仅要保证员工吃饱,而且要保证员工吃好,不断提高员工机体抵抗力和免疫力,使员工身体素质

不断提高，使员工实际生活水平不断提高。

（二）解除员工后顾之忧，促进企业安定团结

吃饭是人们生理的第一需要，只有解决好吃饭问题，人们才能从事一切社会活动。所以，解决吃饭问题是解决其他一切问题的基础。食堂管理就是以解决好员工吃饭为目的，通过食堂员工的辛勤劳动，使广大员工花钱少、吃得好、讲卫生、有营养，这样就可以减轻员工的生活负担，减少其后顾之忧，使他们有更多的时间去学习、休息，使他们全身心地投入到生产工作中去。如果食堂管理混乱，工作失误，不但会直接影响员工思想情绪和身体健康，而且将威胁员工的生命安全，这势必影响企业生产和各项工作的顺利进行，势必影响企业的安定团结。

（三）改进领导作风，增强领导与群众的联系

要搞好食堂管理，食堂各级管理人员要真正把员工冷暖、温饱放在心上，深入食堂第一线，及时了解和掌握食堂工作情况，及时解决员工就餐中遇到的各种问题。要想通过食堂优质的服务，使广大员工满意，各级管理者就必须改变工作作风，经常听取群众意见，进一步改进食堂管理，使食堂工作成为检验工作作风的一面镜子。

二、员工饮食管理工作的员工内容

饮食管理工作是企业后勤管理工作的重点内容之一，也是企业后勤的“软肋”，它直接关系到员工的身体健康和生命安全，直接关系到一个学校的稳定与发展。企业后勤要采取积极的措施加强饮食安全工作，要从六个方面努力。

（一）食品卫生安全管理

（1）严把食品物资采购关。专人负责食品原材料的验收工作，主副食及肉类、调料要当场审验厂家卫生许可证、供货商的营业执照和复印件，并登记造册记录入库时间、数量，坚决杜绝“三无”产品，将腐烂变质原料拒之门外。

（2）严把食品加工关遵照食品卫生“五四”制，严格食品加工程序，做到食品加工标准化、程序化、规范化。不具备凉菜制作条件的食堂，禁止制作、销售凉菜。

（3）严把食堂门、窗、仓储关。饮食中心来客接待在指定场所，非工作人员禁止随意出入食堂操作区，特殊情况进入必须穿着工作服。每天下班前，要仔细检查门窗是否关闭、落锁，窗纱定期更换，建立专门的饮食仓库，专人保管仓库内部物品。分开摆放主副食，做到堆码整齐划一，建标立卡，实行标签化，做到贮存的原料无霉变、无虫、干净无杂物，仓库通风干燥，并做好防“四害”和灭“四害”工作，对仓库储量进行计划性控制调节，切实做好防火、防盗、防变质、防投毒，严把原料验收、保管卫生安全关。

（4）严把销售关。严格食品加工最后一道关——食品销售关，隔夜凉菜不得再出售，隔夜食物和外购熟食须回锅煮透后才可销售，严格检查食品质量。变质、变味食品不再加工出售，销售工作人员必须戴口罩。销售凉卤菜的工作人员须戴手套，不

用废纸和不卫生的物品包装食品，上岗期间不得接触现金，防止交叉传染。售后食物需冷藏和加盖进入食品柜，防止变质污染。食品要有防蝇、防鼠、防蟑螂、防蚊虫的措施，不让“四害”污染食品，保持食品卫生干净，保证食品无毒、无害，确保就餐员工的身体健康。

(5) 严把餐饮环境卫生关。在食堂内部环境卫生安全方面，我们严格执行每天“三保洁”制度。操作间、就餐大厅、售饭台在三餐结束随即清洁，实行定期灭蝇消毒制度，专人定时、定点灭鼠制度，灭鼠药品要有专门的投放、收回记录。始终保持食堂内部干净、整洁，空气清新。在食堂周边环境卫生安全方面，食堂生活垃圾每天早、中、晚三清理，泔水、剩饭指定专人通过专门通道清理，食堂周边定期消毒，外部纱窗定期更换等，严把餐饮环境卫生安全关，创造良好的餐饮工作环境。

(二) 服务人员管理

(1) 加强对从业人员录用环节的严格管理。对聘用的每位人员进行健康体检和证件审查登记，签订工作承诺书，建立食堂服务人员人事档案，每个服务人员流动都要经过严格审查。

(2) 加强对上岗人员业务知识培训，提高业务素质。饮食服务从业人员文化程度普遍不高，应安排他们参加培训学习，了解岗位职责和各项规章制度，熟悉掌握饮食卫生安全知识，对各类设备、机械要熟练操作，考核合格者方可上岗。

(3) 加强职业道德教育，增强服务意识、卫生安全意识，提高从业人员的职业道德水准。

(4) 加强个人卫生管理，如要求从业人员上岗前要洗手，上岗期间必须穿着干净整洁的工作服，工作服要定期清洗，女士不得戴戒指，上岗期间不得化浓妆，男士不得在操作区内吸烟等。

(三) 饮食安全监督管理

(1) 推行卫生安全责任制。企业与员工食堂经理签订了“饮食安全责任书”，认真落实食品卫生安全生产制度，责任到人，无论在哪个环节上，都要确保食品卫生安全、无事故。

(2) 加强制度建设，健全规章制度，细化餐饮工作职责，明确具体的操作规程和服务标准，规范餐饮人员的上岗行为。例如，食堂经理岗位职责，管理员岗位职责，微机操作员岗位职责，饮食从业人员岗位职责，安全卫生管理制度等，食品原料购进及保管制度，餐具消毒制度，食物中毒预防和应急措施等，各类制度分别悬挂在各食堂比较醒目的位置，使食品安全卫生工作有章可循、有据可查。

(3) 加强监督、检查力度。要加强对餐饮安全卫生的监督和管理，成立专班督促检查餐饮安全工作，定期或不定期对食堂环境卫生、个人卫生、食品卫生、操作规程进行监督检查，有时记录、餐记录、日记录、周总结记录，发现问题，一查到底，直至落实。每周对食堂进行检查，发现问题及时解决，并提出餐饮管理工作意见和建议。

(四) 餐饮服务需求管理

俗话说“众口难调”，始终坚持以人为本、服务第一的宗旨，始终坚持“为了一切员工，为了员工一切，一切为了员工”的工作原则，不断地提高服务水平，加强与就餐员工的沟通，理顺食堂和就餐者情绪，妥善化解各类矛盾，最大限度地消除各种隐患，做好餐饮安全工作。

(1) 在饭菜品种上实行多样化。每天订食谱，满足不同消费层次、不同地域员工的就餐需要。公开食品质量、价格，在物价上涨的特殊时期，稳定食品价格不上涨，切实维护员工利益。

(2) 倡导“诚信服务”。通过问卷调查表、意见箱，广泛收集员工意见和建议；设立服务质量监督台，随时为员工排忧解难，遇到问题及时解决，做到“件件有落实，件件有回音”。

(3) 食堂为特殊需要员工提供特餐，如生日餐、病号餐、加班餐等。这样不但可以沟通企业与员工的情感，而且可以调动员工积极性，促进企业发展。

(五) 饮食事件应急管理

由于种种原因，员工食堂出现安全事件的可能性还是存在的，如中毒事件，饮食质量问题引起的群体性闹事等。企业饮食安全管理部门应制定各项应急管理预案，确保饮食安全。如《集体食物中毒应急预案》、《食堂火灾应急预案》、《流行疾病应急预案》、《夏季高温应急预案》等一系列的应急预案，并定期对员工进行处理各种险情的实战演习，确保在遇到突发事件时，员工能够准确无误地处理各种险情，保证饮食安全。

三、员工饮食管理工作的方法

员工饮食管理工作涉及企业员工的切身利益，实行民主管理是根本之策。因此，应拓宽员工参与饮食管理渠道，实行民主管理。

(1) 建立广泛沟通渠道，掌握员工饮食需求信息，做好先期的服务工作。员工是企业后勤服务对象，是一个相对稳定的消费者群体，各企业后勤都比较重视以员工为本，时常通过座谈会、电子邮件、网络论坛、聘请员工监督员、联络工会会员等多种形式与员工进行沟通交流，不失为有效的民主管理方法。

(2) 建立员工饮食管理委员会，直接参与或监督饮食管理活动。由员工代表与企业饮食管理人员共同管理。管理委员会主要职责是：参与拟订、修改企业饮食管理制度，规程和方法；参与饭菜价格及质量标准的制定；监督饮食工作的重要环节，特别是采购、贮存、制作、售卖等环节，并确保饮食质量和安全；协调员工与饮食部门出现的纠纷或投诉。

(3) 举办饭菜价格听证会。我国《价格法》第 23 条规定：制定关系群众切身利益的公用事业价格、公益性服务价格、自然垄断经营的商品价格等政府指导价、政府定价，应当建立听证会制度，由政府价格主管部门主持，征求消费者、经营者和有关方面的意见，论证其必要性、可行性。虽然，价格法规定的主要是针对政府行为，但是，笔者认为，提供公益性产品与服务的非法人实体的企业后勤或者企业后勤中的非法人单位，在商品或服务价格调整时，其实也可以采用价格听证制度，召开听证会，邀请员工参加。一方面，通过召开听证会，促进企业后勤与员工的沟通，也就是产品或服务的提供者与消费者的沟通，使消费者能够对价格调整有一定的心理准备；另一方面，召开听证会有利于员工对定价的监督，有利于保证定价的科学、合理，符合员工的要求。

通过拓宽员工参与后勤管理的渠道，一方面，贯彻了法律对于消费者群体的保护意识；另一方面，也增进了对后勤的监督与帮助，有利于进一步促进企业后勤决策科学化、民主化。

第四节　食堂管理及改革

改革的根本目的在于提高劳动生产率。改革要从实际出发，因地制宜、因企业制宜。搞好食堂管理改革是摆在企业领导和食堂管理人员面前的重要任务。

食堂管理改革要引入竞争机制，促进员工素质的提高，进一步提高服务质量，提高工作效率，提高经济效益、社会效益，减轻企业负担，促进企业发展。

一、食堂管理改革的目的

多年来，食堂管理一直沿用“企业投资，企业管理，单一所有制，独家经营”的管理模式，采用“大锅饭”、“铁饭碗”的分配方式，使食堂管理失去了生机与活力。

（一）打破传统模式

企业食堂改革首先要从管理模式开始，改变传统的单一行政管理模式，实行经济管理、行政管理与思想政治工作相结合的综合管理办法，使管理工作既治标又治本，使各级管理人员既是管理者，又是被管理者的知心朋友，既增加管理的权威性，又提高管理的有效性，使管理效果更加明显，从而推动食堂各项工作。

（二）改革分配方式

打破“铁饭碗”、“大锅饭”，调动员工的工作积极性。食堂管理改革实行“按劳分配，多劳多得”政策，执行“奖勤罚懒”方针，把劳动成果与个人经济利益挂钩，从而充分调动炊管人员改善服务态度、提高服务质量的积极性。

（三）建立岗位责任制

建立岗位责任制，为实现食堂管理的制度化、科学化、规范化打下了基础。由于食堂管理改革，各种岗位责任制把每个岗位的责任、权利、定额、质量要求、奖罚条件都明确规定下来，使每个炊管人员心中有数，使工作数量、质量都有明确的考核、科学的评价、合理的奖惩,从而为食堂管理的规范化、制度化、科学化打下基础。

(四) 引入竞争机制

由于食堂管理改革,在人事制度、分配制度、承包责任制等方面引入竞争机制,开展技能竞赛,优胜劣汰调动员工学技术、钻业务的积极性,促进业务技术水平的提高,使每个人都意识到身上的压力和担子,促进人人努力工作、争作贡献等良好风气的形成。由于企业食堂引入竞争机制,改变了独家经营的一统天下,国营、集体经营、个人承包等多种经营方式的并存与竞争,促进了服务态度的改进和服务质量的提高。

(五) 实行独立核算

努力扩大服务项目,减轻企业负担,增强食堂自我发展的能力。

企业食堂在满足本企业员工就餐需要的前提下,实行"自主经营,独立核算,自负盈亏,节余提成"的经营方针,努力扩大服务领域,增加服务项目,从而增加食堂收入,减轻企业负担。这样,不仅能取得较好的经济效益,而且能取得明显的社会效益。

二、食堂管理改革的任务

食堂管理改革的基本任务是:对内引入制约机制、承包体制,实现制度化、规范化、科学化管理。普遍推行各种形式的承包责任制,建立各种岗位责任制;彻底改变旧的用人制度,实行优化组合;改变旧的分配制度,实行"按劳分配,多劳多得";严格考核,奖勤罚懒,从各方面调动每个服务人员的积极性,真正做到"人尽其才,人尽其力,责任到岗,任务到人,工作有目标,劳绩有考核,好坏有评比,优劣有奖惩"。对外引入竞争机制,逐步实现社会化。要通过改革打破单一经营方式,企业食堂就应该"打出去"和"请进来"。所谓"打出去",就是企业食堂在搞好内部服务,满足员工就餐需要的前提下,努力挖掘食堂各方面潜力,增加服务项目,对社会开放,参与社会第三产业的竞争,促进企业食堂的管理,为企业创效益,为企业争荣誉。所谓"请进来",就是要学习社会第三产业的经营方式、管理经验、服务技能,甚至将社会饮食业中管理上的能人、技术上的巧匠请进企业食堂,以进一步提高食堂的服务质量和管理水平。

三、食堂管理改革的主要内容

食堂管理改革涉及的方面很多,简单列举以下几方面。

(1) 管理体制改革。变企业内部办社会为企业劳动服务公司经营或社会化招标引入饮食服务公司经营。具体经营工作实行目标管理责任制或承包责任制。

(2) 管理方法改革。由单一行政管理变成以经济方式为主、辅之以行政、法律和思想政治工作方法的管理方式。

(3) 人事制度改革。根据国家政策实行合同制。

(4) 分配制度改革。打破"大锅饭"、"铁饭碗",实行按劳分配,多劳多得,奖勤罚懒。

(5) 核算方式改革。改变食堂一切费用由企业负担，福利制、补贴式的核算方法，总体上实行“独立核算，自负盈亏，超支不补，收入提成”等核算办法。对于特别的饮食服务需求经企业领导批准，可以根据需要适当补助。

 案例分析

宝钢员工食堂管理体制的演变

1979年4月，根据生活服务实行社会化协作的设想，经与上海市商业二局商量同意，由上海市饮食服务部门在友谊路试办一所“外协食堂”，要求这所食堂做到“饭店的质量，食堂的价格”，但试办没有成功，“外协食堂”不到三个月就停办了。究其原因：① 商业利润与本厂员工福利之间发生的矛盾难以解决；② 管理不顺，难以开展工作；③ 供应方式、供应时间等不能适应员工生活的需要；④ 非宝钢的炊管人员不享受宝钢员工的待遇，积极性受到影响。

为了加强对食堂的管理，明确分工：厂区食堂由各生产厂、部管理，厂外食堂由总务处管理。生活处成立后，下设厂外、厂南和厂北三个食堂管理科，生产厂、部管理的食堂改由生活处统一管理(电厂、指挥部、设备仓库食堂除外)。一期工程投产后，为强化专业化管理，于1986年9月将全厂食堂交饮食供应公司统一管理。同时，将原三个食堂管理科调整扩编为四个食堂管理站，即厂北、厂东、厂南和厂外食堂管理站，分区域管理。根据多层次、多方位、多时差的饮食供应需要，合理设置了饮食供应网点，统一组织采购供应，提高了食堂的服务能力、应变能力和工作效率。

这期间，各食堂建立了由就餐员工参加的伙食管理委员会，开展自主管理；定期或不定期地走访用餐单位，征求意见，改进伙食；按月公布账目；建立伙食咨询台，设投诉电话；建立饭菜质量监督岗，对服务质量和饭菜质量实行监督。基础管理工作的加强改变了食堂面貌，33所食堂年年达到上海市食品卫生一类食堂标准，教培中心、高炉分厂和初轧厂食堂被上海市命名为“文明食堂”。

(资料来源：http://www.shtong.gov.cn/node2/index.html)

【总结】

本案例说明，员工食堂管理工作作为企业生产经营活动的重要后勤保障，是企业特别是大中型企业管理的重要一环，做好了对稳定生产经营、稳定员工情绪、提高工作积极性都有好处，食堂管理体制改革必须走专业化、社会化服务和科学管理、民主参与管理的道路，才能适应企业改革发展的需要。

本章小结

通过本章的学习，需要掌握以下几个方面的内容。

(1) 饮食接待管理工作的性质是服务。因此，接待工作要始终坚持为企业生

产经营中心工作服务、实行集中管理、强化接待手段等原则。

(2) 接待工作的基本要求是主动、热情、耐心、周到。接待工作的质量标准是服务质量标准化、服务方法规范化和服务过程程序化。服务质量标准包括:服务态度标准、客房卫生标准、安全标准和文明用语标准。服务过程程序化包括:总服务台工作程序化和楼层服务台工作程序化。服务方法规范化包括:语言规范,职业道德规范,着装、仪表、举止规范。

(3) 员工饮食管理工作的意义在于:提高员工生活水平,增强员工体质;解除员工后顾之忧,促进企业安定团结;改进领导作风,增强领导与群众的联系。

(4) 员工饮食管理工作的员工内容有:食品卫生安全管理,服务人员管理,饮食安全监督管理,餐饮服务需求管理,饮食事件应急管理。员工饮食管理工作的方法有:建立广泛沟通渠道,掌握员工饮食需求信息,做好先期的服务工作;建立员工饮食管理委员会,直接参与或监督饮食管理活动;举办饭菜价格听证会。

(5) 食堂管理改革的主要目的是:打破传统模式;改革分配方式;建立岗位责任制;引入竞争机制;实行独立核算。因此,食堂管理改革的主要内容有:管理体制改革、管理方法改革、人事制度改革、分配制度改革和核算方式改革。

实践活动

员工食堂满意度调查

【目的】

让学生了解企业员工食堂管理服务工作的实际情况,了解员工对饮食管理服务工作的要求,发现其中的问题,并提出合理化建议,从而提高员工食堂管理服务能力。

【内容】

调查一员工食堂管理服务情况,访谈部分员工和管理服务人员,设计员工食堂管理服务满意度调查指标和问卷,开展问卷调查,提出合理化建议。

【要求】

认真学习相关知识和调查方法、统计方法、分析方法;搜集与员工食堂管理服务满意度调查相关的材料和信息;请有经验的人员指导设计指标和问卷;注意调查对象的代表性、样本的数量,剔除不合格问卷;做好分析总结工作;写出满意度调查报告。

本章练习

一、判断题

1. 接待工作做得好坏,直接影响一个公司的形象和声誉。　　(　　)

2. 做好接待工作应具备必要的接待服务手段。　　(　　)

3. 接待过程中如有来客提出办理限制事宜,可以直言相劝。 ( )

4. 普通接待是指业务部门接待并服务,以普通香烟、普通的红酒方式招待。 ( )

5. 介绍顺序是把地位低、年纪轻的人介绍给地位高、年纪大的人。 ( )

6. 食堂管理规定只适合于一般的员工。 ( )

7. 食堂炊事员负责及时提供无质量问题的食品。 ( )

8. 服务工作也只有在改进管理的前提下才能卓有成效地体现出来。 ( )

9. 员工饮食管理工作涉及企业员工的切身利益,实行民主管理是根本之策。 ( )

10. 改善食堂服务是为提高企事业经济效益、社会效益创造有利的现实条件。 ( )

二、单项选择题

1. 做好接待工作应实行( )管理。

A. 集中　B. 分散　C. 重点　D. 对象

2. 业务接待指( )的接待。

A. 普通客户　B. 业务客户　C. 一般客户　D. 贵宾

3. 定期整理空房,( )检查一次。

A. 每日　B. 每月　C. 每季　D. 每年

4. 不属于"三清"内容的是( )。

A. 问清　B. 验清　C. 记清　D. 说清

5. 服务过程要( )。

A. 标准化　B. 量化　C. 程序化　D. 高档化

三、多项选择题

1. 接待事务分为( )。

A. 贵宾接待　B. 业务接待　C. 普通接待　D. 一般接待

2. 接待内容包括( )。

A. 迎客引入　B. 询问让座　C. 接待洽谈　D. 参观介绍

3. 核算方法包括( )。

A. 独立核算　B. 自负盈亏　C. 超支不补　D. 收入提成

4. 接待用品准备分为( )。

A. 一般　B. 通用　C. 特殊　D. 备品

5. 服务的标准有( )。

A. 主动　B. 热情　C. 耐心　D. 周到

四、简答题

1. 饮食接待管理工作的原则是什么?

2. 服务质量的标准有哪些？

3. 员工饮食管理工作的方法有哪些？

4. 食堂管理改革的内容有哪些？

五、案例分析题

公司的接待管理规定

（以某公司为例）

目的：为了进一步加强公司公务接待工作管理，规范公务接待行为，实现接待工作的程序化运作和在线管理，保证我公司经营管理、对外联系和内部接待工作的正常开展，促进企业改革发展和廉政建设，根据我公司的实际情况，特制定本规定。

范围：本规范适用于全公司的各部门、各单位。

第1章　管理原则

第1条　我公司的公务接待管理工作坚持“必要、合理、节约”的原则，坚持分类管理、分工明确、服务规范的原则。

第2章　职责分工

第2条　公司办公室是公司接待工作的归口管理部门。在公司党政领导下，接待费由公司办公室统一归口管理，具体负责接待任务的组织协调、接待方案审定及接待费用的控制工作。

第3条　公司办公室负责对来我公司进行公务活动的省、市各级党委、政府有关部门领导，省公司领导，省公司各部门领导（副处级以上），各兄弟单位领导（副处级），友好单位领导，县、市（区）工作关系的主要领导和上述单位多部门组织的综合工作团队的项目接待任务，外宾及公司领导交办的各类人员的具体接待工作的组织，以及接待费用开支报销、审核管理等。

第3章　分类管理

第4条　按照统一领导、分工负责、分类管理、对口接待、密切协作的原则，公司本部的接待工作按公司接待和对口部门接待进行分类管理。

第5条　公司接待是指公司领导指示公司办公室完成的接待任务，包括来宾为厅（局）、处级领导干部或由其带队的团组接待任务，以及由公司领导直接指派的其他接待任务等。公司接待主要由公司办公室独立承办或为主承办。具体职责是：① 了解来宾姓名、职务、级别、接待要求及来访内容；② 制定具体的接待方案；③ 除日常业务正常接待外，非工作关系的其他接待必须填写“来宾接待审批表”，连同接待方式报公司领导审批；④ 实施接待任务；⑤ 接待工作完成后，报销接待费用。

第6条　其他特殊情况，根据公司主管领导的要求，由公司办公室负责协调承办。

第4章　接待程序要求

第7条　日常公务往来中的用餐或宴请，由主办部门根据公司领导批示确定接待项目，确定主办、协办单位和经办人，制定必要的接待方案后填写《来宾接待审批表》，按要求逐级审批。审批流程结束后，由公司办公室统一安排实施。具体实施办法是：将接待工作分为工作餐的申请接待、普通餐和宴请的申请接待、会议的申请接待三大类。① 工作餐的申请接待。各主办部门在接待工作的申请中按照来宾的级别申请接待任务，由公司办公室同意后，开具就餐通知单实施接待。工作餐一律在指定的餐馆（或员工食堂）进行。② 普通餐和宴请的申请接待。各主办部门在接待工作的申请中按照来宾的级别申请接待任务，由公司办公室提出对应的餐费标准建议，报分管领导和主管领导审批后，公司办公室统一安排实施，以经办人的签单进行结算，具体金额不能超过审批表上的标准。③ 会议的申请接待。a. 省公司专属会议，指的是省公司的相关专业会议在三明召开，由我公司配合省公司相关部门做好会务工作的会议，依照省公司的接待工作管理办法的规定，此种会议通常有专项的接待费用，各主办部门应根据具体情况进行接待工作，原则上公司所需补贴费用不超过总费用的1/4。b. 省公司工作指导及检查考核等的会议。主办部门应根据具体的工作情况，会同公司办公室制定接待方案，方案中包含普通餐标准、宴请标准、餐后活动及需购礼品等的标准，经公司主管领导审批后，由公司办公室统一安排实施，尽可能以转账的形式结算发生的各种费用，无特殊情况总体费用不能超过方案核定的标准。c. 公司本部的各类会议，指基层各单位参加的会议。按普通餐标准执行。年度的工作会议安排一次宴请。

第8条　登记备案。有关部门在准备各类接待活动时，要由公司办公室负责登记备案（接待单位、接待对象、来宾级别、人数、日期等）。大型、重要接待活动的接待方案和费用预算，必须向公司主管领导汇报，经审批同意后，及时通报公司办公室。

第9条　准备工作。有关部门在准备各类接待活动时应做好有关材料印刷、现场考察、食宿、接送和车辆安排等准备工作。

第10条　费用报销。各类接待完成后，由公司办公室按有关规定进行相关费用结算与报销，不得无故滞延报销时间。

第5章　经费管理

第11条　接待经费指用于公务接待中所发生的费用，包括餐饮、住宿、参观、用车费用及必要的纪念品费用等。

第12条　每年年初由财务部根据当年省公司核定的年度开支总额建议数，经办公会审定批准后，方可下达，并严格执行。

第13条　接待费用管理实行总额控制，按实列支，各接待主办部门在实施接待工作时应严格按接待费审批的标准执行。

第14条　部门在具体的接待活动中费用如有突破，确需追加额度的，由部门提出申请，经公司主管领导批准后给予追加，无特殊理由，超出的费用，不予报销。

第15条　接待活动中费用的结算以转账的形式进行。在三明市区各接待场所的接待工作无特殊情况不能用现金结算。特殊情况经公司主管领导同意的方可用现金结算。出差在外的接待工作费用的报销应在每次出差回三明后及时办理。

第6章　接待标准

第16条　接待地点：公司协议定点的宾馆、酒店分为三大类：① 酒店类，指三明市区的各大专业酒店（如三明饭店、天元酒店、列东饭店、三明宾馆、香米拉酒店）；② 特色风味类，指具有山区风格的餐饮店（如老班长、翠谷山庄、回味饭店、莘口涌泉饭店等）；③ 经济类，指梅列区范围内的经济类餐饮店（如农家饭庄、三家村饭店等）。无协议定点的宾馆、酒店，原则上不安排接待活动。无特殊情况，有住宿的接待活动及会议的接待工作应安排在三明饭店、列东饭店、三明宾馆和香米拉酒店。

第17条　来宾住宿标准：厅局级及以上领导安排住套房，省公司处级以上领导安排在单间，其他人员安排住标准间，或根据来宾要求视情况安排。

第18条　用餐标准：对来访客人原则上只安排一次宴请，对重要来宾按实际情况经公司主管领导批准后可增加宴请次数。

第19条　其他人员用餐标准：各相关单位因完成突击任务临时或短期借用基层单位或有关单位人员，可安排用餐，伙食标准按30元/（人·天）。具体做法：由经办部门向公司办公室办理好接待申请后，领取餐券，凭餐券到指定餐馆用餐（或安排在员工食堂就餐），接待部门不安排陪餐。借用时间超过一个月的，须经公司主管领导批准。

第20条　陪餐人数：来宾人数5人以内的，1～3人；来宾人数5～10人之间的，1～4人；来宾人数10人以上的，1～6人。随车驾驶员不安排宴请，进行就餐补贴，每次50元/人。

第21条　用车标准：对接待车辆应科学调度，合理使用。尽量少用车，用少车。来宾人数较多时，尽量集中用车，避免铺张浪费。在接待过程中，车辆由相关部门或经办人员直接调度，未经同意，驾驶员不得中途离岗。

第22条　来宾住宿费用按标准收取，电话费自理。系统内的来宾住宿费用在180元/天以下的应按实际结算。其他住宿费用需减免的由接待经办部门申请，由公司办公室提出意见，报公司主管领导同意，公司办公室按规定统一结算办理，差额部分在对应接待费用中列支。

第7章　报销程序

第23条　各类接待费用报销必须实行一事一结，及时报销。

第24条　公司专项接待任务的接待费用报销程序。① 主办部门在接待任务结束后7个工作日(异地接待15个工作日)内,将正式发票和签单凭证送公司办公室。公司办公室依据有关规定和接待备案登记内容进行审核签认。② 公司办公室以月为单位进行接待工作汇总。③ 公司办公室将每月25日作为当月接待工作的截至汇总日。26日至月末编制当月的接待费使用情况,在提交当月的接待费使用情况的分析报告后,将当月的接待费的报销总额呈总经理或董事长审批。④ 于下一月份的10日前到财务部办理报销手续。

第25条　接待费用超标准或未办理有关手续不得报销。特殊情况须经公司主管领导签字批准后报销。

第8章　接待纪律

第26条　根据公司领导班子分工授权,严格遵守接待费签批制度,严格接待费用管理,严禁铺张浪费。

第27条　认真执行接待费用预算审批制度。按规定标准编制费用预算,按规定程序审批,按审批标准控制使用。

第28条　严格遵守财务纪律,不得转移接待费用,不得变相拨付接待费用。

第29条　不得在商业性娱乐场所安排活动。

第30条　属个人性质的消费由个人自理。

第9章　其他

第31条　本规定由公司办公室负责解释。

第32条　本办法自印发之日起实施。

根据以上案例回答下列题。

1. 公务接待管理工作坚持的原则不包括(　　)。

A. 必要　　B. 合理　　C. 节约　　D. 重要

2. 公司接待是指公司领导指示(　　)完成的接待任务。

A. 公司办公室　　B. 业务人员　　C. 下属　　D. 后勤人员

3. 不属于公司办公室统一安排接待的是(　　)。

A. 为工作餐申请接待　　B. 普通餐的申请接待和宴请的申请接待

C. 贵宾接待　　D. 会议的申请接待

4. 不属于公司协议定点的宾馆、酒店划分的是(　　)。

A. 酒店类　　B. 普通类　　C. 特色类　　D. 经济类

第十一章　服务公司管理

学习目标

通过本章的学习，了解服务公司的基本概念、类型，服务公司改革的要点；掌握服务公司的基本任务和经营要点；熟悉我国服务公司经营管理的原则。

案例引导

用户永远是对的

1998年夏天，青岛的一位老太太买了海尔的一台空调，买回后时间不长，一个电话打来了，说空调有点问题。维修师去看了看，说空调没问题，叫她尽管放心用。又过了几天，老太太又一个电话打来，说空调又有点问题。维修师第二次上门服务，看了看又没问题。再过了几天，老太太又一个电话打来说，空调就是有点问题。老人60多岁，对新东西就是不大放心，特别敏感。夏天，空调的销售异常火爆，维修人员忙得不可开交。在这种情况下，维修师三次上门服务，空调确实没有什么问题。事后，这位维修师说："从第三次上门服务回来以后，我每天上班的第一件事就是给老太太打电话，问问空调有没有问题。第一天打电话时，老太太还吞吞吐吐地说：'空调吗？没什么问题吧！'当打到第三天时，老太太非常感动地说：'空调没问题，不用再来电话了。'"维修师最终使用户满意了，使用户感觉到放心。所以，用户的满意就是我们的工作标准。

【启示】

本案例反映了海尔员工在服务工作中秉承了"用户永远是对的"的服务理念，为顾客提供专业服务，直到顾客满意为止。这反映了服务工作的性质和特点，也给所有服务企业树立了一个为顾客提供满意服务的典范。

第一节　服务公司的性质与特点

传统意义上的"服务"是从属性的，在物质性产品消费的过程中起辅助作用，如销售服务、售后服务、修理服务等，在这里都是作为辅助作用的服务，是一种无形的劳务，不是物质产品本身。这一服务在物质性商品消费的过程中可能发生，也可能不发生。因此，传统意义上的“服务”即是伴随着物质产品消费而便存在和发生，也不是消费者的主要消费对象。只有将服务作为独立产品，并由专门的“服务”公司来提供时，现代意义上的“服务”才出现。服务公司就是提供服务产品的法人企业。这里所指的服务公司是指企业为解决就业问题而成立的企业劳动服务公司，或后勤部门改制而来的综合（物业）服务公司。由于前面对综合（物业）服务公司经营管理问题在物业管理部分等其他章节有介绍，这里仅从企业劳动服务公司角度进行介绍。

一、服务公司的性质

（1）服务公司具有法人地位，在经济活动中，自主经营、独立核算，在国家计划经济和市场调节双重机制下，在国家有关经济政策、法律法规的制约下从事各种经济活动，并依法向国家纳税，依法享有法人的权利和义务。

（2）在投资关系上，企业劳动服务公司大多由企业投资，投资企业应按现代企业制度参与服务公司的管理。但由于服务公司在创办初期实力较弱，且其行业专业性强，服务对象特定，投资企业应在人力、物力、财力上给予大力支持，使它逐步具备独立经营的能力。而且，服务公司也不能像社会其他经济组织那样独立于企业之外，要按独立法人的地位通过合约形式与投资企业建立紧密的业务联系，服务于投资企业，协调好业务关系，接受投资企业的指导。

（3）服务公司是当地劳动服务部门的基层社会劳动组织，是社会人事管理、劳动就业的一部分，在人事管理、劳动就业等业务上受当地劳动人事部门的指导。例如，劳动服务公司的劳动力工资指标、安置员工子女就业等都必须经过当地劳动人事部门的批准。

二、服务公司的特点

服务公司享有法人地位，但它一般是企业（母公司）全资子公司，应为企业服务。准确说来，企业创办的服务公司是隶属于企业，以为企业生产和经营服务、为企业员工生活服务为宗旨，自主经营，自负盈亏，独立核算，接受当地劳动人事部门和工商行政管理部门指导，依法享有法人权利及义务的集体所有制经济组织。企业创办劳动服务公司的指导思想，决定了劳动服务公司的主要特点。

（一）劳动服务公司是企业后勤的重要组成部分

企业创办劳动服务公司的最初目的是解决员工子女就业和安置剩余劳动力，以解除员工的后顾之忧。多数是从创办第三产业开始的，例如，企业将原由企业管理的食堂、浴室、家具维修、印刷等单位交由劳动服务公司管理和经营。根据企业和社会需要，劳动服务公司逐步扩大经营服务领域，开设适应员工生活需要的一些服务性行业，如商店、饭店、理发店、体育馆、家电维修部等。而这些行业或部门都是企业后勤工作的一部分。劳动服务公司承担了相当一部分企业后勤工作任务，从而减轻了企业负担。

（二）劳动服务公司承担了企业的部分生产任务

随着劳动服务公司的发展，它逐步形成了一支强有力的技术骨干队伍，具有一定的生产加工能力。劳动服务公司通过联营、独立承包、协作等多种方式，承担企业部分生产任务，直接为企业生产服务。有的劳动服务公司可以从事某些部件、零配件的生产，为企业产品配套。有的承包了企业中小型基建任务和房产维修任务。

（三）劳动服务公司负责员工子女的就业和部分员工家属的安置

目前，我国商品经济还不够发达，生产力还比较落后，特别是第三产业还很不发达。而且，我国人口众多，每年都有大批的成年劳动力等待就业，而国家又不能完全承包下来，解决劳动力就业问题。城镇青年就业成了重大的社会问题，它不仅关系到人民群众的切身利益，而且直接影响社会的安定和国家的发展。在这种情况下，各企业、各单位的劳动服务公司应运而生，雨后春笋般在祖国各城镇发展起来。劳动服务公司已成为安置城镇青年就业的广阔天地，吸收和安置了大批城镇青年，不仅解决了他们的就业问题，而且为社会的安定作出了不小的贡献。同时，不少两地分居的员工家属也得到了合理安置，解除了员工的后顾之忧。

（四）劳动服务公司为社会创造财富，为国家增加积累

劳动服务公司是集体经济性质的经济实体，在完成为企业生产和员工生活服务任务的同时，还必须履行法人的义务，必须向国家缴纳税金。在积极为社会创造财富的同时，也为国家增加积累，为国家的经济发展作贡献。

据调查，在劳动服务公司创建之初，各企业都给予了大力支持。有的向它派出得力干部，帮助它组建和管理，或抽调技术骨干培训青年工人，协助它发展生产；有的为劳动服务公司提供流动资金、厂房和设备等。因此，劳动服务公司发展起来后都向企业交纳一部分管理费，这成为企业一部分重要的收入。

经过近 20 年的发展，各企业劳动服务公司都具有相当规模，成为企业不可缺少的一部分。劳动服务公司在企业生产经营、员工生活方面承担着艰巨任务，发挥着不可低估的作用。

第二节　服务公司经营管理的原则

服务公司在选择经营项目时应该遵循五个原则。

一、方向性原则

服务公司成立时一般都能得到企业的多方支持和帮助，在其发展中，企业也在人力、物力、财力上给予了很大支持。不少企业劳动服务公司的员工还在住房、医疗、子

女入托等方面，享受着企业的补贴或照顾。劳动服务公司是以企业为后盾产生和发展起来的，与企业具有不可分割的联系。因此，劳动服务公司必须以为企业服务、为企业员工服务为根本宗旨。劳动服务公司应以有利于企业生产、满足员工生活需要为服务方向，并从这一方向出发，统筹安排经营范围和服务项目，发挥"有利生产，方便生活"的作用。在为企业生产、生活服务过程中不能单纯以赢利为主要目的，这也是企业劳动服务公司与社会上一般企业及服务行业的根本区别所在。当然，劳动服务公司作为经营单位，适当考虑赢利也是必要的。在经营中，可以实行"内外有别、以外养内"的经营方针，对企业和企业员工服务给予适当的优惠，提供一定的方便，使劳动服务公司成为企业后勤的一部分，成为企业员工之家。

二、自我发展原则

服务公司在创建之初虽然得到了企业各方面的支持和帮助，但是在发展中，不能躺在企业身上求生存，必须坚持自我发展的原则，根据企业生产、员工生活和社会的需要不断扩大服务领域，增加服务项目，建立适销对路的商品或服务，加强经营管理，实行自主经营、自负盈亏、独立核算的经营管理办法，提高经济效益，增加公司收入。

三、艰苦创业原则

服务公司大多是从安置待业青年开始，在十分艰苦的条件下创办起来的。因此，公司从一创立就形成了一种自力更生、艰苦奋斗的良好传统，并依靠这个好的传统作风，从无到有、从小到大地逐步发展起来。现在多数公司都具有相当的规模，甚至有了客观的积累，但是艰苦创业的优良传统不能丢，特别是在优胜劣汰激烈竞争的形势下，更要坚持艰苦创业的原则，精打细算，努力降低成本，增收节支，从而提高经济效益，在竞争中永远立于不败之地。

四、按劳分配原则

服务公司是改革的产物，是集体所有制的经济组织，在其经营管理中，必须坚持改革的精神，坚持按劳分配、多劳多得的社会主义分配原则，彻底打破分配上的"大锅饭"和"铁饭碗"，建立健全、以岗位责任制为核心的考核制度，坚持"以岗定人，以岗定责，以绩定分，以绩定酬"的考核分配办法。有条件的公司可实行计件工资、计时工资等工资制度，把每个员工的劳动态度、工作质量、工作数量与其工资、奖金收入挂起钩来，彻底铲除平均主义的土壤，激发每个员工的劳动积极性，使公司充满活力。

五、独立运营原则

企业劳动服务公司作为依附企业发展起来的自主经营、自我发展、独立核算的法人单位，虽然在投资关系上与企业存在着经济联系，如参股，控股等，但在经营上必须建立独立的法人治理结构，独立运营。这是作为一个法人企业存在的基本前提。只有独立运营企业的领导者，员工才能在市场经营中体现自身的价值，充分调动了经营管理者和员工的积极性，有利于充分挖掘企业潜力，有利于提高生产效率，有利于提高企业整体经济实力。

技能训练

服务公司员工关系协调

【目的】

通过训练掌握服务公司员工关系协调艺术，提高服务公司员工管理能力。

【指导】

(1) 根据老师的安排，到员工关系紧张的服务公司进行调查和实训。

(2) 事先做好沟通、协调、员工关系处理等方面的知识学习，请有经验的人员进行培训，并与他交流，以掌握员工关系协调处理的要领。

(3) 在企业进行一段时间的实习，与员工进行交流，调查了解员工关系情况。主要了解是否有非正式组织？他们的诉求是什么？关系紧张的根源在哪儿？过去的做法和效果如何？

(4) 然后分析找到沟通谈判可能的焦点和对话平台，在公司人员的配合下，运用科学方法进行沟通协调，在共赢的理念下，力争实现和解。如不能和解，也不可激化矛盾。

(5) 召开交流会，分析成功经验或失败教训，写总结报告。

第三节　服务公司经营管理的要点

服务人员应尽可能明确定义服务期望值、可能的服务结果或产出。这样做既充分考虑了顾客利益，让顾客提前拥有比较明确的心理预期，也使企业处于相对有利的地位，便于解决服务过程中可能出现的矛盾和纠纷。

一、提高定制化、个性化服务质量

服务质量是专业服务公司的生存之本。服务人员能否以自己娴熟而专业的技能让顾客产生信任感，能否针对不同顾客的具体情况和实际需求设身处地地为顾客着想，提供满意服务，能否与顾客建立密切的双向沟通和合作关系，并有效地保持和发展这种关系等构成专业服务公司的核心竞争力。因此，专业服务人员除了须具备过硬的专业服务技能之外，还必须掌握与顾客打交道的技巧，善于处理各种例外事件。

一般来说，顾客对专业服务公司提供服务的及时性要求不高，对服务的环境条件有基本要求。此外，服务实现过程中经常发生的变动增加了承诺，增加了服务的可靠性。同时,定制化的专业服务的内容和过程都较少重复,没有统一标准,这在一定程度上为服务人员专业技能的发挥留下了充足的空间。

二、提高计划的制订与执行水平

专业服务公司可以运用制造业中已成功运用的技术经济方法,如关键路径法辅助进行计划安排、执行与优化,更准确地预测服务成本和完工时间,提高服务的精确性,减少顾客排队时间。利用计算机辅助手段,能够促进和提高专业服务公司的效率,让顾客较早对服务结果建立感性认识。如建筑设计中利用计算机辅助设计展示未来建筑的三维立体模型、计算机模拟整容手术后的效果等。将专业服务过程中的日常程序性工作分解出来,配置非专业人员完成,也能提高服务效率,降低服务成本。如独立执业的医生可以雇用一个工作人员完成病人预约、医疗保险、开账单等工作,一个护士做前期预诊和咨询工作,将自己的时间最大限度地用于专业诊疗服务。对于那些能够勾画出服务流程和服务结果的服务项目来说,制定前期工作检查表也是一种非常有效的方法,或者采用在开始下一步工作之前,事先征得顾客的认可与同意的方法,这样能将服务过程进行有效分解,避免出现认知矛盾,并能分别对各构成部分进行检查和复核。

对诸如管理咨询等服务过程难以定义和分解的业务,企业应充分利用服务生产与服务消费同时发生的特点,让顾客和委托人尽可能多地参与服务过程,以便在服务进行中尽快发现问题,并尽可能在已发生认知差异但尚未演变成大的争端之前缓解分歧。这样做可能花费更多的时间,延长完工期限,但能使顾客满意度得到一定程度的提高,还可以在服务价格上追加一定的成本费用予以补偿。对多数专业服务公司来说,要让顾客满意的另一个方面是准确定价。在服务过程中,完整记录花费的人工时间和材料消耗既是当前计价的依据,也是未来准确地进行成本预测的基础。

三、重视对企业的资金投入

传统的专业服务企业大多是小企业,进入该领域从资金到技术都无太大的障碍。专业服务企业多数能以较少的管理费用来经营管理,是劳动密集型的企业。但是,越来越多的新兴专业服务企业尽管规模较小,却是资金密集型的。如一家以技术为基础的企业,其研制和创立的业务是将长途电话转到最便宜的载波信号和线路上,在开发技术和实现服务的过程中,需要的资金量都很大。但随着服务业务量的增加,其服务产品的特点也愈加突出,呈现出一次性的固定资本投入很大,开发成功后对实物资源的消耗量很少,再生产所需的流动资本投入很少,所创造的产出却有很大的网络外在性效益递增的特点。问题是这类服务项目常常因为发展初期没有有形产品展示给潜在的投资人,而难以获得足够的资金投入。这是新型专业服务企业发展中面临的最大难题。

四、贯彻改革精神，实现科学管理

劳动服务公司是改革的产物，在经营管理、人事管理、分配政策上都要坚持改革的精神，采用先进、科学的管理方法。这样，才能充分发挥公司的优势，才能取得良好的经济效益。在干部管理中，实行选举制和聘任制相结合的制度，彻底打破领导干部终身制。在工资分配上，实行按劳分配、多劳多得，彻底打破"铁饭碗"。在管理上，实行目标管理。只有坚持这些改革原则，才能实现科学管理，才能保持公司的竞争优势，才能保持公司的活力，使公司在竞争中生存和发展。

五、立足企业，面向社会，参加竞争

诚然，劳动服务公司应坚持为企业生产服务、为企业员工服务的服务方向。但是，劳动服务公司是社会劳动服务行业的一部分，是社会生产、服务的一部分。因此，劳动服务公司必须在搞好对内服务的同时，面向社会、面向市场，不断以优质的产品、良好的服务打入社会市场，以市场为目标，参加竞争，使公司增加适应力，在竞争中不断发展和自我完善。

六、加强信息管理，制定发展战略

当今时代是信息的时代，要加强信息的收集、加工和整理，及时了解社会需求，确定公司的发展战略。根据市场信息，做出经营决策。要加强信息管理，就要建立广泛的信息网，由专人负责信息工作，及时提出经营决策、战略方案，为公司适时、适度占领市场、获取最佳经济效益提供保证。

七、重视信誉，守法经营

为了安置待业人员，发展第三产业，国家给劳动服务公司很多优惠政策，公司要充分利用这一有利条件，立足企业，面向社会，在为本企业服务的同时为社会服务。在一切经济活动中，坚持"信誉第一，质量第一，顾客至上"的经营思想，适销对路，物美价廉，靠优质取胜，靠信誉夺魁。要自觉遵守国家有关经济法令、法规，自觉贯彻政府的税务、价格、财务、奖金等政策，实现文明经营，守法经营。

八、正确处理与企业的关系，实现自主经营

服务公司与企业具有千丝万缕的联系。但是，在所有制上公司与企业分属于集体所有和全民所有，不可相互混淆。在经营管理上，公司要自主经营、自负盈亏、独立核算。企业对公司不能搞"一平二调"无偿侵占和剥夺劳动集体的成果，公司也不能躺在企业上"吃大锅饭"，更不能"挖企业墙角"，化大公为小公，侵占企业利益。公司与企业应该充分发挥各自的优势，在激烈的市场竞争中，相互支持，相互补充，团结合作，改进服务，提高效益。

案例分析

清河采厂生活服务大队"三字诀"管理保平安

冬季供暖是"民心工程",是检验后勤服务水平的"标尺",而安全保障是后勤服务的坚实基石。生活服务大队作为一个后勤单位,其安全管理涉及食堂、生活维修、垃圾清运、冬季供暖等诸多方面,点多面广,责任重大。为此,大队在认真总结往年供热工作经验的基础上,采取多项措施,大力推行"严"、"细"、"精"三字诀,有效增强了全队员工的安全意识,为该队实现安全生产无事故筑牢了安全防护堤。

"严",强化安全意识和服务意识。该队牢固树立"安全第一、质量至上"的观念,成立了以队长、书记、安全员为组长的安全质量督查小组。每周召开生产会,结合工作实际把生产运行中经常遇到的问题进行归纳并总结分析,制定相应措施。组织员工认真学习《安全生产法》、《安全十大禁令》、《员工守则》、《服务承诺制》及突发事件应急处置方法等相关知识,使安全意识、服务意识真正入脑入心。

"细",定期或不定期开展安全隐患检查,彻底将安全隐患消灭在萌芽状态中。对重点班组、要害部位实行每天专职安全员跑现场的严格安全检查制度。大队主要领导坚持不定时夜间巡查,机关值班干部每小时查问一次锅炉供暖情况,严格落实锅炉房负责人带班、技术骨干盯班制度,及时解决实际问题。在安全检查中,对发现的违章行为不管是否造成一定危害后果,都坚决当场曝光,并对有关责任人予以追究,现场督促整改。同时,重点对锅炉设备安全状况、锅炉定期检验等情况进行检查,确保锅炉安全、高效运行。

"精",扎实做好供暖系统运行人员的技术培训,针对岗位的不同,采取现场教授、岗位练兵、技术比武等形式对从业人员进行岗位培训,并围绕冬季供暖开展了"四比四赛"活动。"四比四赛"即比服务,赛谁的工作态度最认真,群众口碑最好;比安全,赛谁文明生产最负责,安全无事故;比降耗,赛谁成本最节约,消耗控制在考核指标内;比学习,赛谁记录最规范,理论及实际操作能力强。通过培训,进一步提高了员工司炉操作的科学性和规范性。

(资料来源:中国石化新闻网)

【总结】

正如案例中所介绍的,生活服务大队"严"、"细"、"精"的三字诀,有效增强了全队员工的安全意识,为该队实现安全生产无事故筑牢了安全防护堤。三字诀也体现了该队紧密联系企业开展服务、以培训员工素质和服务质量、科学而规范地精确管理、个性化专业化并细致入微地服务等先进的经营管理思想。

第四节　服务公司改革与发展

一、服务公司改革的主要内容

（一）转变观念

服务观念的建立是企业向服务型企业转变的关键。超强的服务能力是服务型企业的最显著特征，也是服务型企业获取利益的手段，因而服务观念的确立是企业向服务型企业转变的关键。

传统观念认为，企业向客户提供的服务是附加性的，只是保证产品销售及市场占有率提高的手段，是一种事后的、被动的行为。如果企业为客户提供服务方面的观念停留在这样一种水平上，那么，要想打造出一个服务型企业永远都是幻想。服务型企业的经营思想是立足于满足客户需求、提高客户满意度的基础上的，服务的理念是贯穿企业经营的全过程的，不论是产品的研发、设计，还是制造、销售等各个环节都要把客户的需求作为第一要素来考虑。只有时时处处把客户的需求放在第一位，把客户的满意度作为企业考察自身经营效果的主要指标，企业才能开发、生产出真正满足客户需求的产品，也只有这样，企业才可能获得超强的竞争能力。

（二）以人为本

我们知道，服务是靠人完成的。只有一流的员工队伍才能创造出一流的企业，也只有一流的员工队伍才能完成一流的服务。这就要求我们的员工不仅要有极强的服务意识，而且要有较高的专业技术水平及良好的沟通能力。在具体的服务过程中，不仅能为客户答疑解难，而且具备实际操作能力，同时还体现出乐于为客户服务的精神。只有这样，我们的客户群体才能在保持稳定的基础上不断扩大；也只有这样，我们的品牌形象才能尽快确立并得以保持。

（三）完善服务网络

对于经营者来说，每一个客户的地位都是平等的，我们绝不容许厚此薄彼的。为了使所有的客户都能及时享受到同等质量的服务，企业必须要在服务网络建设方面下工夫，绝不容许有任何服务死角存在。企业在服务网络的建设方面除了要充分考虑资金、人才方面的因素外，还要考虑网络的覆盖面和实际运营效果，避免出现服务质量的偏差。

（四）科学管理

有了科学的服务理念、优秀的服务人才、健全的服务网络，只是确立了服务型企业的基本框架，要想成为真正的服务型企业，还要在管理方面做出相当的努力。科学的管理系统可以有效地整合企业的各种资源，在为客户提供完美服务的同时，通过服务来增加企业利润。如果没有科学的管理体系来整合企业的各项资源,企业处于混乱的管理状态,各项资源是无法发挥其功效的,打造服务型企业就无从谈起。

二、服务公司的发展

服务企业一般占有包括物质、人力、知识等多方面的比较全面和丰富的资源,这本身为企业的服务创新提供了良好的基础条件。同时,竞争的日益加剧和现代服务"以顾客为中心"、"以人为本"的经营理念,使得不断推出满足顾客个性化需求的差别服务成为服务企业必然的竞争战略选择,具有鲜明的时代内涵。随着时代的发展,服务深化带来的综合模式成为潮流。

综上所述,综合服务企业不能像生产型服务组织一样,可在一定程度上参照制造企业的成功经验和管理方法,企业的定位、价格战略的把握、有效沟通和协调、及时反应和创新服务等对企业竞争优势的发挥起着重要作用。此外,商品质量和存货补充问题对零售行业也非常重要。其他如干净、整齐和富有特色的物理外观,服务过程中具有同情心,善于理解并积极帮助顾客获得和实现服务,也有助于企业提高竞争力,获得顾客满意、信任和忠诚。

从制造型企业或贸易型、流通型企业向服务型企业转变不仅是市场竞争对企业的要求,也是企业通过服务实现利润增值的有效途径,但打造一个服务型企业并不是一朝一夕就能完成的,需要企业立足自身实际、脚踏实地从最基础的工作做起,努力提高企业的运营水平。在此基础上,确立以服务为中心的经营理念,并将客户的需求贯穿于经营、管理的每一个环节,一个服务型企业才会自然形成。

本章小结

通过本章的学习,需要掌握以下几个方面的内容。

(1) 服务公司的主要特点是:劳动服务公司是企业后勤的重要组成部分;劳动服务公司承担了企业的部分生产任务;劳动服务公司负责员工子女的就业和部分员工家属的安置;劳动服务公司为社会创造财富,为国家增加积累。

(2) 服务公司经营管理的原则:方向性原则、自我发展原则、艰苦创业原则、按劳分配原则、独立运营原则。

(3) 服务公司经营管理的要点:提高定制化、个性化服务质量;提高计划的制订与执行水平;重视对企业的资金投入;贯彻改革精神,实现科学管理;立足企业,面向社会,参加竞争;加强信息管理,制定发展战略;重视信誉,守法经营;正确处理与企业的关系,实现自主经营。

(4) 服务公司改革的主要内容:观念上的转变,以人为本,完善服务网络,科学管理。

(5) 服务公司的发展:从制造型企业或贸易型、流通型企业向服务型企业转变不仅是市场竞争对企业的要求,也是企业通过服务实现利润增值的有效途径。

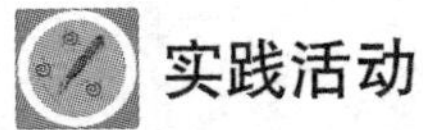

实践活动

服务公司改革发展情况调查

【目的】

让学生了解企业服务公司改革发展的基本情况，发现其中的问题，分析改革的阻力所在，从而提高对企业服务公司改革发展的认识，明确改革发展的思路。

【内容】

根据社会调查方法和要求，选择一些服务公司改革比较成功的企业进行调查。主要调查改革的基本情况，改革的措施和落实情况，改革的阻力及克服阻力的做法，领导人对改革的看法和心得体会，员工的看法等。

【要求】

根据老师布置的社会调查规范要求完成调查任务；选择的企业要有典型性；调查方式和方法要科学；不但要通过调查了解改革情况，还要与调查企业处理好关系，做好资料的保密工作；写好调查报告。

本章练习

一、判断题

1. 传统意义上的“服务”即便存在和发生，也不是消费者的主要消费对象。（　　）

2. 专业服务人员除了须具备过硬的专业服务技能之外，还必须掌握与顾客打交道的技巧，善于处理各种例外事件。（　　）

3. 服务质量是专业服务公司的生存之本。（　　）

4. 专业服务企业很少能以较少的管理费用来经营管理，是劳动密集型的企业。（　　）

5. 难以获得足够的资金投入，这是新型专业服务企业发展中面临的最大难题。（　　）

6. 劳动服务公司作为经营单位，适当考虑赢利也是必要的，在经营中，可以实行“内外有别、以外养内”的经营方针。（　　）

7. 实现“责”、“权”、“利”相结合，不是提高企业经济效益的有力措施。（　　）

8. 服务观念的建立是企业向服务型企业转变的关键。（　　）

9. 科学的服务理念、优秀的服务人才、健全的服务网络是服务型企业的全部框架。（　　）

10. 从流通型企业向服务型企业转变不仅是市场竞争对企业的要求，也是企业通过服务实现利润增值的有效途径。（　　）

二、单项选择题

1. 服务公司在行政上要接受(　　)的指导。

A. 后勤部门　　B. 投资企业　　C. 办公室　　D. 公司领导

2. (　　)是专业服务公司的生存之本。

A. 服务质量　　B. 质量　　C. 产品　　D. 财务

3. 利用(　　),能够提高专业服务公司的效率,让顾客较早对服务结果建立感性认识。

A. 现代化　　B. 网络　　C. 计算机辅助手段　　D. 管理

4. 服务公司是(　　)的产物。

A. 经济　　B. 管理　　C. 运作　　D. 改革

5. 服务公司要建立健全以(　　)为核心的考核制度。

A. 以岗定人　　B. 以岗定责　　C. 岗位责任制　　D. 以绩定酬

三、多项选择题

1. 服务公司的性质是(　　)。

A. 一个经济组织　　B. 独立法人

C. 接受投资企业指导　　D. 企业内部机构

2. 服务公司的特点是(　　)。

A. 劳动服务公司是企业后勤的重要组成部分

B. 劳动服务公司承担了企业的部分生产任务

C. 劳动服务公司负责员工子女的就业和部分员工家属的安置

D. 劳动服务公司为社会创造财富,为国家增加积累

3. 建立健全以岗位责任制为核心的考核制度,坚持(　　)的考核分配办法。

A. 以岗定人　　B. 以岗定责　　C. 以绩定分　　D. 以绩定酬

4. 服务公司经营管理要遵循的原则有(　　)。

A. 方向性　　B. 自主性　　C. 艰苦创业　　D. 按劳分配

5. 服务公司改革的要点是(　　)。

A. 转变观念　　B. 科学管理　　C. 以人为本　　D. 完善的网络

四、简答题

1. 简述服务公司的性质。

2. 服务公司经营管理的原则有哪些?

3. 怎样才能做好服务公司的改革?

五、案例分析题

大港油田集团公司劳动服务总公司成功改制

30 多年的大港油田,风风雨雨,历经坎坷,大港人奉献了才华;奉献了青春。

今天，市场经济又给大港人出了一道严肃的课题，作为资源型的企业，“大港”这只巨轮要驶向哪里？

改革、改制——时代的召唤

十几年的开拓建设，大港的油产量日趋增高。然而，与之配套的项目，如炼油厂、设计研究单位、机关项目及生活、服务、人事等都要相应与之匹配。这就使油田的单纯开采逐渐变成开采、储炼、深加工一条龙作业，规模越来越大，相应问题也应运而生。但这是时代的印记，那时的企业需要“大而全”。

现今，经济体制改革把企业推进市场，企业不能再靠国家，无论大船也好，小船也罢，都要别无选择地驶向市场经济的海洋。市场经济实行后，市场竞争越来越激烈，单一产品经营风险太大。必须发展多种经营，一方面分散风险，另一方面也能解决资源型企业人员多，资源萎缩有新的产业、产品替代问题。

“大港”发展多种经营是从整个油田生存发展战略考虑的，不是搞些修修补补的小打小闹，也不是简单的老弱病残的安置场所，集团公司将多种经营置于战略高度决策多种经营的发展，制定出了“以油为主、多元开发”的发展战略，积极推行两个根本转变，切实提高经济运行质量，探索多思路、多形式、多元化的发展道路，使多种经营稳步健康快速发展。

大港油田的领导对发展多种经营是极其重视的，历届领导都把多种经营当作油田发展战略的重要组成部分。纵观国外发达国家企业变化模式，大型企业集团发展方向，是向关联扩散型企业，垂直统一型企业发展。大港油田走出单一产品经营之路要依照这种方式起步。

大港油田利用现有资产和社会上的大型企业集团结成联盟，搞关联扩散，真正走社会化道路。目前已和一些公司结成联盟，生产该公司的配件。

经营机制是困扰国有企业发展的难题。大港油田劳动服务总公司的切入点是以“产权清晰，权责明确，政企分开，管理科学”为指导思想，改制实行多种形式并举，不盲目改制，不一刀切，不一轰而上。

有特色的当属股份合作制的推进。在推进股份合作制改造过程中，领导层的认识、思想统一是很关键的。劳动服务总公司针对性地组织干部员工培训，提高对股份制的理论认识。改制坚持从企业实际出发，尊重员工意愿，实事求是地选择企业改制形式，宜股则股，宜租则租，宜卖则卖，不搞一刀切，不局限一个模式。首先选择了效益好、风险小的重油公司作为优质企业试点，在股权设置、组织机构、企业管理等方面做了规范，企业很快进入良性循环轨道，成为优势企业成功改制的典范。

改革、管理——把握“度”的临界点

管理是永恒的主题，这是各级领导者的座右铭，也是企业须臾不可忽视的主题。公司管理层曾经忽视过这一重要的主题：承包制推行时，以包代管；转机建制时，以转代营；推行现代企业制度时，以改代管，等等。确确实实，管理是永恒的主题，管理跟不上，有了好项目、好产品也会失去。如运用系统论，把改制企业完全置于系统内进行，以使政令畅通，及时了解企业的动态和情况。又如在先易后难的原则指导下，根据企业的实际情况，采用民主协商加行政干预的方法，能改制的单位坚持改并做到一步到位。改制是新尝试，没有前人的经验，又不能照搬西方发达国家的经验，是要探索出适于自身生存发展的一条道路。这种探索、尝试在运作、实施中难免出现偏差与问题，如何保证成功实施？就要在改制中不忘管理，抓住管理，强化管理。

资金管理是企业管理关键因素之一。大港油田多种经营的各类企业达 900 余家，年产值达 20 亿，这样庞大的资金没有一个科学的体系很难控制资金的流向，更谈不上资金运营效益。有个企业拨出 100 多万元，交给两个员工到南方购鱼虾鲜果回来销售，购货不入账，销售也不入账。美其名曰"为了避税"。有的企业领导急功近利，不考察，不调研，盲目对外投资，从而造成了巨大的损失。

各种各样的资金失控问题接连发生，针对这种状况，劳动服务总公司建立起以资金管理为中心的统一财务管理体制，其指导思想是以资金预算为主线，以成本控制为手段，以资金管理为中心，以资产增值为目标。改革现行的一厂一个财务部门的分散管理的财务体制为二级单位，多种经营总公司财务部统一管理的财务新体制。将二级单位下属的各分散独立核算企业的财务人员，集中于公司财务部统一管理。集中管理后，资金由总公司统一安排和调度，重大事项由公司统一研究决策。为防止"一统就死"和"一放就乱"，总公司对企业实行限额和预算双重控管法。厂长既有一定的资金支配权，又可控制住超限额、超预算的款项。

改革、效应——今日的成功和明日的希望

大港油田劳动服务总公司的改制取得了突破性的进展，1997 年完成生产经营总值 21.02 亿元，实现销售收入 19.4 亿元，实现利税 2.07 亿元，成为石油战线多经系统的佼佼者，集团公司荣获天津市城市集体经济"二次创业"金杯。

大港油田推行股份合作制时，在产权制度上取得突破性进展。通过推进股份合作制，不但盘活了存量资产。在推进股份合作制中，大量闲置资产通过调剂、转让、出售等方式得到盘活。重油公司是在被主业淘汰下来的催化车间基础上改制而成的，当时评估该装置为 680 万元，由炼达公司出资 240 万元，员工入股 720 万元作为投资。既盘活启动了闲置资产，又开辟了新的经济增长点，还安置了主业许多富余人员。这种尝试成为"催化剂"，有力推动了企业盘活存量，进行资产重组的进展。

改制使企业健康上"四自"（自主经营、自负盈亏、自我发展、自我约束）道路。由于长期计划经济的影响，多种经营企业的产权往往跟主业搅在一起，经营上受业主的影响较大。干部由主业派，用工由主业定，分配跟主业走，缺乏应有的自主性，

多种经营被戏称为“二国营”。劳动服务总公司从明晰产权入手，实行主业与多种经营的真正分离。亚龙运输中心的前身是井下公司的运输大队，由于三分之二的车辆、设备到了强制报废年限，需要更新购置50台大型专用车辆。运输大队改制后，230多人进行了整体分离，筹集了员工个人闲散资金400多万元，重新组建了亚龙运输中心，开辟了新的产业，扩大了业务范围。企业改制成为企业走上了“四自”道路的“助力器”。

（资料来源：《经营与管理》1998年第7期）

根据以上案例，回答下列问题。

1. 大港油田集团公司劳动服务总公司改革不是简单解决（　　）问题，而是解决长期经营发展问题。

A. 产生结构　　B. 企业负担过重　　C. 多种经营　　D. 就业

2. （　　）是困扰国有企业的难题。

A. 经营机制　　B. 产权结构　　C. 就业　　D. 资金不足

3. 服务公司利用现有资产和社会上的大型企业集团结成联盟是要让企业真正走上（　　）道路。

A. 专业化　　B. 市场化　　C. 协作化　　D. 社会化

4. 服务公司股份制改造试点的主要工作规范领域有（　　）。

A. 股权设置　　B. 组织机构　　C. 企业管理　　D. 其他都是

5. 劳动服务公司从产权明晰上入手可以解决（　　）问题，使服务公司走上“四自”（自主经营、自负盈亏、自我发展、自我约束）的道路。

A. 总公司行政干预　　B. 经营自主权

C. 财务独立核算　　D. 经营机制

第十二章　后勤员工管理

学习目标

本章旨在使学生通过了解后勤员工的特点与管理重点，理解后勤员工管理者的要求；掌握后勤员工管理方法和艺术，队伍建设要点；明确后勤员工工作要求。

案例引导

应由谁来分粥？

有7个人住在一起，每天共喝一桶粥。显然，粥每天都不够。一开始，他们抓阄决定谁来分粥，每天轮一个。于是乎每周下来，他们只有一天是饱的，就是自己分粥的那一天。后来，他们开始推选出一个道德高尚的人出来分粥，但强权就可能产生腐败。大家开始挖空心思去讨好他、贿赂他，搞得整个小团体乌烟瘴气。然后，大家开始组成3人的分粥委员会及4人的评选委员会，互相攻击扯皮下来，粥吃到嘴里全是凉的。最后想出来一个方法：轮流分粥，但分粥的人要等其他人都挑完后拿剩下的最后一碗。为了不让自己吃到最少的，每人都尽量分得平均，就算不平，也只能认了。大家快快乐乐、和和气气，日子越过越好。

（资料来源：世界经理人互动社区）

【启示】

这个案例告诉，后勤工作是关系到每一个员工切身利益的事，如果做得不好，会影响员工积极性，影响生产经营中心工作，同时也会产生腐败现象。专业化的后勤管理和科学的后勤管理应当重视员工管理，合理配置人力资源，建立良好的激励机制。

第一节　后勤员工的特点与管理重点

需要理论认为，需要是个人行为的原动力，是个体积极性的源泉。作为现代组织管理的重要手段之一，激励就是通过满足人的各种需要，激发、加强和维持人的行为，并引导行为指向组织目标的过程。其一般模式为："需要产生动机，动机引导行为。"

从而激发和调动人们的积极性、主动性和创造性。把握需要理论，分析后勤员工需要心理的特点，对于引导后勤员工出色地实现个人奋斗目标，加强后勤员工管理，促进后勤社会化改革具有极其重要的意义。

一、后勤员工需要的特点

（一）物质保障的需要

物质是人类社会存在和发展的基础，物质需要是人类的基本需要。现代的后勤企业打破了原来统管、统收、统支的机制，建立起自主经营、自负盈亏、独立核算的企业化运行机制。在人事制度方面，打破了原来的干部任命制、员工终身制，实行了干部竞聘上岗、员工劳动合同制，这必然会使一些干部担心下岗失业等问题。在分配体制上，打破了分配上的"大锅饭"、"平均主义"，坚持"优劳优酬、兼顾公平、效率优先"的原则，使一些干部员工担心后勤企业效益降低，个人收入减少。因此，后勤员工对改革怀有恐惧心理，心理上存在不平衡和振动，由此产生抵触情绪，这些因素都制约了后勤改革的进展。

（二）理解尊重的需要

后勤员工大多工作在服务第一线，工作环境差、脏，条件艰苦，早出晚归，加班加点是常事。这就更需要管理者的理解和尊重。而有些领导对后勤改革的重要性认识还不到位，缺乏长远发展目光，把精力都放在其他工作上，认为后勤管理服务只要不出纰漏就行。另外，服务对象的思想观念也存在不适应，一些员工习惯于享受福利服务，对新体制下的服务方式不适应，也不完全理解，认为后勤社会化改革就是多赚员工的钱，甚至歧视后勤员工。在这样的氛围中，文化素质相对偏低的后勤员工会觉得自己比其他员工低一等，这严重挫伤了工作的积极性。

（三）工作安全稳定的需要

后勤员工的工作安全稳定需要主要体现在两方面：① 物质上的操作安全、劳动保护和保健待遇等；② 经济上的医疗保险、失业保险和退休福利等。而在后勤社会化改革中，许多针对后勤员工的规章制度、职业保障、福利待遇并不完善，有些后勤员工在竞岗中落聘，成为多余人员。而其他部门没有实行后勤这样大刀阔斧的改革，其人员的工作和待遇相对比较稳定，这就导致许多后勤员工觉得工作"朝不保夕"，没有工作的稳定感和安全感。

（四）自我发展的需要

自我发展的需要是最高等级的需要。满足这种需要就要求完成与自己能力相称的工作，最充分地发挥自己的潜在能力，成为所期望的人物。这是一种创造性的需要。后勤员工工作在文化氛围浓厚的环境中，自我发展的意愿比较强烈。但相比而言，由于他们在学历上有差距，他们在职位的升迁、外出学习、培训上的机会都比较少。再加上长期以来，后勤管理层对于人才资源都只注重使用而忽略了继续培养，许多后勤企业不注意新员工的岗前培训，或是没有将在职培训和教育纳入正常的轨道，造成不同工作岗位、环节、部门之间缺乏规范的、相互协调的工作行为体系，很难使后勤企业形成统一高效的运行机制。许多后勤员工觉得自己只能默默无闻地工作在服务的第一线，没有发展的机会，自己的工作抱负也难以实现，这也在一定程度上挫伤了他们工作的积极性。

二、把握后勤员工需要的特点，进行重点管理

后勤管理的核心任务是通过满足后勤员工的需要，激发他们的积极性和创造性。因此，把握后勤员工需要的特点，因势利导，进行有效的激励，最大限度地调动后勤员工的积极性，才能最终提高后勤管理水平，提高工作效益和服务质量。

（一）坚持物质激励与精神激励的有机结合

后勤企业应以物质动力为先导，以精神动力为支持，将两者有机地结合起来。物质激励即薪酬激励和福利激励，是从工资、奖金、实物等物质角度激发员工强烈的工作欲望，是员工激励体系中的基础部分，仅靠空洞的政治说教、虚华的人本管理是无法让员工无私奉献、拼命创造的。后勤要稳步推进收入分配制度改革，坚持按“效率优先、多劳多得、优劳优得、按效分配、兼顾公平”的原则，理顺各种收入分配关系；在薪酬和福利政策上体现按岗定酬、按任务定酬、按业绩定酬，岗变薪变的指导思想。收入分配向优秀人才、重要岗位和艰苦岗位倾斜。同时，物质激励方式的重点要集中于长期激励，将员工和经营者的收益同企业经营业绩挂钩，从而杜绝短期效益等负面行为，使物质待遇对员工产生应有的激励作用和岗位配置调节作用，并有效地减少人才流失。

与此同时，后勤在构建激励机制的同时，要结合实际重视后勤员工的精神需求。信任员工、关心员工，让员工参与管理，增强他们对企业的归属感，为他们提供学习和发展的平台等。把物质鼓励和精神鼓励结合起来，后勤员工管理才能收到更好的效果。

（二）真心实意地尊重后勤员工，切实保障后勤员工的主人翁地位

后勤领导者要从思想上重视后勤工作，要从工作上、生活上关心员工，爱护员工。

（1）创造良好的社会舆论环境，及时宣传后勤改革政策，及时展示后勤改革的成功范例，形成激励人们积极上进的社会舆论。

（2）创造良好的社会风气，在后勤企业内部建立扶贫帮困机制，开展群众性文体娱乐活动，引导企业与员工及员工与员工之间相互关心、相互帮助、相互竞赛、团结友爱，逐步建立员工对企业、对单位、对同事的信心和依赖，让他们在心情舒畅的环境下工作、学习和生活。

（3）通过建立员工代表大会制度、组建后勤工会组织、公布监督热线、设立意见

箱等,搭建员工与管理者沟通的桥梁,组织和引导员工对后勤企业的发展献言献策,并选派员工代表担任企业董事、监事,参与企业经营管理决策,在政治上确保员工真正当家做主。

(4) 对员工代表在履行职责时提出的合理化建议和意见进行登记造册,挂牌督办,将办理结果在企业内及时通报,尽量做到"件件有人抓、事事有回音",并对产生积极效益的合理化建议和意见的提出人进行适当的表彰,使后勤员工有当家做主的自豪感和光荣感。

(5) 在后勤企业内部分配上,适当提高对弱势群体的关注,尽可能做到公平合理,让员工能够感受到企业在提高员工福利待遇上做出的努力。

实践证明,只要员工亲身感受到自己的确是企业的主人,他们就会自觉地发挥出积极性,不断地把潜在的精神能量释放出来,成为参与改革和支持改革的强大动力。

第二节 后勤员工管理者的素质要求

后勤员工管理其实是一门很深的学问,它牵涉的方面很多,人、财、物及市场,社会环境、政策法规环境、金融环境等,都是一个企业经营者必须学习、适应、磨合、打造的东西。一个高素质的企业经营者必须要有深厚的文化素质、思想素质,还要有适应环境的应变能力、预测能力、攻关能力,才能带领企业乘风破浪、化险为夷,达到"柳暗花明又一村"的境地。在企业的生产经营活动中,若能充分调动每个员工的积极性,那么这个企业便是充满生机、充满活力的一个企业,这个团队便是充满生气、富有创造力的一个团队。反之,如果一个企业的员工充满怨气、人心涣散、上下属之间不能有效地形成合力,那么这个企业的前途便变得十分微妙了。至少,在如今激烈的市场竞争中失掉了重要的一分。因此,后勤员工的重心应该是对人员的管理。

一、思想品德素质要求

思想品德素质是后勤员工队伍的根本保证,它取定于后勤员工的思想觉悟和人生观。它主要包括健康的思想意识和道德品质、优良的思想作风和思想方法。

在道德品质和职业道德方面,要爱劳动、爱科学,对同志满腔热忱、赤诚相待,要理解人、关心人、爱护人,一切从组织的利益出发,自觉遵守公共秩序,讲文明礼貌,爱护公共财物,自觉履行各项义务,对待工作有强烈的事业心和责任感,不辞辛苦,任劳任怨,兢兢业业,踏踏实实,做到脑勤、腿勤、手勤和口勤。解决问题及时,勇于改革、开拓进取,善于批评和自我批评,善于听取群众意见,不断改进自己的工作,提高服务质量。

二、知识和业务水平要求

由于后勤员工社会经历不同、所受教育不同、年龄差别较大,其文化水平和专业知识相差比较悬殊。而且,由于后勤员工担任的工作不同、技术岗位不同,对每个员工文化知识、专业水平的要求也不尽相同。

在文化水平上,企业中层后勤管理经理一般应具有大学本科或后勤管理专科以上的学历,或经过相应的岗位知识培训,具有岗位职责所应具备的文化水平。基层后勤主管应逐渐具备大学专科以上学历,或经相应岗位培训,达到上岗所需的文化水平。一般管理人员也都应具备一定的专业学历,并经过岗位知识培训,取得上岗资格。后勤工人一般应有高中或职业高中文化水平,并经过相应的技术等级培训。

三、能力要求

企业后勤管理经理不仅要具备一定的专业技术水平,而且要具有满足工作需要的各种工作能力。

(一)思想工作能力

企业后勤管理工作的核心是做好人的思想工作,是要采取一切行之有效的办法,千方百计地调动员工的积极性。各级管理人员要尊重员工、关心员工、爱护员工,善于解决他们的实际困难。要能够知人善任,善于发现人才,努力培养人才,合理使用人才。要了解员工所想、所思、所需,善于结合实际有针对性地做好员工的思想政治工作。要善于协调员工之间和各部门之间的关系,妥善解决各部门之间、员工之间的矛盾,创造团结、合作、融洽的工作环境和人际关系,使全体后勤员工通力合作、步调一致,保持广大后勤员工的工作积极性及旺盛的工作热情和干劲。

(二)综合分析能力

从哲学角度讲,综合和分析是思维的基本过程和方法。后勤管理者要善于在实际工作中调查研究,并能够对调查中得到的信息、资料进行去伪存真、去粗取精的综合分析和处理,为制订最佳工作计划、工作程序打下基础。要能够运用逻辑思维方法,经过分析和综合,找出主要矛盾,为正确解决矛盾、推动工作发展打下基础。

(三)计划决策能力

计划决策是实现目标管理的关键性环节。后勤管理者要具有计划决策能力。后勤管理者在制订计划和做出决策时,既要对后勤工作实际状况有缜密、细致、深入的了解,做到心中有数,还要对各项方针、政策、规定有深刻、正确的理解,并能将两者有机地结合起来,经过分析、综合、概括、总结、推理、判断等方法,制订切合实际、完全可行、留有余地的工作计划,能够大胆、科学、准确地决策。

(四)组织协调能力

要把科学的计划决策变为现实、落到实处,就需要后勤管理人员把后勤各部门人、财、物有机地组织好、协调好、管理好,形成一股巨大的力量以更好地完成后勤各项工作任务。这就需要后勤管理者具有很强的组织协调能力，善于调动一切可以调动的积极因素，善于解决实际工作中的各种矛盾，化消极因素为积极因素，将各部门、每个员工组成一个统一的整体，通过组织的力量完成各项工作任务。

（五）开拓创新能力

社会在进步，特别是在改革、开放、搞活的新形势下，后勤管理人员必须适应新形势、新任务的要求，具有开拓创新能力，敢于解放思想，破除陈规陋习，勇于改革，敢于创新，不断开创后勤工作的新局面。

总之，企业管理中关于人的管理，是一项复杂的系统工程，这需要我们努力学习，不断总结，充分探索。只有把员工的工作积极性充分调动起来了，企业才有希望在激烈的市场竞争中立于不败之地。

第三节　后勤员工管理的方法与艺术

一个社会的运行必须以人与人的基本信任做润滑剂，不然社会就无法正常、有序地运转。信任是加速人体自信力爆发的催化剂，对于成才来讲自信比努力更为重要。信任激励是一种基本激励方式。上下级之间的相互理解和信任是一种强大的精神力量，它有助于单位人与人之间的和谐，有助于单位团队精神和凝聚力的形成。

后勤经理人员对员工信任体现在相信员工、依靠员工、发扬员工的主人翁精神上；对下属的信任则体现在平等待人，尊重下属的劳动、职权和意见上，这种信任体现在“用人不疑，疑人不用”上，而且还表现在放手使用上。只有在信任基础之上的放手使用，才能最大限度地发挥人才的主观能动性和创造性，有时甚至可让人才超水平发挥，取得良好的成绩。

一、后勤员工管理的方法

（一）职务激励法

对于一个德才兼备、会管理、善用人、能够开辟一个部门新局面的可造就之才，应把握实际需要、扬长避短，及时地提拔重用，以免打击了“千里马”的积极性。作为一名单位的领导，就是要有识才的慧眼，千万不能因自身的私利而对身边的人才视而不见、置之不理。压制和埋没人才只能使企业蒙受损失。对于在实践检验中确属“真金”者，要及时地给任务、压担子，引入竞争和激励机制，形成“优秀干部有成就感，平庸干部有压力感，不称职干部有危机感”的良性循环。

（二）知识激励法

随着知识经济的扑面而来，当今世界日趋信息化、数字化、网络化。知识更新速度不断加快，干部队伍中存在的知识结构不合理和知识老化现象也日益突显。

要树立“终身教育”的思想，对单位一般员工要求自学和加强职业培训的力度；对各类人才采取脱产学习、参观考察、进高等院校深造等激励措施，要求掌握必要的外语和计算机知识，能够应用因特网获取各类信息。各级各类人才只有在“专”和“博”上下工夫，才能不断提高自己的思想品德素质、科学文化素质、社会活动素质、审美和身心素质。

（三）情感激励法

情感是影响人们行为最直接的因素之一，任何人都有渴求各种情绪的需求。按照心理学上的解释，人的情感可分为利他主义情感、好胜情感、享乐主义情感等类型，这就要求领导多关心群众的生活，敢于勇于说真话、动真情、办实事，在满足人们物质需要的同时，关心员工的精神生活和心理健康。提高一般员工和各类人才的情绪控制力和心理调节力，以建立正常、良好、健康的人际关系；以营造出一种相互信任、相互关心、相互体谅、相互支持、互敬互爱、团结融洽的同志氛围、朋友氛围、家庭氛围；以切实培养人们的生活能力和合作精神，增强对单位的归属感。

（四）目标激励法

目标是组织对个体的一种心理引力。所谓目标激励，就是确定适当的目标，诱发人的动机和行为，达到调动人的积极性的目的。目标作为一种引诱，具有引发、导向和激励的作用。

在目标激励的过程中，要正确处理大目标与小目标、个体目标与组织目标、理想与现实、原则性与灵活性的关系。

在目标考核和评价上，要按照德、能、勤、绩标准对人才进行全面综合考察，定性、定量、定级，做到“刚性”规范，奖罚分明。

（五）荣誉激励法

从人的动机看，人人都具有自我肯定、争取荣誉的需要。对于一些工作表现比较突出，具有代表性的先进人物，给予必要的精神奖励，都是很好的精神激励方法。对各级各类人才来说，激励还要以精神激励为主，因为这可以体现人对尊重的需要。在荣誉激励法中，还要注重对集体的鼓励，以培养大家的集体荣誉感和团队精神。

（六）行为激励法

人的情感总受行动的支配，而对人的激励又将反过来支配人的行动。我们所说的行为激励就是以对象富有情感的行为情感来激励他人，从而达到调动人的积极性的目的。我们常讲“榜样的力量是无穷的”，就是指这种典型人物的行为能够激发人们的情感，引发人们的“内省”与共鸣，从而起到强烈的示范作用，就像一面旗帜，引导人们的行动。

二、后勤员工管理的艺术

（一）薪酬激励的艺术

设计适合员工需要的福利项目和福利系统对吸引和留住员工非常重要，它也是公司人力资源系统是否健全的一个重要标志。福利项目设计得好，不仅能给员工带来方便，解除其后顾之忧，增加员工对公司的忠诚，而且可以节省在个人所得税上的支出，同时提高了公司的社会声望。

员工个人的福利项目可以按照政府的规定分成两类：① 强制性福利，企业必须按政府规定的标准执行，比如养老保险、失业保险、医疗保险、工伤保险、住房公积金等；② 企业自行设计的福利项目，常见的如人身意外保险、医疗保险、家庭财产保险、旅游、服装、误餐补助或免费工作餐、健康检查、俱乐部会费、提供住房或购房支持计划、提供公车或报销一定的交通费、特殊津贴、带薪假期等。员工有时会把这些福利折算成收入，用以比较企业是否具有物质吸引力。

对企业而言，福利是一笔庞大的开支（在外企中能占到工资总额的30%以上），但对员工而言，其激励性不大，有的员工甚至还不领情。最好的办法是采用菜单式福利，即根据员工的特点和具体需求，列出一些福利项目，并规定一定的福利总值，让员工自由选择，各取所需。这种方式区别于传统的整齐划一的福利计划，具有很强的灵活性，很受员工的欢迎。

（二）重视对团队的奖励

尽管从激励效果来看，奖励团队比奖励个人的效果要弱，但为了促使团队成员之间相互合作，同时防止由于上下级之间工资差距过大而出现的低层人员心态不平衡的现象，有必要建立团队奖励计划。有些成功企业用在奖励团队方面的资金往往占到员工收入的很大比重。对优秀团队的考核标准和奖励标准，要事先定义清楚，并保证团队成员都能理解。具体的奖励分配形式分为三类：① 以节约成本为基础的奖励，将员工节约的成本乘以一定的百分比，奖励给员工所在团队；② 以分享利润为基础的奖励，它也可以被看成是一种分红的方式；③ 在工资总额中拿出一部分设定为奖励基金，根据团队目标的完成情况、企业文化的倡导方向设定考核和评选标准奖励。

（三）善用股权激励形式

在高科技行业，股票期权是个非常诱人的字眼。很多员工特别是高层员工认为，工资的高低不是主要的吸引力，最重要的是有没有实行“员工持股”制度。不仅那些在海外上市的公司纷纷实行了股票期权，即使非上市公司，也在探索不同形式的员工持股办法。对非上市公司而言，由于国内现行法律对此缺少明晰的规定，在权益兑现方面缺少成功案例可供借鉴，而且担心会对未来的创业板上市造成法律障碍，很多公司是雷声大雨点小。但随着国内创业板上市规则的日益明晰，这种分配办法将越来越多地运用在实践中。

(四) 在向员工沟通薪酬时注意技巧

(1) 当员工发现事实上的调薪幅度超过其预想时,他会产生一种满足感。有的公司在员工薪酬、福利待遇上破费不少,但员工却无动于衷。主管应就福利方面的开支做个支出明细说明,让员工明白公司为他们所付出的代价。如果公司的薪酬具有竞争力,为了让员工信服,不妨将薪酬方面的调查结果公开,甚至让员工参与薪酬方案的设计与推动。即使公司遇到暂时困难而不得不减薪,只要坦诚相见,公平对待,同时再把薪酬以外的优势尽可能展现出来,相信员工也会理解,并能同舟共济。员工理所当然希望工资尽可能地高,但企业则希望尽可能减少人力成本。如何在博弈中既能控制住薪酬,又能使员工获得激励?一种办法是先降低员工对其薪酬目标的期望值,比如对员工预期的调薪幅度和调薪范围做低调处理。

(2) 厚待高层员工和骨干员工。在薪酬有限的情况下,企业为了发展,不得不有重点地保留住重要员工和业务骨干。美国某著名公司在遇到业绩下滑后,在年度工资调整上采取这样的策略:对高层员工采用高于市场平均值的增长率,对中层员工和业务骨干采用平均市场增长率,对一般员工则保持工资不变。他们的思路是:80%的业绩是由20%的精英来完成的,少数骨干决定了公司的发展。对于一些新兴的高科技公司,或者实力很强的公司,这种方法尤其有效。

技能训练

企业后勤员工绩效考核

【目的】

通过训练掌握企业后勤员工绩效考核方法,提高员工绩效管理能力。

【指导】

(1) 选择后勤员工绩效考核工作做得好的企业作为训练基地,通过实训来掌握后勤员工绩效考核的方法和考虑的重点与特点。

(2) 做好相关绩效考核方法的学习,如360度考核法、平衡记分卡法等(以企业正在使用的考核法为依据);熟悉相关流程、指标、技术方法等细节知识;请有关专家进行培训,解除疑惑。

(3) 根据导师的安排和分工开展相关的考核与统计分析工作,注意考核工作的政策性、保密性和严肃性。

(4) 总结绩效考核工作的过程、方法和考核结果的运用等方面的要领,写出心得体会。

第四节　后勤员工队伍建设

后勤员工队伍建设是搞好后勤工作的基础,后勤管理者应高度重视后勤队伍的建设,采取切实可行的措施,重视对后勤员工队伍的智力投资,加强对后勤员工队伍的培养,使后勤员工队伍成为业务强、作风硬、特别能实干的队伍。

一、多层次的学历教育

后勤工作从总体上看是服务性工作,后勤部门是企业的辅助部门。在后勤工作中,某些部门、某些单位、某些工种的专业技术性很强,对后勤员工的文化知识、技术要求很高,但是从整体上看,后勤队伍结构不尽合理,文化水平偏低,适应不了专业技术的要求。后勤管理干部虽然具有一定的实践经验,但缺乏系统的理论知识,缺乏正规专业特别是管理专业的教育,从而影响了工作的效率,影响了后勤服务质量和管理水平的提高。因此,应根据需要对后勤员工进行有计划的正规学历教育,把某些员工送到有关专业去深造。后勤员工队伍构成比较复杂,有后勤的管理人员、专业技术人员、专业工人、辅助工人,他们原有知识水平不同,现职岗位要求不同,这就决定了对后勤员工进行专业技术教育、学历教育的多层次性。要根据工作需要、本人特点和岗位职责等,因人而异地进行不同层次的学历教育,对所有的后勤人员都进行正规的学历教育、严格的专业技术教育是不可能的,也是不必要的。要搞好后勤员工的专业技术教育、正规学历教育,必须做好以下工作。

1. 计划性

专业教育和学历教育都要根据工作需要和现实可能,根据每个员工的具体状况,以不影响后勤工作为前提,充分考虑后勤工作的发展,制订详细且切实可行的专业和学历教育计划。

2. 建立规章制度

确定可以去接受专业教育的标准,使后勤员工在学习机会上平等竞争,通过个人申请、群众评议、专业考试、领导批准等程序把那些确实有工作需要、各方面表现突出、有培养前途的员工送去学习深造,防止出现走后门、争学历、先拿文凭后跳槽离开后勤工作的不良倾向。

二、多渠道的岗位培训

岗位培训可根据个人意愿,各级各类后勤人员都进行正规的专业技术或学历教育是不可能的,也是完全没必要的。因此,在后勤员工队伍建设中要坚持脱产的专业学历教育与在职岗位培训相结合,而以在职岗位培训为主的原则,把在职岗位培训作为加强员工队伍建设、提高员工素质的重要措施,多渠道、多方式地对员工进行岗位培训。

(一) 业余自学

要求员工根据自己所从事的后勤工作、所处的岗位有针对性地进行自学。要大力支持和提倡员工利用业余时间,通过多种方式进行主动、刻苦、勤奋、持之以恒的学习,提高自己的专业知识水平,走自学成才的道路。

(二) 在职培训

这是对员工进行培养和训练,提高后勤员工业务技术能力的必要途径。这种培训方式就是员工不脱离本岗位,不影响本员工作,结合工作实际,进行专业技术培训。如每周安排一定时间,结合工作中遇到的技术问题,请专业人士或有经验的工人进行讲解,达到提高理论、解决实际问题的目的。在职培训要做到安排有计划,防止流于形式。

(三) 脱产培训

脱产培训即根据工作需要,有计划地抽调一部分员工结合自己的专业技术脱产一段时日学习某一专门技术或进行岗位培训,“干啥学啥,缺啥补啥”,使参加短期脱产培训的员工学习之后,能在专业技术上有所提高或达到“岗位要求”,符合上岗条件。

(四) 技术考核与竞赛

在相同工种、相同岗位间,结合岗位职责和专业技术开展技术考核和竞赛,从而激发员工钻研技术业务的积极性,这也是提高员工技术业务水平,加强员工队伍建设的有效方法之一。

三、实行劳动人事制度改革,调整充实后勤员工队伍

在多层次、多渠道对后勤员工进行专业技术岗位培训,加强员工队伍建设的同时,还必须针对后勤工作社会地位低、工作条件艰苦、多数年轻员工不安心后勤工作的实际情况,积极推行劳动人事制度的改革,调整充实后勤员工队伍。

(一) 改变后勤员工的知识结构

积极吸收愿意献身企业后勤工作的大中专、技校毕业生充实到企业后勤部门,充实到后勤员工队伍中来,以改变后勤员工队伍的知识结构,促进后勤人员文化水平的提高。

(二) 实行招聘制

通过自荐、考核,从社会上或企业内部其他部门广揽人才,招聘、储备具有一定专长的管理人员或技术人员充实后勤员工队伍,以改变后勤员工队伍人员结构,提高后勤队伍的总体素质。

（三）企业内部调整

为加强后勤队伍建设，提高后勤服务水平，各企业管理者应切实重视并抓好后勤员工队伍的建设，应逐渐把那些工作勤勤恳恳、任劳任怨、工作能力强、愿献身后勤工作的管理人员调整到后勤管理工作队伍中来；把某些技术好、业务精、作风正派的工人调配到后勤员工队伍中来，使他们发挥骨干中坚的作用；把那些年老体弱，不能坚持正常后勤工作的人员妥善安置，及时补充年富力强的青年员工，以增加后勤员工队伍的生气和活力。

四、抓住思想教育这个根本

后勤员工队伍建设的根本在于提高后勤员工的思想觉悟，使他们树立崇高的世界观和人生观。要加强后勤员工思想教育，提高后勤员工素质，必须开展多种形式、生动活泼的思想教育，激励他们的积极性；树立学习模范人物，使他们学有榜样，赶有目标，促使他们关心集体、热爱集体、努力做好后勤工作；进行以爱厂职守为根本要求的职业道德教育，使他们热爱本员工作，增强职业荣誉感，尽职尽责地做好本员工作。通过深入细致的思想工作，开展生动活泼的教育活动，使后勤员工整体素质得到提高，这是后勤员工队伍建设的基础和意义，一定要抓紧抓好抓实，抓出成效。

五、对后勤员工的工作要求

（一）"一口清"

每个员工对自己管辖和服务范围的人、事、物、工作职责、工作程序要烂熟于心，对答如流。"一口清"依职务和工作范围分为三个层次：第一层是领导层，要求掌握全盘及分管范围内的人、事、物宏观状况；第二层是中层干部层，要求掌握本部门人、事、物的基本状况；第三层是基层员工层，要求掌握自己工作范围内的人、事、物的详细情况。

（二）"两手抓"

"两手抓"，即一手抓管理，一手抓服务。由于后勤工作的特殊性，后勤集团及后勤员工对企业资产、基层员工及诸多实物享有管理权。

（1）关于管理。管理工作分日常管理、集中事务及突发事件处理。对日常管理和可预见的集中性事务，要及早做好计划、安排，有条不紊地执行、落实；对不可预见性的集中工作或者突发事件，应提前做好预案，边处理，边呈报，严格按照现场最高职务行政长官意见执行。

（2）关于服务。① 本员工作所赋予的服务职责。后勤工作是以服务为主体内容的，要求善待服务对象，用亲和热情的态度、规范的服务程序、周到的服务内容进行服务。② 有偿服务。有偿服务即为单位员工提供甲乙方约定服务内容之外的服务，收取合理费用，增加集团利益，弥补经费不足，改善员工福利。本职服务和有偿服务之间，前者为主，后者为辅。

（三）“三勤”

“三勤”，即腿勤、嘴勤、手勤。

（1）腿勤，要求后勤各层次的管理人员和一线员工经常出入自己管理和服务的场所，及时发现问题，解决问题。

（2）嘴勤，加强对部属的日常教育和管理，对不符合服务规范的行为及时纠正，要不厌其烦、反复教导。

（3）手勤，能自己处理的不让他人代劳，能今天解决的不拖到明天，能即时解决的绝不拖延滞后。

（四）“四沟通”

“四沟通”，即和服务对象沟通、和相关部门沟通、集团内各部门间沟通、单位内部沟通。

（1）和服务对象沟通。因为和服务对象不沟通或沟通不够、不及时所产生的误会、抱怨比比皆是，使工作很被动，及时充分地和服务对象沟通，有利于让他们了解服务工作的过程，理解后勤员工的困难，化解矛盾，从而配合后勤员工的工作。

（2）和相关部门沟通。后勤工作涉及许多部门间的沟通。对外沟通，要自觉维护集团利益和形象，求取效益最大化。和相关部门要加强联系，经常征求、虚心听取各相关部门意见。

（3）集团内各部门间的沟通。不断提高横向解决问题的能力，减少不必要的协调，杜绝推诿、扯皮现象。

（4）单位内部的沟通。领导应经常通报、问讯所辖范围内的工作进展情况，下属要经常主动汇报手头工作进展状况。对于涉及有关人员或部门的事务，相互间也要主动通报情况。语言和文字是沟通的桥梁，要学会使用规范语言和各种文字载体、媒介来沟通。

（五）“五到位”

“五到位”，即人员到位、物到位、制度到位、责任心到位、关系到位。

（1）人员到位。强调按时到达、坚守工作岗位，不得擅离职守。

（2）物到位。在力所能及的范围之内，保证服务设施、工具、材料等硬件和软件到位，不因基本条件的缺失而导致工作的失职。

（3）制度到位。不仅仅是将制度张贴或悬挂到指定位置，更重要的是把制度铭记在心，把制度的内容融入自己日常工作中去并形成习惯，使习惯变成自觉的行为。

（4）责任心到位。岗位职责是职业操守的最低要求，只有用全身心的力量努力去做，责任心到位，才能真正做好某一件事情，才能变被动的行为为主动的行为。

（5）关系到位。平时应注意处理好各个方面的人际关系，虽然不可以人际关系代替工作原则，但良好的人际关系是处理工作事务不可或缺的条件。

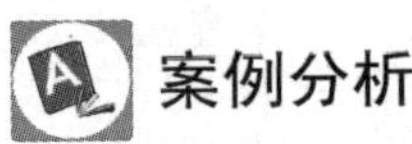

案例分析

住宿服务公司的员工岗位培训活动

某住宿服务公司召开了员工岗位培训大会，本次培训会主要针对住宿公司基层岗位员工的岗位特性，分别从职业道德、职业技能及安全防范三个角度进行了系统的培训和学习，同时还特邀负责学区治安的李警官为参加培训的员工做了安全知识专题讲座。

培训会上，首先由分管经理针对值班员、保洁员的工作要求及技能进行了培训。从工作特点出发，有针对性地、有目的地提出了日常工作中几个重点环节的工作要求，详细讲解了服务环节中的工作方法及工作技巧。着重强调了“安全第一、服务为本”的工作理念。同时对窗口岗位的工作流程及要求做了进一步明确。

随后，李警官针对校园安全防范工作的特点做了安全防范知识专题讲座，她主要通过一些案例，生动地分析了各种类型的校园治安事件，并传授了许多安全防范知识和防范技巧。这些内容对值班员日常安全预防工作的开展具有极大的启发作用，能有效地遏制学生公寓盗窃事件的发生，提高值班员对公寓外来人员的区分能力，从而更好地为学生把好公寓安全关，进一步保障公寓内学生的生命财产安全。

培训会的第三阶段，公司经理从职业道德角度入手，进一步明确了它在日常工作中的重要性。他指出，职业道德是所有从业人员在活动中应该遵循的基本行为准则，建设良好的道德，对于提高服务质量、建立人与人之间的和谐关系、落实为师生服务的宗旨、纠正行业的不正之风都具有其他手段不可替代的作用。同时还指出，重视职业道德是公司目前在快速稳步发展、提升服务质量和服务水平这一关键阶段的内在需求，重视职业道德对于稳定工作团队、凝聚团队力量、增强核心组织力具有重要的作用。只有遵守道德，做一个称职的劳动者，才能不断提高自身素质，在后勤服务中更好地承担起所担负的职责。最后，他要求大家以“爱岗敬业、诚实守信、办事公道、服务师生、奉献社会”为自身的职业道德准则，共同构建和谐后勤。

【总结】

案例所展现的员工培训活动，是一次多角度、多层次的对公司员工进行的培训活动，有很强的示范性。这样的培训不但有利于增强工作责任感，提高职业道德素养，还有利于明确员工们的工作职责与要求，提高管理服务操作能力，对今后工作团队的稳定、服务质量的提升将起到积极的促进作用。

本章小结

通过本章的学习，需要掌握以下几个方面的内容。

(1) 后勤员工需要的特点：物质保障的需要、理解尊重的需要、工作安全稳定的需要、自我发展的需要。

(2) 把握后勤员工需要的特点，进行重点管理：坚持物质激励与精神激励的有机结合；真心实意地尊重后勤员工，切实保障后勤员工的主人翁地位。

(3) 后勤员工管理者的素质要求包括思想政治素质要求、知识和业务水平要求、能力要求。

(4) 后勤员工管理方法与艺术有职务激励法、知识激励法、情感激励法、目标激励法、荣誉激励法、行为激励法、薪酬激励、重视对团队的奖励、善用股票奖励形式、在向员工沟通薪酬时注意技巧。

(5) 后勤员工队伍建设要点：多层次的学历教育；多渠道的岗位培训；实行劳动人事制度改革，调整充实后勤员工队伍；抓住思想教育这个根本。

(6) 后勤员工的工作要求："一口清"，即每个员工对自己管辖和服务范围的人、事、物、工作职责、工作程序要做到烂熟于心，对答如流；"两手抓"，即一手抓管理，一手抓服务；"三勤"，即腿勤、嘴勤、手勤；"四沟通"，即和服务对象沟通，和相关部门沟通，集团内各部门间的沟通，单位内部的沟通；"五到位"，即人员到位、物到位、制度到位、责任心到位、关系到位。

实践活动

服务公司员工激励制度情况调查

【目的】

让学生了解服务公司在激励制度建立与运作方面的基本情况，认识当前服务主要的激励措施和做法。

【内容】

根据社会调查方法和要求，选择一些优质服务企业进行调查。主要调查公司工资分配制度、奖惩制度、晋升制度等与激励机制建立有关的基本情况；公司在激励机制建设方面的总结资料；管理层和员工的看法等。

【要求】

要根据老师布置的社会调查的规范要求完成调查任务，选择的企业要有典型性，调查方式和方法要科学，做好资料的保密工作；写好调查报告。

本章练习

一、判断题

1. 理解的需要是最高等级的需要。 (　　)

2. 一个高素质的企业经营者必须要有深厚的文化素质、思想素质，还要有适应环境的应变能力。（　　）

3. 其实，在我们众多的国有企业当中，很缺乏人才，也缺少对人才的认知。（　　）

4. 容忍是一种修养，是一种气度、胸怀。（　　）

5. 企业领导或部门领导虽要学会信任其下属的道德行为，但也要怀疑一切。（　　）

6. 信任是加速人体自信力爆发的催化剂，对于成才来讲自信比努力更为重要。（　　）

7. 后勤工作从总体上看是服务性工作，是企业的辅助部门。所以后勤工作专业技术性不强，对后勤员工的文化知识、技术要求不高。（　　）

8. “三勤”即腿勤、嘴勤、手勤，首要的是嘴勤。（　　）

9. 需要理论认为，需要是个人行为的原动力，是个体积极性的源泉。（　　）

10. 后勤员工大多工作在服务第一线，工作环境差、脏，条件艰苦，早出晚归，加班加点是常事。（　　）

二、单项选择题

1. 后勤员工的基本需要是（　　）。

A. 物质的需要　B. 理解的需要　C. 安全的需要　D. 自我发展的需要

2. 后勤企业应以（　　）动力为支持。

A. 物质　B. 精神　C. 经济　D. 文化

3. 尊重人的第一步是对下属（　　）的尊重。

A. 人格　B. 生活　C. 工作作风　D. 精神

4. 最缺乏激励效果的是（　　）。

A. 按时计酬　B. 按件计酬　C. 按绩计酬　D. 按量计酬

5. 在高科技行业，很多员工特别是高层员工认为最重要的吸引力是（　　）制度。

A. 高薪　B. 员工持股　C. 晋升　D. 进修

三、多项选择题

1. 属于后勤员工需要的特点的是（　　）。

A. 物质　B. 安全　C. 自我发展　D. 理解

2. 后勤管理的核心任务是（　　）。

A. 满足后勤员工的需要　B. 激发他们的积极性

C. 激发他们的创造性　D. 创造利润

3. 后勤管理人员需要进行的沟通有（　　）。

A. 和服务对象的沟通　B. 相关部门的沟通

C. 集团内部部门间的沟通　　　D. 单位内部沟通

4. 下列哪几项属于后勤员工的激励方法(　　)。

A. 职务　　B. 荣誉　　C. 情感　　D. 知识

5. “两手抓”中的“两手”是指(　　)。

A. 经济　　B. 利润　　C. 管理　　D. 服务

四、简答题

1. 后勤员工需要的特点有哪些?

2. 后勤员工管理的方法与艺术有哪些?

3. 简述后勤员工队伍建设要点。

4. 后勤员工的工作要求有哪些?

五、案例分析题

沟通的烦恼

研发部林经理进公司不到一年,但其工作表现颇受主管赞赏。不管是专业能力,还是管理绩效,都获得了大家肯定。他缜密的规划使研发部一些延宕已久的项目开始积极推行。部门主管李副总发现,林经理到研发部以来,几乎每天加班。林经理也总是最晚下班,上班时第一个到。但是,在工作量吃紧的时候,其他同仁似乎都准时走,很少跟着他留下来。平常也难得见到林经理和他的部属或同级主管进行互动。

李副总对林经理好奇,开始观察他的人际沟通方式。原来,林经理都是以电子邮件交代部署工作。他的属下除非必要,也都是以电子邮件回复工作进度及提出问题,很少找他当面报告或讨论,电子邮件似乎被林经理当做和同仁们沟通的最佳工具。

但是最近,李副总发觉,林经理的部属对部门逐渐没有向心力,除了不配合加班,只执行交办的工作,从不主动提出企划或问题。而其他各处主管,也不会像林经理刚到研发部时那样,主动到他房间聊聊。大家见了面,只是客气地点个头。

李副总在楼梯遇到另一处的陈经理时,以闲聊的方式问及各小主管和林经理的互动状况。陈经理没说很多,只提到林经理工作相当认真,可能对工作以外的事就没多花心思。

有一天,李副总经过林经理房间门口,听到他打电话,讨论内容似乎和陈经理业务范围有关。他到陈经理那里,刚好陈经理也在打电话。李副总听谈话内容,确定是两位经理在用电话通话。之后,他找了陈经理,问他怎么一回事,明明两个主管的办公房间相邻,为什么不直接走过去说说就好了,竟然是用电话谈。

陈经理笑答,这通电话是林经理打来的,林经理似乎比较希望通过电话讨论工作,而不是当面沟通。陈经理曾经试着要在林经理房间谈,但是林经理不是匆匆结束谈话，就是讨论时眼睛还是一直盯着计算机屏幕，让他不得不赶紧离开。陈经理说，几次以后，他也宁愿用电话沟通，以免让人觉得是自己过于热情。

了解这些情形后，李副总找了林经理。林经理觉得，效率应该是最需要追求的目标。所以，他希望用最节省时间的方式，达到工作要求。李副总以过来人的经验告诉林经理，工作效率固然重要，但良好的沟通绝对会让工作进展顺畅许多，而接触互动所花的些许时间成本，绝对能让沟通效果更上一层楼。

（资料来源：http://www.jinlanmeng.cn/showarticle.asp? ArticleId=6092&ClassId=51）

根据以上案例回答下列问题。

1. 一切交往的前提是（　　）。

A. 转变角色　　B. 礼貌待人　　C. 主动沟通　　D. 扮演好角色

2. 林经理的沟通方式导致他逐渐没有（　　）。

A. 人情味　　B. 向心力　　C. 执行力　　D. 人与他加班

3. 林经理在与（　　）的方式上出了问题。

A. 上下级沟通　　B. 情感的沟通

C. 工作方法的沟通　　D. 同一级别的沟通

4. 林经理认为（　　）是最重要的目标。

A. 结果　　B. 过程　　C. 效果　　D. 效率

5. 李副总告诉林经理要重视（　　）。

A. 沟通　　B. 方法　　C. 电子邮件使用　　D. 向心力

各章习题参考答案

第一章

一、判断题

1. × 2. √ 3. × 4. × 5. × 6. √ 7. √ 8. × 9. √ 10. ×

二、单项选择题

1. B 2. C 3. A 4. D

三、多项选择题

1. ABD 2. ABCD 3. ABCD 4. BD 5. BCD

四、简答题

1. 后勤管理因其在各单位中履行服务职能，形成了区别于其他管理活动的六个方面的特点：(1) 社会性；(2) 经济性；(3) 时间性；(4) 复杂性；(5) 群众性；(6) 知识多科性。

2. 我国企业后勤管理模式的转变有：(1) 实现从“人治”管理模式向“法治”管理模式转变；(2) 实现从模糊粗放型向清晰精确型管理模式转变；(3) 实现从垂直式管理向矩阵式管理转变。

3. 企业后勤管理工作的方法有：(1) 全面计划管理；(2) 目标管理；(3) 计算机辅助管理；(4) 网络技术；(5) ABC 管理法。

4. 后勤管理的工作内容有：办公设备管理、办公用品管理、办公物业管理、文化生活设施管理、环境与卫生管理、场地与车辆管理、安全管理、饮食接待管理、服务公司管理、后勤员工管理等。

五、案例分析题

1. A 2. A 3. C 4. D

第二章

一、判断题

1. √ 2. × 3. √ 4. √ 5. × 6. √ 7. √ 8. × 9. × 10. √

二、单项选择题

1. D 2. D 3. A 4. C 5. C

三、多项选择题

1. ABD 2. ABCD 3. BD 4. BC 5. BCD

四、简答题

1. 后勤管理制度具有两个方面的基本职能：① 按本单位职能活动规律组织后勤服务的职能；② 通过管理推动生产经营过程中的劳动协作关系优化，调动人的积极性的职能。

2. 后勤管理制度的作用主要体现在以下几个方面：① 为职能活动提供可靠的物质保障；② 提高对人、财、物的利用率，从而促进职能工作效率的提高；③ 促进社会主义精神文明建设；④ 稳定员工队伍和生活秩序。

3. 后勤管理制度包括：① 建立服务机制，发挥后勤队伍服务运营的作用，为员工提供良好的衣、食、住、行条件；② 建立沟通机制，采取每月召开协调会、设立意见箱等形式，听取广大员工的意见，及时发现、解决后勤工作中存在的问题；③ 建立培训机制，适应新形势新任务的要求，以岗位培训、员工自学等形式，有力地促进后勤员工队伍整体素质的提高；④ 建立竞争上岗机制，结合每年开展的"业务比武"活动，在司机、厨师等岗位中实行全面竞争上岗；⑤ 建立制度化管理机制，明确岗位职责，完善规章制度，规范操作程序，使岗位工作有章可循，日常管理规范化。

4. 现行企业后勤管理制度的弊端主要表现在：① 服务上只强调保障供给，不讲求成本核算，忽视经济效益；② 管理上单纯依靠行政手段，统得过死，管得太细，致使企业后勤部门缺乏应有的生机与活力；③ 福利思想盲目膨胀，强化了平均主义和攀比心理；④ 高消耗，低效益；⑤ 后勤员工素质较低。

五、案例分析题

1. A　2. B　3. D

第三章

一、判断题

1. √　2. √　3. ×　4. ×　5. √　6. √　7. √　8. √　9. ×

二、单项选择题

1. B　2. C　3. A　4. D　5. B

三、多项选择题

1. BC　2. ABD　3. BCD　4. ABCD　5. ACD

四、简答题

1. 企业办公设备可分为：一般办公设备、专用设备、运输设备、机械设备。

2. 办公设备有数字计算功能、文字处理功能、信息查询功能、通信功能、管理和辅助决策功能。

3. 购买或更新设备时应遵循以下原则：① 有利于提高办公效率，舒适安全，坚固耐用；② 性能良好，操作方便；③ 用途广泛，与原有设备配套；④ 设计美观，有利于环境建设；⑤ 符合需要，节约办事。

4. 企业设备管理一般包括：① 选择设备；② 设备使用管理；③ 设备保养维修

管理;④ 设备改造更新管理。

五、案例分析题

1. D 2. B 3. C

第四章

一、判断题

1. × 2. √ 3. √ 4. √ 5. × 6. √ 7. √ 8. √ 9. √ 10. ×

二、单项选择题

1. A 2. D 3. C 4. B 5. B

三、多项选择题

1. ABCD 2. BCD 3. ABCD 4. ACD 5. ABCD

四、简答题

1. 办公用品的精心保管一般要求做到以下几点:① 建立台账;② 定点放置;③ 定期盘点;④ 表格管理;⑤ 定期清理;⑥ 定期调查;⑦ 借出管理。

2. "绿色管理"的原则可概括为"5R 原则":① 研究(research),将环保纳入企业的决策要素中,重视研究企业的环境对策;② 消减(reduce),采用新技术、新工艺,减少或消除有害废弃物的排放;③ 再开发(reuse),变传统产品为环保产品,积极采用"绿色标志";④ 循环(recycle),对废旧产品进行回收处理,循环利用;⑤ 保护(rescue),积极参与社区内的环境整治活动,对员工和公众进行"绿色宣传",树立"绿色企业形象"。

3. 与传统的管理理念相比,"绿色管理"具有以下基本特点:① 综合性,"绿色管理"是对生态观念和社会观念进行综合的整体发展;② "绿色管理"的前提是消费者觉醒的"绿色意识";③ "绿色管理"的基础在于"绿色产品"和"绿色产业";④ "绿色标准"及标志呈现世界无差别性。

五、案例分析题

1. C 2. D 3. A 4. D

第五章

一、判断题

1. × 2. × 3. √ 4. √ 5. × 6. × 7. √ 8. √ 9. √ 10. √

二、单项选择题

1. D 2. C 3. A 4. C 5. B

三、多项选择题

1. ABCD 2. ABCD 3. ABCD 4. ABCD 5. ABC

四、简答题

1. 物业维修养护管理的主要内容有:① 物业维修养护管理机构的职责;② 物业维修养护管理人的责任;③ 物业维修养护的计划管理;④ 物业维修养护的质量

管理;⑤ 物业维修养护的资金管理。

2. 物业设备设施管理工作的内容有:① 物业设备设施基础资料的管理;② 物业设备设施运行管理;③ 物业设备维修管理;④ 备品配件管理。

3. 物业安全管理的原则有:① 思想落实;② 组织落实;③ 人员落实;④ 装备落实;⑤ 制度落实。

4. 物业安全管理制度制定与实施的重点包括:① 合理设置保安部组织机构;② 制订安保服务管理运作程序和应急预案;③ 有效地组织、实施安保服务管理工作,为客户生活和工作的方便、舒适、安全提供保障;④ 能够预防和处理安保服务管理突发事件。

五、案例分析题

1. C 2. A 3. A 4. C 5. B

第六章

一、判断题

1. ✓ 2. ✕ 3. ✕ 4. ✓ 5. ✓ 6. ✕ 7. ✓ 8. ✓ 9. ✓ 10. ✕

二、单项选择题

1. D 2. B 3. C 4. B 5. D

三、多项选择题

1. ABD 2. BCD 3. ABC 4. CD 5. AD

四、简答题

1. 企业文化设施按功能分,有文化工作(办公)设施、文艺活动设施、图书阅览设施、体育健身设施、广播电视设施、教育培训设施、文化产业设施等。企业文化设施按性质分,有固定文化设施(基础文化设施),如文化办公场所、文化活动大楼、文化广场等;有活动文化设施,如各种可移动灯光、音响设备等。

企业文化设施具体包括以下八大类内容:① 博览文化类,主要包括博物馆、科技馆、展览馆、美术馆、陈列馆、纪念馆、民俗馆等;② 社会文化类,主要包括图书馆、群艺馆、文化馆、文化宫、科技馆、群众文化广场、科学文化广场等;③ 艺术文化类,主要包括文化艺术中心(艺术中心、戏剧文化展示中心、民间文化艺术中心、艺术教育培训中心)、影剧院(影视中心、电影城、巨幕影院、音乐厅)、汽车电影广场等;④ 文化市场类,主要包括图书城(图书、音像、电子出版批发和零售物流中心)、工艺品交易市场、花鸟市场、专业艺术学校等;⑤ 文化产业类,游乐场、网吧、歌舞厅、文化产业园区、文化市场等;⑥ 历史文化类,历史文化保护区、历史建筑、名人故居等;⑦ 新闻出版类,出版社、报社等;⑧ 广播电视类,广播电视中心等。

2. 企业生活设施管理部门工作人员的责任有:① 负责对企业内生活设施的直接管理,建账建卡,保持账物相符;② 按时填报统计报表,数字准确无遗漏;

③ 定期检查考核各岗位的工作,保证达到各项专业标准;④ 加强对生活设施的维护管理,延长建筑和设备的使用寿命,充分发挥现有生活设施的作用。

3. 企业文化生活设施的功能有:① 在经济上,企业文化设施的建设能提升企业的价值,吸引其他企业加强与本企业的合作,也能更多地吸引高素质人才加入本公司;② 文化设施为社会提供的文化产品和文化服务,有些可以直接产生经济效益;③ 生活设施是企业员工工作的物质基础,是确保员工生活安定、身体健康的重要保证。

4. 生活文化基础设施的特点有:① 先行性和基础性;② 不可购买性;③ 整体不可分性;④ 准公共物品性。

五、案例分析题

1. B　2. D　3. D　4. A

第七章

一、判断题

1. ×　2. √　3. √　4. ×　5. ×　6. √　7. √　8. ×　9. √　10. √

二、单项选择题

1. B　2. A　3. A　4. A　5. B

三、多项选择题

1. ABCD　2. ABC　3. ABC　4. ABCD　5. ABCD

四、简答题

1. 植物在室内的环保作用:一是调节温度,二是调节湿度,三是减少噪音,四是有效杀毒,五是清新空气;植物在室内的美饰作用:绿色植物在室内还有着独特的美饰功能。

2. 环境卫生管理的功能与作用如下:① 发展经济必须保护环境卫生,这是企业发展经济的本质要求;② 发展经济必须保护环境卫生是企业可持续发展战略的要求;③ 环境卫生管理与发展经济,是企业缺一不可的两大要素之一;④ 全社会都应该重视发展经济与保护环境的问题。

3. 物业环境管理的具体目标,主要有以下几个方面:① 合理开发和利用物业区域的自然资源,维护物业区域的生态平衡,保持经济可持续发展;② 有效贯彻国家关于物业环境保护的政策、法规、条例、规划等;③ 建立物业环境的日常管理机构,做好物业环境的日常管理工作;④ 积极开展保护环境的宣传教育,引导公众参与物业环境管理,构建物业环境文化。

4. 环境绿化与清洁卫生管理业务外包有好处有:① 通过环境绿化与清洁卫生业务的外包可降低成本;② 环境绿化与清洁卫生业务的外包可提高服务质量;③ 环境绿化与清洁卫生业务的外包可补充人才的不足及增加服务项目;④ 环境绿化与清洁卫生业务的外包使管理相对简单化。

5. 清洁卫生外包质量管理要点：① 要加强沟通；② 要进行必要的员工培训；③ 在开始工作的最初几天，对清洁卫生员工进行培训；④ 注意设备正确使用；⑤ 监测服务过程质量；⑥ 即时提交服务报告。

五、案例分析题

1. B 2. A 3. D 4. B 5. B

第八章

一、判断题

1. ✓ 2. ✓ 3. × 4. × 5. ✓ 6. × 7. × 8. × 9. ✓ 10. ✓

二、单项选择题

1. A 2. A 3. A 4. C 5. B

三、多项选择题

1. ABC 2. AB 3. AB 4. ABCD 5. ABD

四、简答题

1. 场地工作场地安全管理应正确处理好场地安全与危险、场地安全与生产、场地安全与质量、场地安全与速度、场地安全与效益五个方面关系。

2. 场地管理的基本原则有：① 场地的局部环境与企业的整体环境相适应；② 场地的布置要满足各种功能要求；③ 结合总体布局，形成场地系统；④ 局部有特色，全局要统一；⑤ 借企业建筑物创造景观。

3. 场地总体管理时要先进行整体布局，将厂区的场地布置总体设计目的，功能分别以一定形式赋予各个绿化空间：① 根据企业厂区场地总体规划进行设计；② 摸清内外情况，进行合理的功能区分；③ 根据环境条件确定场地形式；④ 根据内外联系确定场地的位置和方向；⑤ 利用和改造原有地形，创造最合理、最佳视觉效果。

4. 车辆调度是否合理对配送速度、成本、企业效益的影响很大，如何有效、合理的对车辆调度问题进行优化，就成为非常现实的问题。在进行车辆调度优化时，必须遵循基本原则，有明确的目标。可以只选用一个目标，也可以选用多个目标。经常选用的目标函数主要有总里程最短、总成本最低、准点率最高、运力利用最合理。

5. 场地与车辆管理中，常见纠纷与化解措施：① 积极解决企业的管理问题；② 规范企业管理严格市场监管，对场地建筑、公共设施、设备保养维修的专业化管理，是确保员工资产保值、增值的基础工作；③ 通过业务外包，建立专业物业服务运行机制，提高管理水平和管理效率，为工商企业经营管理活动提供良好的物业环境。

五、案例分析题

1. A 2. D 3. A 4. D 5. D

第九章

一、判断题

1. × 2. × 3. × 4. √ 5. √ 6. × 7. √ 8. × 9. × 10. √

二、单项选择题

1. A 2. D 3. A 4. D 5. A

三、多项选择题

1. AB 2. ABC 3. ABCD 4. ABC 5. ABCD

四、简答题

1. 企业治安管理的特点:① 管理难度大;② 保安管理人员素质要求高。

2. 企业治安管理的基本原则是:① 坚持"预防为主,防治结合"的管理方针;② 坚持企业内治安管理与社会治安工作相结合的原则;③ 坚持保安工作硬件与软件一起抓的原则。

3. 企业治安管理的基本内容:① 建立健全保安组织机构;② 制订和完善各项保安管理制度;③ 制定巡视值班制度;④ 加强企业厂区内车辆管理;⑤ 完善厂区内安全防范措施;⑥ 密切联系厂内员工,做好群防群治工作;⑦ 维护治安,打击违法犯罪活动;⑧ 建立联防联保制度;⑨ 定期对保安员开展各项培训工作。

4. 消防安全管理的标准:① 有领导负责的逐级防火责任制;② 有生产岗位防火责任制;③ 有专职或兼职的防火安全干部;④ 有员工义务消防队和必要的消防器材装备,规模大、火灾危险性大和离公安消防队较远的企业设专职消防队;⑤ 有健全的消防安全制度;⑥ 对火险隐患能及时发现、立案和整改;⑦ 对消防重点部位做到定点、定人、定措施,并根据需要采用自动报警、灭火等新技术;⑧ 对员工普及消防知识,对重点工种地进行专门的消防训练和考核;⑨ 有防火档案和灭火作战计划;⑩ 对消防工作定期总结评比,奖惩严明。

5. 管理者要有效地对危机进行管理,就必须了解危机的形成过程。企业危机的形成和发展,大致可分为四个阶段:潜伏期、爆发期、后遗症期、解决期。相应地,企业的危机管理可以分为三个重要阶段:事前(潜伏期)、事中(爆发期)、事后(后遗症期、解决期)。① 危机的事前预防,第一步就是要确认危机的来源,即确认潜伏的风险,进行风险评估,如果能够正确判断企业的风险状况,可以防患于未然,这是危机管理的至高境界。② 危机的处理与化解。危机处理的主要步骤如下为确认危机质,编制并不断修正危机处理计划,隔离危机,分散和转嫁危机,消除危机后果。③ 危机的事后管理。要做的第一件事就是总结经验教训。这里面包含两个层次的总结。第一个层次是针对所发生的危机本身的总结,即调查问题是怎样发生的,查明问题的原因,采取必要的步骤,以防再次发生。第二层次的总结则是针对公司的危机管理的总结,即反思检查公司应对处理整个危机的全过程,检查公司在应对危机中所做的决策与所采取的行动,从中发现公司危机管理的不足之处,进一步完善公司的危机管理程序与制度。

五、案例分析题

1. D 2. A 3. D 4. D 5. B

第十章

一、判断题

1. √ 2. √ 3. × 4. × 5. √ 6. × 7. √ 8. √ 9. √ 10. √

二、单项选择题

1. A 2. B 3. B 4. D 5. C

三、多项选择题

1. ABC 2. ABCD 3. ABCD 4. BCD 5. ABCD

四、简答题

1. 饮食接待管理工作的原则有以下几点:① 接待工作要始终坚持为企业生产经营工作服务;② 做好接待工作应实行集中管理;③ 做好接待工作应强化接待手段。

2. 服务质量的标准主要有:服务态度标准、客房卫生标准、安全标准、文明用语标准。

3. 员工饮食管理工作的方法:建立广泛沟通渠道,掌握员工饮食需求信息,做好先期的服务工作;建立员工饮食管理委员会,直接参与或监督饮食管理活动;举办饭菜价格听证会。

4. 食堂管理改革涉及的内容很多:① 管理体制改革;② 管理方法改革;③ 人事制度改革;④ 分配制度改革;⑤ 核算方式改革。

五、案例分析题

1. D 2. A 3. C 4. B

第十一章

一、判断题

1. √ 2. √ 3. √ 4. × 5. √ 6. √ 7. × 8. √ 9. × 10. √

二、单项选择题

1. B 2. A 3. C 4. D 5. C

三、多项选择题

1. ABC 2. ABCD 3. ABCD 4. ABCD 5. ABCD

四、简答题

1. 服务公司的性质是:① 服务公司是一个集体所有制的经济组织,它所创办的企业是集体经济性质的经济实体;② 在行政管理关系上,企业劳动服务隶属于企业,接受企业的行政领导;③ 服务公司是当地劳动服务部门的基层社会劳动组织,是社会人事管理、劳动就业的一部分,在人事管理、劳动力就业等业务上受当地劳动人事部门的指导。

2. 服务公司经营管理的原则有:① 方向性原则;② 自我发展原则;③ 艰苦创业原则;④ 按劳分配原则;⑤ 经营权与所有权相分离原则。

3. 做好服务公司的改革必须:① 转变观念;② 以人为本;③ 完善服务网络;④ 科学管理 。

五、案例分析题

1. D　2. A　3. D　4. D　5. B

第十二章

一、判断题

1. ×　2. √　3. ×　4. √　5. ×　6. √　7. ×　8. ×　9. √　10. ×

二、单项选择题

1. A　2. B　3. A　4. A　5. B

三、多项选择题

1. ABCD　2. ABC　3. BCD　4. ABCD　5. CD

四、简答题

1. 后勤员工需要的特点是:物质保障的需要;理解尊重的需要;工作安全稳定的需要;自我发展的需要。

2. 后勤员工管理的方法与艺术有:职务激励法、知识激励法、情感激励法、目标激励法、荣誉激励法、行为激励法、薪酬激励、重视对团队的奖励、善用股票奖励形式、在向员工沟通薪酬时注意技巧。

3. 后勤员工队伍建设要点:多层次的学历教育;多渠道的岗位培训;实行劳动人事制度改革,调整充实后勤员工队伍;抓住思想教育这个根本。

4. 后勤员工的工作要求:"一口清",即每个员工对自己管辖和服务范围的人、事、物、工作职责、工作程序要做到烂熟于心,对答如流;"两手抓",即一手抓管理,一手抓服务;"三勤",即腿勤、嘴勤、手勤;"四沟通",即一是和服务对象沟通,二是和相关部门沟通,三是集团内各部门间的沟通,四是单位内部的沟通;"五到位",即人员到位、物到位、制度到位、责任心到位、关系到位。

五、案例分析题

1. C　2. B　3. A　4. D　5. A

参考文献

[1] 胡占友.办公室管理行动指南[M].北京:机械工业出版社,2005.

[2] 唐春晖.企业技术能力演化与技术创新模式研究[M].北京:中国社会科学出版社,2007.

[3] 吴忠培.工作分析理论与应用同步综合练习[M].北京:中国劳动社会保障出版社,2007.

[4] 谌新民.人力资源管理概论[M].3版.北京:清华大学出版社,2005.

[5] 苏伟伦.企业行政管理要素[M].北京:中国纺织出版社,2005.

[6] 现代企业管理标准化研究中心.最新行政经理任职资格与工作规范[M].北京:中国经济出版社,2005.

[7] 张承耀.企业管理案例与评论(教学案例 2)[M].北京:经济管理出版社,2006.

[8] 杨建常,王少文.后勤部队管理方法浅析[J].基层后勤研究,2006(04).

[9] 贾茂岭,杨艳,马金友.以科学发展观为指导,努力提高后勤管理水平[J].基层后勤研究,2007(03).

[10] 杨雁鸣,李汉斌.基层后勤规范化管理探析[J].基层后勤研究,2006(04).

[11] 韩宝河,朱红旗.加强基层后勤管理的几点理性思考[J].基层后勤研究,2007(03).

[12] 彭永东,周辉.实施后勤精确化管理应把握的几个问题[J].基层后勤研究,2006(03).

[13] 李洁民,张正强.论后勤信息化对后勤管理的影响[J].基层后勤研究,2008(02).

[14] 高俊宝.坚持与时俱进 推动后勤管理工作创新发展[J].基层后勤研究,2007(05).

[15] 谢明德.论单位后勤管理[J].中国机关后勤,1997(04).

[16] 张宇,贾国雄.中国转型的政治经济学分析——关于转型的概念、内容与特点[J].四川行政学院学报,2004(05).

[17] 王延长.当前后勤管理科学研究动向[J].农业科研经济管理,1997(03).

[18] 温光春.坚持以后勤管理为重点 努力提高后勤保障能力[J].军事经济研

究，1990(10).

[19] 时以全. 基于合约模式ERP的法院后勤管理系统的设计与实现[D]. 河海大学，2007.

[20] 王丽荣. 后勤信息管理系统研究[D]. 天津大学，2004.

[21] 郭希. 后勤保障管理信息系统[D]. 重庆大学，2005.

[22] 邹伟. 地方行政机关后勤管理体制创新研究[D]. 湘潭大学，2005.

[23] 郝传志. 政府机关后勤管理模式改革研究[D]. 西南交通大学，2005.

[24] 王云飞. 基于精益化管理理念的高校后勤管理改革研究[D]. 东北师范大学，2006.

[25] 杨文明. 后勤管理系统设计与实现[D]. 山东大学，2006.

[26] 朱毅. 基于MDA的网络服务集成理论的研究和应用[D]. 大连海事大学，2006.

[27] 李鸿雁，禹明甫，张卉. 室内植物景观调查及分析——以北京五星级酒店为例[J]. 安徽农业科学，2006，34(20).

[28] 罗吉. 室内绿色景观设计探讨[J]. 长春理工大学学报：高教版，2009(03).

[29] 郑洁. 城市容器花饰的景观价值与应用研究[D]. 上海交通大学，2008.

[30] 徐德蜀，汪国华，张爱军. 浅谈"安全生产五要素"与安全科学技术[M]//第十四届海峡两岸及香港、澳门地区职业安全健康学术研讨会暨中国职业安全健康协会2006年学术年会论文集，2006.

[31] 徐德蜀. 我国安全科学学科建设的新思考[M]//第一届全国安全科学理论研讨会论文集，2007.

[32] 赵庆贤，许波，邵辉，等. 安全产生和发展的基本动力[M]//第一届全国安全科学理论研讨会论文集，2007.

[33] 徐德蜀. 改革开放、安全发展与安全文化[M]//中国职业安全健康协会2007年学术年会论文集，2007.

[34] 李丽霞，王明贤. 安全科学技术中有关概念的思考[M]//中国职业安全健康协会2007年学术年会论文集，2007.

[35] 郑仲金，黄政. FTA在船用起重设备伤害事故预防的应用[M]//第四届长三角科技论坛航运分论坛暨2007年苏浙闽沪航海学会学术研讨会论文汇编，2007.

[36] 王媛，吴磊. 火灾爆炸指数法确定海上平台设备危险等级[M]//第十四届中国海洋(岸)工程学术讨论会论文集(下册)，2009.

[37] 邱创兴. 建筑施工安全管理的探讨[J]. 中国新技术新产品，2010(09).

[38] 王铁成，刘艳丽. 建筑施工企业安全控制管理的方法与对策[J]. 才智，2010(09).

[39] 张建国. 建筑施工的环境影响分析[J]. 中国住宅设施，2009(04).

[40] 李国兴. 浅谈建筑工程施工安全事故发生原因与预防措施[J]. 中国建设信息，2010(05).

[41] 陈伟智. 高层建筑施工安全管理探讨[J]. 沿海企业与科技，2010(02).

[42] 荆静. 关于场地设计的一些探讨[J]. 山西建筑，2009,35(30).

[43] 徐岚,蔡忠原,段德罡. 建筑设计与场地支持——建筑设计方法教学环节1——城市规划专业低年级教学改革系列研究(6)[J]. 建筑与文化，2009(10).

[44] 王荣奎. 行政办公管理制度范本[M]. 北京:中国经济出版社,2001.

[45] 张野,邵小云. 物业管理处保洁与绿化管理[M]. 广州:广东经济出版社,2009.

[46] 胡征宇. 市场经济条件下的中国高校后勤——全国高校后勤十一五理论研究成果精选[M]. 杭州:浙江大学出版社,2010.

后　记

《企业后勤管理实务》是企业行政管理专业的核心专业课程，本课程知识体系是构成企业行政管理专业人才基本素养的重要组织部分。后勤工作是企业行政管理工作中最具实战性的工作，过去人们常常轻视此项工作，把它看成是“后勤”，而不是“前勤”，认为它就是打杂性的工作。但是如果大家想到皇宫的管理，想到《红楼梦》里贾府的管理，再联想到第二次世界大战以来的军事保障活动、跨国公司的后勤管理，你断然不会轻视后勤管理工作。而现代企业的后勤保障，支持服务的复杂性、技术性、连续性、专业性和重要性远胜于宫廷府院的管理，当代中国企业更应从现代西方国家企业专业化的后勤管理中学习更多先进的管理理论、方法和技术，这样才能改变后勤管理落后的局面。传统的企业经营管理思想对技术革新的重视，现在大家对旨在降低成本的物流管理、旨在绿色低碳的节能降耗技术的无比重视，都是正确的选择，不过对后勤保障服务工作的重视仍是一个薄弱环节。请不要忘了，在生产技术条件稳定、物流管理体系完善的条件下，后勤管理将是一个实现成本节约的新的利润源。而且，人们对工作场所人性化环境的重视，后勤工作中的设备选购、建筑材料选择、设施建设、环境保护、物业管理、生活服务等无不与企业的节能降耗、绿色低碳经济、自主创新、人性化管理等战略或理念密切相关。可以说，后勤管理工作已成为现代企业(包括行政、事业单位组织)“前勤”工作稳定发展的重要基础。

正是因为该课程的重要性，加之目前没有多少可以参考的资料书籍，或者说现有的书籍大多带有计划经济时代的痕迹，大多是国有企业后勤管理经验的总结性成果，现代公司企业和后勤社会化专业方面的著述较少，编写这本书的确并非易事。编委会考虑到笔者的学科背景，力荐笔者担任本书主编，笔者只好恭敬不如从命了。编写过程中我们研究了相关的著述，结合企业调研的一手资料，期望能写出一本适合现代企业和行政、事业单位机关后勤管理实际需要的实务性教材，以此献给关心本书编写工作、关心企业行政管理、后勤管理人才培养事业进步的仁人志士们！当然，此书是一种尝试，定有瑕疵和遗漏，也请诸君不吝指教！

本教材共十二章，分别为后勤管理概论、后勤管理制度、办公设备管理、办公用品管理、办公物业管理、文化生活设施管理、环境绿化与清洁卫生管理、场地与车辆管理、安全管理、饮食接待管理、服务公司管理、后勤员工管理。作为企业行政管理

专业课教材，本书主要给学习者提供企业后勤管理的基本知识、基本运作流程和事务处理方法与技巧。

本教材由笔者策划并担任主编，吴兴华参加了第十二章编写，华南师范大学赵永想等同学参加了资料搜集工作。在编写过程中，武汉大学“珞珈学者”特聘教授、博士生导师，政治与公共管理学院副院长、公共管理教育中心主任，丁煌博士给予了指导；华中师范大学王端教授给予了关心、支持和指导；广州市广播电视大学李文斐副校长给予了大力支持和帮助。在此一并表示衷心的感谢！

本书编写过程中参考和借鉴了一些专家学者的研究成果，可能没有在参考文献中一一列出，在此致歉并表示衷心感谢！

作　者

2011 年 3 月 26 日于广州麓湖